W0176408

Werner Schäfke

Die Große Inflation
1914 bis 1924
Eine Kölner Geldgeschichte

Inhalt

Dank   4

Vorwort   8

Einleitung   10

Vernagelt – der Kölner Bauer   13

Die erste Welle – Kleingeldersatz   41

Der Mann mit dem Koffer   81

Die zweite Welle –
vom Alltag der Inflation zum Trauma Hyperinflation   84

Leben mit Index und Multiplikator   104

Bericht über die Tätigkeit der Preisprüfungsstelle
für den Stadtkreis Köln   107

Notgeld der Stadt Köln in der Inflation   127

Privates Notgeld der Hyperinflation in Köln   136

Konrad Adenauer macht Schulden   157

Literatur   177

Eine Währung wird zerstört. Einer der Täter ist Kaiser Wilhelm II. Er
geht hier mit dem Kopf durch die Wand der Vernunft: 1 Pfennig 1914,
Kupfer, vergoldet und versilbert, mit dem herausgetriebenen Portrait
des Kaisers. Virtuose Treibarbeiten aus Münzen waren eine Spezialität
des Modelleurs Fritz Gebhardt in der Werkstatt des Kölner Hofgold-
schmieds Gabriel Hermeling (Schäfke 1980: 92).

Vorwort

Vor gut einem Jahrhundert, Anfang 1920, hatte die Inflation im Deutschen Reich für viele bereits erkennbar ihren Lauf begonnen. Sie endete 1923 in der Katastrophe der Hyperinflation. Das Trauma wirkt bis heute nach. Die Entwicklungslinien, die binnen eines Jahrzehnts zur Hyperinflation und mit Rentenmark und Reichsmark zu einer stabilen Währung geführt hatten, starteten mit dem Ersten Weltkrieg. Das Reich gab für den begeistert begonnenen Krieg, von vielen lange erwartet, von manchen ersehnt, mehr Geld aus, als es hatte. Die Bevölkerung spendete, kaufte begeistert Kriegsanleihen. Das Geld aller wurde im eigentlichen Sinne des Wortes „verpulvert" und die Blüte der männlichen Jugend wurde vom Kaiser und seinem Generalstab bedenkenlos als Kanonenfutter an die Front geschickt.

Der quälende Weg zum Geschehen, zum Verfall des Geldwertes, zur Zerstörung von Vermögen im Mittelstand, zu untragbaren Reparationszahlungen, zur ebenso untragbarer Verschuldung Englands und Frankreichs bei den USA, begann im Sommer 1914. Er führte nach Kriegsende dank der unerbittlichen Haltung der Alliierten gegenüber dem Reich beim Eintreiben der Reparationen und der ebenso unerbittlichen Haltung der USA gegenüber ihren Verbündeten England und Frankreich beim Eintreiben von Kriegsschulden zu Wirtschaftskrisen, schließlich zur Großen Depression, zu Not und Zorn in Europa sowie auch zum Aufstieg der Nazis

Tragbare Medaille: Vorderseite WILHELM II DEUTSCHER KAISER, unterhalb des Brustbildes des (selbstverständlich) uniformierten Kaisers „MWST" für die Firma Meyer & Wilhelm, Stuttgart. Rückseite: Kriegsszene mit totem Soldaten und der Randschrift CÖLNER KRIEGSSPENDE 1914/1915. Vgl. Weiler 3595-3597 und weiteren Medaillen zum Thema Kriegsspende.

und mit ihnen in den Zweiten Weltkrieg. Die sozialen und wirtschaftlichen Auswirkungen der daraus wachsenden Großen deutschen Inflation sind zum deutschen Trauma geworden. Jeder von uns hat es noch heute. Vielleicht ist das die Ursache dafür, dass man sich mit dieser immer noch offenen Verletzung – eben Trauma – mit Blick auf Köln kaum beschäftigt hat.

Ohne vielfältige Unterstützung hätte der vorliegende Band nicht entstehen können. Die reichen Schätze der Universitäts- und Stadtbibliothek wurden ebenso wie meine Wünsche an die Fernleihe von den Mitarbeiterinnen und Mitarbeitern immer rasch zur Verfügung gestellt. Hier ließen sich auch wichtige zeitgenössische Texte finden, die ich in den Band an entsprechender Stelle eingefügt habe. Der wichtigste ist sicher der Bericht von Heinrich Billstein über die Tätigkeit der Preisprüfungsstelle zwischen 1915 und 1920. Die Aufnahmen eines Teils der Notmünzen stellte Florian Haymann von Dr. Busso Peus Nachf. in Frankfurt zur Verfügung. Für sorgsames Korrekturlesen danke ich Mario Kramp, Bernd Tewes und André Welters ebenso wie Frank Tewes, der bereits meine erste Begegnung mit fast wertlosem Geld auf „Kölns Schwarzem Markt 1939 – 1949" publiziert hat. Ihnen verdankt der Band seine Qualität. Das geistige Eigentum aber an allen fehlern, die der geneigte Leser entdecken wird, beanspruche ich persönlich.

Werner Schäfke
Köln, im August 2022

Einleitung

Geld in Gestalt von Silber oder Gold trägt seinen Wert in sich. Sobald der Staat den Wert des Geldes in Form von Kupfer oder Papier garantiert, gibt die nächste wirtschaftliche Ungelegenheit dem Staat einen Anlass, dieses Versprechen aufzuweichen, zu brechen und zu vergessen. Für das Deutsche Reich war der Kriegsbeginn 1914 die dafür erforderliche Ungelegenheit. Die Wirkung einer normalen Inflation hat John Kenneth Galbraith (1908-2006), einer der einflussreichsten Wirtschaftswissenschaftler des vergangenen Jahrhunderts, bereits ein halbes Jahrhundert nach dem Ende der Großen Inflation beschrieben: „Inflation nimmt den Alten, Schwachen und Kleinen und gibt den Großen, Organisierten und Wendigen." (Galbraith 1975: 42)

Die Große Inflation nahm mit Kriegsbeginn 1914 im Verborgenen Anlauf, legte nach Kriegsende 1918 einen kaum bemerkten Zwischenspurt ein und steigerte dann schrittweise ihre Leistungsfähigkeit zum Höhepunkt im Herbst 1923. Mit dem Mangel an Kleingeld nach Kriegsbeginn wurde man an behördliche und private Ersatzlösungen gewöhnt. Silber, Kupfer und Nickel waren wertvoll für den Krieg geworden. Im Krieg stiegen die Preise im Alltag leicht. Manches wurde Mangelware und erschien zu höheren Preisen im „Schleichhandel". Die schließlich unverkennbare Inflation nahm nach Kriegsende, dem erzwungenen Vertrag von Versailles, ihren erst sanften und dann sich steigernden Lauf, bis sich die Hyperinflation seit Ende 1922 so überstürzte, dass bald nicht mehr ausreichend Banknoten für den Alltag zur Verfügung standen. Von allen Seiten wurde Notgeld gedruckt. Das war der Endspurt, bis dann mit einer neuen Währung am 14. November 1923 das Zielband einer neuen Stabilität erreicht wurde. Die dramatische Entwertung des Geldes bis zur Sinnlosigkeit fand erst mit der gesetzlichen Einführung der Rentenmark am 1. November 1923 ihr Ende. Die treffende Interpretation zum Verständnis des Geschehens hat der britische Gelehrte John Maynard Keynes (1883-1946) bereits 1919 in seiner Betrachtung des Vertrages von Versailles geschrieben. Hier die deutsche Übersetzung:

„Durch fortgesetzte Inflation können Regierungen sich insgeheim und unbeachtet einen wesentlichen Teil des Vermögens ihrer Untertanen aneignen. Auf diese Weise konfiszieren sie nicht nur, sondern sie tun es auch w i l l k ü r l i c h, und während viele Reiche arm werden, werden einige in der Tat reich. Der Anblick dieser willkürlichen Verschiebung des Reichtums vernichtet nicht nur die Sicherheit, sondern auch das Vertrauen auf die bestehende Verteilung des Reichtums. Diejenigen, denen das System über Verdienst und sogar über ihre Erwartung hinaus oder ihre Wünsche hinaus bereichert, werden „Kriegsgewinner" genannt und sind der Bourgeoisie, die durch die Inflation arm geworden ist, nicht weniger verhaßt als dem Proletariat. Je mehr die Inflation wächst und je wilder der wahre Wert von Monat zu Monat schwankt, desto mehr geraten alle dauernden Beziehungen zwischen Schuldnern und Gläubigern, die die unterste Grundlage des Kapitalismus bilden, in Unordnung, bis sie fast ihre Bedeutung verlieren, und die Reichtumsbildung zum Spiel und zur Lotterie wird. Lenin war gewiß im Recht. Es gibt kein sichereres Mittel, die bestehenden Grundlagen der Gesellschaft umzustürzen, als die Vernichtung der Währung."
(Keynes 1920: 182)

Der Angriff auf das Geld der Bürger und die Währung tarnt sich gerne als Wohltätigkeit. Denken Sie einmal an diese Worte, wenn die Europäische Zentralbank (EZB) mal wieder von ihrem Ziel von zwei Prozent Inflation spricht: De facto beraubt sie uns damit.

COELN: Hauptbahnhof.

Der Inflationszug nimmt am Kölner Hauptbahnhof Fahrt auf: 100 Mark sind nur noch Kleingeld. Ab 1919 wird nach langen Streitigkeiten seit der Mitte des 19. Jahrhunderts statt „Cöln" wieder „Köln" mit „K" geschrieben.

Vernagelt – der Kölner Bauer

Der Kaiser, sein Generalstab und viele Begeisterte mögen bei Kriegsbeginn geglaubt haben, dass wie 1870/71 ein kurzer Siegeszug bevorstand. Verfügte man doch dazu über einen „Reichkriegsschatz", dessen Entstehen bereits durch ein Gesetz vom 11. November 1871 gesichert worden war. Bis zum 16. Juli 1913 befand der Schatz sich im sprichwörtlich bekannten Juliusturm der Festung Spandau und wurde dann in die Tresore der Reichsbank verlegt. Zuvor hatte man ihn durch die Ausgabe von Reichskassenscheinen am 3. Juli 1913, die nicht gegen Gold eintauschbar waren, noch um 120 Millionen Mark vermehrt. Das Gold befand sich in Form von Goldmünzen zu 20 Mark in Berlin, die Silbermünzen verwahrten die Zweigstellen der Reichsbank (Rittmann 1986: 13).

Aus den Hoffnungen auf einen schnellen Siegeszug wurde ein zermürbender Stellungskrieg verbunden mit Materialschlachten, die den Reichtum des Reiches verzehrten, die Männer im besten Alter aus dem Leben, zumindest aber aus dem Arbeitsleben riss.

Bei der Arbeit traten oft genug nun Frauen bei deutlich geringerem Lohn an ihre Stelle. Unter dem Druck der Verhältnisse stiegen dagegen die Löhne in der kriegswichtigen Industrie, glichen sich an die Einkommen einfacher Angestellter und Beamter an. Das nach Einkommen gegliederte Dreiklassenwahlsystem verlor seine Gültigkeit. Das gleiche Wahlrecht für alle, für Männer und Frauen, wurde unvermeidbar. Patriotismus einte für lange Zeit die Gesellschaft. Trügerischer „Burgfrieden" galt für die Politik im Rat wie im Reich. Soziale Solidarität einte vermeintlich erst einmal Reich und Arm.

Wenige Wochen nach Beginn des Ersten Weltkrieges war die Hoffnung auf einen raschen Sieg Deutschlands im beginnenden Stellungskrieg zerstoben. Meldungen über eine immer größer werdende Zahl von Toten und Verwundeten erreichten das Reich und damit auch Köln. Mit dem Benageln von hölzernen Symbolfiguren wurden von Wien ausgehend Spenden für Verwundete und Hinterbliebene überall auch im Reich gesammelt. Eine erste Kölner Vernagelungsaktion war am 11. November 1914 bekannt geworden. In einer Brauerei in der Sternengasse war auf einen Tisch ein Eisernes Kreuz mit Eichenlaub gezeichnet worden. Die Umrisse konnte man mit Nägeln, schwarz zu fünf Pfennig, silbern zu zehn Pfennig, ausfüllen (Standt 2014: 191). Viele ähnliche Aktionen folgten.

Postkarte „Der Kölnische Bauer in Eisen – 1915" Die Aufnahme zeigt die Skulptur noch ohne Nägel und am Sockel mit den Wellen des Rheins die Signatur „WALLNER". Auf der Rückseite der Postkarte das Gedicht „Köln pack an!" von Rudolf Herzog (1869-1943). Rudolf Herzog war der Bestsellerautor der Kaiserzeit. Er war als Pressekorrespondent an der Front verwundet worden und so ebenso populär wie prädestiniert Opfer für die Nation zu fordern. Ob Fräulein Anna, an die die Karte aus dem „Feld" gerichtet war, damit glücklich geworden ist?

Der Kölnische Bauer in Eisen · 1915

Dreifarben Tuch, an den Schaft genagelt,
Vom Blute gefärbt, von Kugeln zerhagelt,
Von kölnischen Fäusten gen Himmel geschwungen,
Hat's über die Erde sein Lied gesungen:
Kein Blut so rot, wie rheinisch Blut,
Keine Heimat lacht, wie es unsere tut,
Und verbluten wir fern vom lachenden Rhein,
So muß es um Größeres, um Deutschland sein.
    Köln, pack an!

Ihr Bürger, merkt auf; Wir nageln nicht Fahnen,
Wir nageln den Toten ein Standbild der Ahnen,
Weil kölnische Treue kein Alter kennt.
Schlag zu, wer treu wie die Toten sich nennt!
Ihr rotes Blut floß in Feindesland,
Ihre Frauen weinen im Witwengewand,
Ihre Kinder wandern verwirrt und verwaist,
Und ich weiß ein Lied, das die Treue preist . . .
    Köln, pack an!   Rudolf Herzog. 1915.

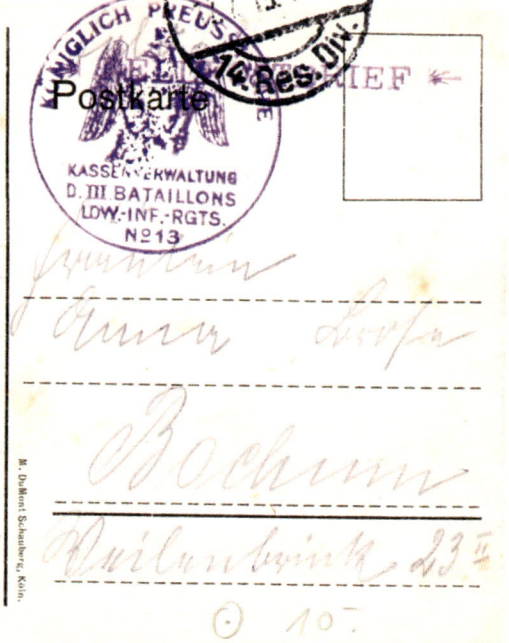

Köln wählte als Großfigur den „Kölner Bauern", seit dem Spätmittelalter Symbolgestalt der Treue Kölns zum Reich. Kommerzienrat Max von Guilleaume stiftete die Figur, über drei Meter hoch vom Bildhauer Wolfgang Wallner (1884-1964) als „Kölscher Boor en Iser" in Lindenholz umgesetzt. Der über drei Meter hohe Koloss wurde am 20. Juni 1915 in einem Pavillon, entworfen von Franz Brantzky (1871-1945), an der Südseite des Gürzenichs aufgestellt (Beines 2013: 81).

„Zur Erinnerung an Kriegsweihnacht 1915 von Deinem Josef" steht handschriftlich auf der Rückseite. Die Postkarte nach einem Aquarell zeigt den Kölner Bauern aufgestellt im Pavillon am Gürzenich.

Weihnachtsgruß vom
„Kölnischen Bauer in Eisen".

Zur Mitternachtsstund in der Christfestnacht
  Beginnt ein geschäftiges Walten
Am eisernen Bauer, dort sammeln sich
Viel tausend feldgraue Gestalten.

Der eiserne Bauer verwundert schaut,
Da tritt aus der Schar der Grauen
Ein stämmiger Kölner Krieger hervor
Und beginnt auf den Bauer zu hauen.

Und spricht dann bei jedem Hammerschlag:
„Kölner Bauer, wir wollen beweisen,
Unsern Dank Dir durch Nägel für jedes Geschenk,
Das Du sandtest in's Feld uns aus Eisen.

Dein Eisen ward Gold, und Dein Gold ein Geschenk,
Das Christkind hat jeden gefunden. —"
Eins — schlägt die Uhr vom Rathausturm, —
Da sind die Grauen verschwunden.

So träumte ich einst zur Mitternachtsstund,
Als ich zum Standbild getreten. —
Ihr Bürger, macht wahr, was ich dorten geträumt,
Schlagt Nägel zu Weihnachtspaketen. —!

Paul Pick.

Abteilung Rotochrom d. Rotophot A.-G. Berlin SW 68.

Postkarte

Zur Erinnerung
an Kriegsweihnacht
1915
v. Deinem Josef

Der Kölner Bauer wird zum Benageln freigegeben. Begeistert schwenkt Oberbürgermeister Max Wallraf am Rednerpult seinen Hut, links von ihm folgt der Stifter Geheimrat Max von Guilleaume seinem Beispiel.

Stolz stellte der Stadt-Anzeiger zur Kölnischen Zeitung am 4. September 1916 fest, dass der Kölner Bauer mit seiner Spendensumme von bislang 707 000 Mark sowohl in der Summe wie pro Kopf der Einwohner an der Spitze lag (Standt 2014: 409). Am Vorabend des Geburtstages des Kaisers, am 26. Januar 1917, wurde bekannt gegeben, dass inzwischen eine Million Mark erreicht seien. Dazu wären drei Millionen Mark in Gold in Scheine getauscht worden, an nicht gemünzten Goldwaren kamen noch 500 000 Mark hinzu (Standt 2014: 412). Bis zum Kriegsende brachte die Benagelung etwa 1,5 Millionen Goldmark für die Nothilfe und über sechs Millionen Mark durch die Ablieferung von Gold und Silber im Rahmen der Aktion „Gold gab ich für Eisen" für die Finanzierung des Krieges.

Am 20. Juni 1918 konnte in der Abend-Ausgabe des Stadt-Anzeigers zur Kölnischen Zeitung mitgeteilt werden, dass die Benagelung unter Einsatz von mehr als zehn Zentnern Nägeln zusätzlich zu den Plaketten für Firmenspenden abgeschlossen sei. Der Kopf der Nation – dieses eigentlich damals sicher ganz und gar vernagelte Körperteil – blieb, wie auch die Köpfe der meisten Kölnerinnen und Kölner, bei seiner lokalpatriotischen Repräsentation als „Kölner Bauer", dauerhaft von Nägeln frei. Der Rest des wehrhaften Standbildes ist noch heute dicht mit Spendenschildern und Spendennägeln bedeckt.

Bis zum Kriegsende brachte die Benagelung des „Kölschen Boor" etwa 1,5 Millionen Mark für die Nothilfe und über sechs Millionen Mark durch die Ablieferung von Gold und Silber im Rahmen der Aktion „Gold gab ich für Eisen" für die Finanzierung des Krieges (Alexander 1987: 114). Über die Sparkasse der Stadt Köln wurden in den gleichen Jahren mehr als 5,2 Millionen in Gold zusätzlich abgeliefert (Klersch 1951: 86). Die Kölner Schüler und Schülerinnen sammelten von Ende Februar 1915 bis zum 18. Mai 1915 insgesamt 1 575 000 Mark in Gold ein (Standt 2014: 190). Am 4. November 1915 beschloss der Rat, dass die seit dem 1. September 1915 hier gesammelten Spenden „einem besonderen Fonds für Cölner Kriegerwitwen und -waisen zugeführt werden". Ein weiterer Spendentopf wurde mit der vom Rat der 1914 begründeten „Städtischen Kriegssammlung" geöffnet. Dafür wurden am 14. Dezember 1916 zu den bereits bewilligten fünf Millionen Mark noch zwei Millionen zusätzlich zur Verfügung gestellt. Damit konnten neben den Kriegswitwen und Waisen weitere 25 000 Kölner Familien mit insgesamt 87 000 Personen unterstützt werden.

Die Not blieb Dauerthema und wurde zur Krise. Angesichts von über 80 000 Arbeitslosen in Köln im November 1923 war selbst Konrad Adenauer, seit 1917

Oberbürgermeister, verzweifelt: „Wenn es uns einigermaßen gelingt, die Stadt Köln vor dem Zusammenbruch zu retten und unsere Bevölkerung glücklich durch den Winter zu bringen, dann will ich meinem Schöpfer auf den Knien danken." (Zunkel 1996: 234-236) Für großzügige private Spenden zugunsten notleidender Kölner bedankte sich der Rat noch lange nach Kriegsende am 7. Februar 1924. Mit 54 000 Arbeitslosen im Jahre 1924 blieb die Not groß. Erst 1925 sank die Zahl der Arbeitslosen auf 21 000.

Kriegssammlung 1914
Unbenutzter Gutschein über 50 Pfennig aus dem Jahr 1917: Brot, Kartoffeln, Gemüse, Mehl, Grießmehl, Fleisch, Fett, Marmelade, Käse, Reis, Hülsenfrüchte, Grütze, Gerstengraupen oder Briketts zu den ortsüblichen Preisen binnen sieben Tagen zu entnehmen. Andere Lebens- und Genussmittel usw. dürfen auf diesen Gutschein nicht verabfolgt werden.

Über die Sparkasse der Stadt Köln wurden in den gleichen Jahren mehr als 5,2 Millionen in Gold abgeliefert. Nicht alle dachten so patriotisch. Die Kriegsbegeisterung, die auch heute noch mit unseren Vorstellungen vom 1. August 1914 verbunden sind, verdeckte erfolgreich einen panischen Ansturm besorgter Kunden in den Tagen vor Kriegsbeginn auf Sparkassen, Banken und Reichsbankfilialen. An von Ängsten und Ahnungen geplagte Bürger verlor die Deutsche Reichsbank in den Tagen vor der Mobilmachung am 1. August 1914 über 100 Millionen Mark in Gold. Ihr blieben am 31. Juli 1914 noch 1356,8 Millionen in Gold. Angesichts der Erklärung des „Zustandes drohender Kriegsgefahr" stellte die Reichsbank am 31. Juli 1914 die Auszahlung von Gold gegen Banknoten ein (Elster 1928: 50). Allerdings brachte Patriotismus mit „Gold gab ich für Eisen" ansehnliche Mengen Goldes – und nicht nur in Münzform – bald wieder in die Reichsbank zurück. In Köln waren es schon zwischen 10. September und 28. Oktober 1914 erstaunliche 500 000 Mark. Gerne setzte man dafür wie bei den Kriegsanleihen den Enthusiasmus der Schülerinnen und Schüler ein (Standt 2014: 189). Ende 1914 waren wieder 2,1 Milliarden Mark im Tresor der Reichsbank und 1915 wurden 2,4 Milliarden Mark in Gold erreicht (Sprenger 2002: 200).

Oberbürgermeister Max Wallraf musste noch vor Kriegsbeginn den Kölnern in Erinnerung rufen, dass *„Sparkassengelder als Privateigentum nach staats- und völkerrechtlichen Grundsätzen vor dem Zugriff jeder Staatsgewalt in Krieg und Frieden geschützt sind."* Dennoch wurden Spargelder in solchem Umfang abgezogen, dass pro Tag statt maximal 1000 Mark nun nur noch 100 Mark abgehoben werden durften.

Für das staatliche Abgreifen der Spargelder fand sich mit den neun Kriegsanleihen während des Ersten Weltkrieges ab September 1914 rasch ein anderer eleganter Weg, diese Gelder der Bürger in die Maschinerie des Krieges einfließen zu lassen. Angst vor den Folgen des Krieges zeigte sich auch im Hamstern von Lebensmitteln. Einige Geschäfte, die die Lage ausnutzten, wurden sogar wegen „Wucherei" von der Polizei geschlossen. In anderen Geschäften wurde Zahlung in Gold verlangt und man weigerte sich, Banknoten anzunehmen (Standt 2014: 36-40). Der später zitierte Bericht von Heinrich Billstein über die Tätigkeit der Preisprüfungsstelle beschrieb Anfang 1920 die neue Lebenswelt.

„Zeichen"-Stunde.

Lehrerin: „Wie viele Kriegsanleihen hast du denn schon gezeichnet, Else?"

Else (Gastwirtstöchterchen): „Ich, Fräulein? Alle Neune!"

Nicht beim Kegeln: Alle neun Kriegsanleihen!
Postkarte „Zeichen"-Stunde" Lehrerin: „Wie
viele Kriegsanleihen hast du denn schon gezeichnet, Else?" Else (Gastwirtstöchterchen):
„Ich, Fräulein? Alle Neune!"

Kriegsanleihen dienten zur Deckung der Schatzanweisungen, mit denen vom Finanzministerium die Finanzierung des Krieges gesichert wurde. „Kriegsanleihe" ist die ideale aktuelle Bezeichnung für verzinsbare Anleihen des Reiches, die auch schon zuvor zur Finanzierung von Vorhaben des Reiches genutzt wurden. Jetzt erreichten sie ein zuvor ungeahntes Ausmaß. Seit 1916 ließ die Begeisterung für Kriegsanleihen dann langsam wieder nach. Die Einnahmen aus dem Verkauf der vierten Kriegsanleihe im Frühjahr 1916 deckten erstmals nicht mehr die ausgegebenen Schatzanweisungen. Die auf die Schatzanweisungen begründeten Druckauflagen neuer Banknoten waren die versteckten Vorboten der Inflation. Gedruckt wurden sie trotz nicht ausreichender Deckung (Roesler 1967: 79).

Kriegsanleihen zu kaufen, betrachtete man als patriotische Pflicht und bei fünf Prozent Zinsen, die allerdings erst ein Jahrzehnt später fällig werden sollten, konnte man sie dazu auch als gutes Geschäft sehen. In der Zeit der ersten Kriegsbegeisterung und Opferbereitschaft wurde gerne, wie im Kölner Localanzeiger vom 1. März 1915, darauf hingewiesen, dass man bei den Darlehenskassenstellen der Reichsbank (auch in der Kölner Hauptstelle) seine Aktien beleihen könne und dafür Darlehenskassenscheine erhalten würde, um die Kriegsanleihe zeichnen zu können.

Rechte Seite: Arme Sophie! Das Werbeblatt für die sechste Kriegsanleihe trägt die handschriftliche Notiz: „Vaters Ersparnisse u. die unserer Geschwister wurden gezeichnet u. gingen durch den verlorenen Krieg verloren."

Bürger Cölns!

Erfüllt Eure heiligste Pflicht gegen das Vaterland:

Zeichnet auf die 6. Kriegsanleihe!

Die Antwort unserer Feinde auf das deutsche Friedensangebot zeigt von neuem deutlich ihre Kriegsziele:

Niederwerfung Deutschlands und seiner Verbündeten durch Hunger und Schwert!

Zerstückelung unseres Vaterlandes!

Knechtung der Freiheit Europas und der Meere!

Ungeheuere Opfer an Gut und Blut hat das deutsche Volk gebracht; von neuem gilt es jetzt für das Vaterland die Gelder bereitzustellen, deren es zur rücksichtslosen Weiterführung des uns aufgedrungenen Krieges und somit zur Herbeiführung eines dauernden und ehrenvollen Friedens bedarf.

Der Weg zu Sieg und Frieden führt über die neue Kriegsanleihe!

Kein Cölner Bürger sollte bei dem neuen Aufmarsch der Milliarden fehlen!

Siebenundvierzig Milliarden Mark hat das deutsche Volk bisher an Kriegsanleihe übernommen; noch sind wir nicht am Ende des gewaltigsten Ringens der Weltgeschichte angelangt, weitere Milliarden heißt es jetzt dem Vaterlande bereitwillig darzubieten.

Man bedenke, daß die Kriegskosten Deutschlands und seiner Verbündeten bis zum Anfang des Jahres 1917 ca. 100 Milliarden, diejenigen der gegen uns verbündeten Koalition jedoch ca. 200 Milliarden betragen. Wiederholt haben die Staatsmänner unserer Feinde ausgesprochen, daß Deutschland nach seiner Niederringung außer gewaltigen Einbußen bisher deutschen Landes auch die gesamten Kriegskosten der feindlichen Verbündeten zu zahlen habe. Ist es da nicht klüger, zur weiteren siegreichen Fortführung des Krieges jetzt freiwillig seine Ersparnisse dem Vaterlande zur Verfügung zu stellen und dabei gleichzeitig ein Wertpapier zu erwerben, das die beste und sicherste Kapitalanlage ist? Für die deutschen Kriegsanleihen haftet die Steuerkraft des ganzen deutschen Volkes, das Vermögen sämtlicher Bundesstaaten, sowie des Reiches selbst, somit das ganze Nationalvermögen, das nach sorgfältigen und zuverlässigen Feststellungen auf ungefähr 375 Milliarden errechnet ist. Jeder Kriegsanleihe-Besitzer hat Anspruch auf Verzinsung der Anleihe zum vollen Zinssatz auf eine Reihe von Jahren, und wenn etwa nach Ablauf dieser Zeit der Zinssatz von 5% nicht mehr gewährt werden sollte, auf Rückzahlung des Kapitals zum vollen Nennwert.

Für die Aufbringung der Mittel zur Verzinsung der Kriegsanleihe stehen dem Reiche große Einnahme-Möglichkeiten zur Verfügung. Niemals wird das Deutsche Reich einen Bruch des Zahlungsversprechens begehen, sondern eine gesunde Finanzwirtschaft wird die nötigen Quellen erschließen.

Die Veröffentlichung von Zeichnungen in den Tageszeitungen erfolgt nur auf ausdrücklichen Wunsch der Zeichner. Im übrigen werden die Zeichnungen von den Zahlstellen streng geheim behandelt, auch gegenüber der Steuerbehörde.

Es ist vorgesorgt, daß jederzeit nach dem Krieg selbst große Mengen von Kriegsanleihen verkauft oder zu günstigen Sätzen beliehen werden können, um dem jetzigen Käufer von Kriegsanleihen somit die Betriebsmittel, deren er bedarf, wieder zuzuführen. Darum die ernste Mahnung in ernster Zeit:

Trage jeder dazu bei, die Zeichnung der 6. Kriegsanleihe erfolgreich zu gestalten!

Auch der kleinste gezeichnete Kriegsanleihebetrag ist nötig und hilft den Krieg verkürzen!

Jede verweigerte Mark stärkt unsere Feinde!

Zeichnungen nehmen entgegen: Die Reichsbank, alle Banken und Bankiers, Sparkassen, Lebens=Versicherungsgesellschaften und sämtliche Postämter.

Hohe Zinsen! Sicherste Kapitalanlage!

Kölner Verlags-Anstalt und Druckerei A.-G.

Die 7. Kriegsanleihe

Der Kampf um unser Dasein hat nach dreijährigem erfolgreichen Ringen nunmehr seinen Höhepunkt erreicht. Wie unser herrliches Heer unerschütterlich dem Feinde widersteht, so müssen auch wir daheim die harten Pflichten, die der lange Krieg uns auferlegt, mit Entschlossenheit tragen im Bewußtsein dessen, was auf dem Spiele steht. Eine der ersten Pflichten ist es, dem Reiche das Geld zu geben, dessen es zur Kriegsführung bedarf. Nachdem der Feind voll Hohn unser Friedensangebot zurückgewiesen hat, bleibt uns, mögen wir den Frieden auch noch so sehr herbeisehnen, keine Wahl darüber, ob wir den Kampf fortsetzen wollen oder nicht. Keiner sollte deshalb fehlen bei Heranschaffung der Geldmittel zur Kriegsführung. Jede Mark ist von Nutzen. In Munition, Kanonen und U-Boote verwandelt sich dein Geld, hilft dein Geld den Brüdern im Felde, schützt es die Heimat vor den Schrecken des Krieges, wie sie Ostpreußen in so furchtbarer Weise im Kriegsanfang kennen lernen mußte, ehe unser Hindenburg die russischen Horden vom deutschen Boden vertrieb.

Herausgeber: Reichsbank, Nachrichtenbüro für die Kriegsanleihen, Berlin C 19, Unterwasserstraße 8.

Druck der Otto Elsner A.-G., Berlin S 42.

Jede Kriegsanleihe ist eine Ehrenurkunde.

Die Kriegsanleihen sind Blätter ehrenden Gedächtnisses für bewiesene vaterländische Einsicht. Wer will sich der Beschämung aussetzen, daß er unvernünftig auf seinem Geldsack sitzen blieb?

Ein neuer Milliardensieg

muß es werden. Unsere Feinde hoffen noch, das Geld könnte uns ausgehen. Wir werden sie enttäuschen. Wenn alle mittun, die es können, wird mit der Wucht einer großen Milliardenzahl auch der zäheste, vielleicht letzte Zweifel an unserem Können und Wollen zerschmettert werden. Und wer sollte nicht mittun, wo es um unser aller Vorteil geht? Ein ehrenvoller Frieden kommt uns allen zugute.

Wer kann und muß mittun?

Jeder, der flüssiges Geld daheim hat.

Jeder, der Guthaben bei einer Bank, Sparkasse, Kreditgenossenschaft oder sonstwo besitzt.

Jeder, der in absehbarer Zeit Gelder zu erwarten hat, die er nicht alsbald zum Leben braucht.

Jeder, der weiß, daß er Ersparnisse machen kann.

Mancher hat schon Kriegsanleihe gezeichnet,

aber nicht genug! Man lege jetzt alles freie Geld in der sicheren Kriegsanleihe an. So will es die Verteidigung des Vaterlandes. So will es die Vernunft, denn je stärker wir uns zeigen, desto besser der Frieden!

Auch der kleinste Beitrag ist willkommen.

Die kleinen Zeichnungen haben bisher Milliarden erbracht! Wer nicht 100 M. zeichnen kann, beteilige sich an der Kriegsanleihe durch Sparkarten oder Anteilscheine, die bei den Sparkassen und Genossenschaften erhältlich sind.

Die Kassen helfen jedem gerne bei der Zeichnung.

Der Einwand, die Kassen sehen es nicht gern, stimmt nicht! Die Kassen wissen, daß es eine Kraftprobe in Aufgebot und Zusammenfassen aller Kraft gilt, daß jeder, der Vermögen in Kriegsanleihe anlegt, die deutsche Widerstandskraft stärkt und steigert. Sie taten ja und tun es rühmlich selber mit.

Kriegsanleihe oder Schatzanweisung.

Beide dienen dem gleichen Zweck und sind von gleicher Sicherheit. Die Kriegsanleihe ist für den, der nichts weiter als bei größter Sicherheit des Kapitals hohe Zinsen will. Die Schatzanweisung für den, der irgendwann mit seinem Kapital zum Nennwert herauskommen will und den darüber hinaus die Gewinnaussicht von 10—20 Prozent reizt.

Vollkommene Sicherheit.

Die Kriegsanleihe ist eine Anlage von so unerschütterlich fest und sicher ruhen unser... samten deutschen Volksvermögen, auf all...

2

Werbeblatt für die 7. Kriegsanleihe. Die siebte Kriegsanleihe brachte in Köln 258 Millionen Mark. Im Reich brachte sie weniger als die Hälfte der ausgegebenen Schatzanweisungen.

Unkündbar feitens des Reichs bis zum 1. Oktober 1924.

Mark 200

5 v.H. **Anleihe** 5 v.H.
des Deutfchen Reichs
vom Jahre 1918
J.-J.

Schuldverfchreibung

Buchft. E   über   Nr. 10284966

Zweihundert Mark

Reichswährung.

verzinslich mit Fünf vom Hundert vom 1. Juli 1918 ab,

ausgefertigt auf Grund der Gefetze vom 9. Juni 1916 (Reichs-Gefetzblatt S. 471), 28. Februar 1917 (Reichs-Gefetzblatt S. 207) und 21. Juli 1917 (Reichs-Gefetzblatt S. 651). Die Zinfen werden bei der Königlich Preußifchen Staatsfchulden-Tilgungskaffe in Berlin und außerdem bei den vom Reichskanzler zu bezeichnenden Stellen halbjährlich

am 2. Januar und am 1. Juli

an den Überbringer der fälligen, hierzu gehörigen Zinsfcheine berichtigt. Die Zinsfcheine find ungültig, wenn eine Ecke abgefchnitten ift. Der Anfpruch aus den Zinsfcheinen erlifcht, wenn fie nicht binnen vier Jahren zur Einlöfung vorgelegt werden. Diefe Frift beginnt mit dem Schluffe des Jahres, in welchem die Fälligkeit der Zinfen eintritt. Von zehn zu zehn Jahren wird zu diefer Schuldverfchreibung eine Reihe neuer Zinsfcheine mit Erneuerungsfchein für die folgende verabreicht. Die Tilgung der Anleihe gefchieht nach Maßgabe des § 5 der Reichsfchuldenordnung vom 19. März 1900 (Reichs-Gefetzblatt S. 129). Dem Deutfchen Reiche bleibt das Recht vorbehalten, die im Umlaufe befindlichen Schuldverfchreibungen insgefamt oder in angemeffenen Teilbeträgen zur Einlöfung gegen Barzahlung des Nennbetrags, jedoch frühestens zum 1. Oktober 1924, binnen einer gefetzlich feftzufetzenden Frift zu kündigen. Den Inhabern der Schuldverfchreibungen fteht ein Kündigungsrecht gegen das Deutfche Reich nicht zu.

Berlin, den 26. März 1918.

Reichsfchuldenverwaltung

Beigefügt find die Zinsfcheine.
Reihe 1 Nr. 1 bis 20 mit Erneuerungsfchein.

Ausgefertigt

Kl. V Bl. 102850 Nr. 10284966

200

Eingetragen
Kontrolle der Staatspapiere

5

Achte Kriegsanleihe.

Achte Kriegsanleihe von 1918. Sie brachte in Köln 294 Millionen Mark. Der erste Zinsschein über 5 Mark vom 2. Januar 1923 konnte noch eingelöst werden. Der nächste Zinsschein vom 1. Juli 1923 war angesichts der beginnenden Hyperinflation nicht genug wert, um ausgeschnitten zu werden. Nach dem Aufwertungsgesetz vom 1. Juli 1925 war die gesamte Anleihe nur noch 5 Reichsmark wert.

Die Volksrechtpartei gewann mit ihrem Eintreten für eine neue Aufwertung im Wahlkreis Köln-Aachen mit 10 055 Stimmen einen Anteil von 1,1 %, reichsweit sogar 1,6 %.

Kriegsanleihen und Schatzanweisungen (in Millionen Mark)

Kriegsanleihe		Nennbetrag der Zeichnung	Ausstehende Schatzanweisungen	Saldo
01. September	1914	4.460	2.632	+ 1.832
02. März	1915	9.060	7.209	+ 1.851
03. September	1915	12.101	9.691	+ 2.410
04. März	1916	10.712	10.388	+ 324
05. September	1916	10.652	12.766	− 2.114
06. März	1917	13.122	14.855	− 1.733
07. September	1917	12.626	27.204	− 14.578
08. März	1918	15.001	38.971	− 23.970
09. September	1918	10.443	49.414	− 38.971

(Tabelle nach Roessler 1987: 79)

Die Kriegsanleihen brachten zu Beginn mehr ein, als in Form von Schatzanweisungen ausgegeben worden war. Auf den Rückgang der Einnahmen aus Kriegsanleihen im September 1916 reagierte man schnell und fand einen neuen Weg zum Geld der Bevölkerung. Mit der ersten Reichabgabenordnung vom 1. Oktober 1916 wurden 50 Prozent Zuschlag auf alle Portokosten und Telefongebühren erhoben. Ein Inlandsbrief lag nun bei 15 Pfennig. Am 1. Oktober 1918 folgte die zweite Reichsabgabenordnung, gültig bis 30. September 1919. Erst ab dem 1. Oktober 1919 betrug das Briefporto 20 Pfennig. Dann begann langsam auch für die Portogebühren der Weg in Inflation und Hyperinflation. Ab 6. Mai 1920 kamen 40 Pfennig, ab 1. April 1921 kamen 60 Pfennig, ab 1. Januar 1922 drei Mark, ab 1. Juli 1922 vier Mark, ab 1. Oktober 1922 sechs Mark auf den Umschlag. Dann wurde das Tempo mit der Hyperinflation immer rascher:

15. November	1922	12 Mark
15. Dezember	1922	25 Mark
15. Januar	1923	50 Mark
01. März	1923	100 Mark
01. Juli	1923	300 Mark
01. August	1923	1.000 Mark
24. August	1923	20.000 Mark
01. September	1923	75.000 Mark
20. September	1923	250.000 Mark
01. Oktober	1923	2 Millionen Mark
10. Oktober	1923	5 Millionen Mark
20. Oktober	1923	10 Millionen Mark
01. November	1923	100 Millionen Mark
05. November	1923	1 Milliarde Mark
12. November	1923	10 Milliarden Mark
20. November	1923	20 Milliarden Mark
26. November	1923	80 Milliarden Mark

Ab dem 1. Dezember 1923 nach der Einführung der Rentenmark wurden 100 Milliarden Mark bis Ende Dezember oder 10 Rentenpfennig verlangt (Binder 2003: 37). Die entsprechende Briefmarke zeigte das als Wechselgeld und Werbung eingesetzte Kapselgeld der Brennerei und Brauerei Sünner. Die Reichspost war zum Friedenspreis vor 1916 zurückgekehrt, vor der 50-prozentigen Preiserhöhung durch die Reich-abgabenordnung. Nicht alle reagierten so rasch. Die Kölnische Zeitung verlangte noch Anfang 1924 lieber 150 Millionen Mark statt 15 Pfennig für ein Einzelexemplar.

Nicht lange gültig: der Kölner Dom für 10 000 Mark. Ab dem 1. August 1923 lag das Porto für einen Inlandsbrief über 100 Gramm bis 250 Gramm bei 10 000 Mark. Die Briefmarke war auch für andere Portogebühren bis in den September hinein einsetzbar. Danach waren mehrere 100 000 Mark und bald Millionenwerte gefordert (Binder 2003: 37). Michel-Nr. 262 (www.infla-berlin.de/14_inflationsbelege)

1 Milliarde: Die Briefmarke mit Korbdeckelmotiv galt vom 4. bis zum 11. November 1923 als Briefporto für einen Inlandsbrief. Dieses Exemplar wurde in Köln am 14. 11. 23 entwertet. Der Absender hat zu diesem Zeitpunkt bereits zehn dieser Briefmarken für seinen Brief aufkleben müssen (Binder 2003: 37). Michel-Nr. 325A (www.infla-berlin.de/14_inflationsbelege)

Angesichts 98 Milliarden Mark, die mit den neun Kriegsanleihen insgesamt im Reich gezeichnet worden waren, haben die Bürger Kölns mit mehr als 600 000 Einwohnern bei einer Gesamtbevölkerung des Deutschen Reiches von über 60 Millionen Menschen eine überdurchschnittliche Begeisterung bewiesen. Volker Standt hat dem Stadt-Anzeiger zur Kölnischen Zeitung zwar nicht alle Zahlen entnehmen können, aber es waren bei jeder Ausgabe der Kriegsanleihen über 200 Millionen Mark gezeichnet worden. Bei der sechsten Zeichnung waren 266 Millionen Mark eingegangen, bei der siebten Zeichnung waren es 258 Millionen Mark. Allein in den Volksschulen wurden davon 485.790 Mark zusammengetragen. Bei der achten Anleihe kamen 294 Millionen Mark und bei der neunten Anleihe 220 Millionen Mark zusammen, so wenig wie nie zuvor. Bei der neunten Kriegsanleihe hatte die Reichsregierung erstmals in Köln mit Zeitungsanzeigen werben, die Sicherheit betonen und die Zeichnungsfrist um 14 Tage verlängern müssen (Standt 2014: 599). Trotzdem hatten die kriegsbegeisterten Kölner bei einem Prozent Anteil an der Reichbevölkerung insgesamt gut zwei Prozent aller Kriegsanleihen gezeichnet. Der Kurs der Kriegsanleihen an der Börse sank im Laufe des Jahres 1919 deutlich. Die Illusionen waren verschwunden. Sie galten nun nicht mehr als sicher (Holtfrerich 1980: 124).

Die Geldschöpfung der Reichsbank war bis Kriegsbeginn regelgerecht im Gleichklang mit der Produktivität des Landes ausgeweitet worden. Mit der „finanziellen Mobilmachung" vom 4. August 1914, mit einer immer aktiveren Finanzierung der Kriegskosten durch den Druck von Banknoten (Elster 1923: 244) wuchs die Summe des umlaufenden Bargeldes von sieben auf etwa 30 Milliarden Mark (Trapp/Fried 2006: 127). Ihre Deckung durch Gold im Tresor der Reichsbank, durch Steuereinnahmen, Schatzanweisungen, die Zeichnung von Kriegsanleihen oder Einnahmen der Darlehenskasse war immer weniger gesichert. Das hatte Folgen: Gold verschwand aus dem Alltag und große Geldscheine wurden oft abgelehnt, um die Silbermünzen horten zu können. Dabei stieg der Kleingeldbedarf rasch, da plötzlich Sold für die in den Krieg ziehenden Truppen zu zahlen war. Erstmals wurde Notgeld von „Gemeinden, öffentlichen Körperschaften und größeren Unternehmungen der Geschäftswelt" (Prange 1921: 2) auch in größeren Scheinen ausgegeben, das aber Anfang 1915 meist schon wieder eingetauscht wurde (Reichsbank 1925: 48f). In Köln hatte es dazu noch keinen Bedarf gegeben.

Im Alltag stiegen langsam, aber stetig die Preise. Im Juli 1914 kosteten die Lebensmittel für eine vierköpfige Familie noch 25,12 Mark in der Woche, ein Jahr später rechnete man mit 27, 36 Mark (Standt 2014: 271).

Um die Versorgung Kölns mit Lebensmitteln bemühte sich der Erste Beigeordnete der Stadt, Konrad Adenauer (1876–1967), früh und im Vergleich mit anderen Städten erfolgreich. Nach der Wahl zum Ersten Beigeordneten 1909 wurde er zugleich Stellvertreter von Oberbürgermeister Max Wallraf (1907-1917), dem Bruder seiner Schwiegermutter. Konrad Adenauers Leistungen waren überzeugend. Köln wurde verpflichtet, um seiner Rolle als Festung gerecht werden zu können, zur Vorsorge bei einer denkbaren Belagerung Vorräte für fünf Monate einzulagern. Dafür nutzte man die Lagerhäuser des Rheinauhafens. Als die Vorschrift Ende 1918 aufgehoben wurde, war man glücklich, nun in den Notzeiten darüber verfügen zu dürfen. In der großen Ausstellungshalle der zu Kriegsbeginn geschlossenen Werkbundausstellung auf dem rechten Rheinufer wurden 1000 Jungrinder aufgefüttert. Solange es möglich war und soweit das Angebot reichte, kaufte Köln auch im Ausland Nahrungsmittel auf, machte sogar Schulden dafür. Die Versorgung mit den Grundnahrungsmitteln, mit Kartoffeln und mit Brot stellte die Stadt vor Probleme. Kartoffeln importierte sie schließlich selbst aus dem Osten des Reiches und gab sie unter Einkaufspreis an die Bürger ab. Beim Brot wurde Konrad Adenauer persönlich und vorausschauend aktiv. Schon im Januar 1915 hatten Gerüchte über eine kommende Verknappung bei Brot zu Hamsterkäufen geführt. Seit Februar 1915 durfte Mehl nur noch für einige Brotsorten darunter das bald bekannte „Kölner Kriegsbrot", verbacken werden (Faust 1992: 63/54). Gemeinsam mit den Brotfabrikanten Jean und Josef Oebel entwickelte Adenauer aus Reis, Roggen und Mais, aus nicht staatlich bewirtschafteten Getreiden, ein nahrhaftes Brot. Unter der Nummer 296648 vom 2. Mai 1915 ließen sich die drei „ein dem rheinischen Roggenschwarzbrot ähnelndes Schrotbrot" patentieren. Das schuf als „Adenauer-Brot" bis heute andauernden volkstümlichen Ruhm.

Ein regenreicher Herbst 1916 ließ einen großen Teil der Kartoffelernte auf den Feldern verfaulen. Der kalte Winter 1916/17 verschärfte den Mangel an Lebensmitteln und Heizungsmaterial. Eisgang auf dem Rhein verhinderte den Transport von Kohle per Schiff. Die folgende Hungersnot ist deutschlandweit bis heute als „Steckrübenwinter" in Erinnerung. Die Steckrübe/Kohlrübe war sonst als Schweinefutter im Einsatz gewesen. Mit Streikdrohungen und Streiks wie z. B. der Kölner Straßenbahnerinnen am 10./11. Juni 1917 wurde die Not deutlich und Druck ausgeübt. Vorortzüge wurden von Hamsterern gestürmt, um auf dem Land die Bauern heimzusuchen.

In der Markthalle kam es zu Plünderungen (Faust 1992: 66/67). Forderungen nach einem raschen Friedensschluss wurden laut. Hungerproteste wurden durchaus, wie Oberbürgermeister Max Wallraf erleben musste, auch für politische Zwecke eingesetzt. Nach einem Protestmarsch von Frauen mit lauten Rufen nach Kartoffeln konnte er feststellen lassen, dass angeblich ringsum noch 10 000 Zentner Kartoffeln auf Käufer warteten (Wallraf 1926: 117).

Als Oberbürgermeister Max Wallraf im Sommer 1917 zum Innenminister im Kabinett von Georg von Hertling berufen wurde, wurde der Weg frei für seinen Stellvertreter. Das sieht rückblickend so leicht und konsequent aus, als hätte es gar nicht anders sein können. Geschichte ist nicht vorhersehbar, auch wenn es oft so scheint, dass es so hätte kommen müssen. Sehen wir hier einmal genauer hin: Konrad Adenauer hätte zuvor bereits einen Ruf als Oberbürgermeister nach Aachen annehmen können. Max Wallrafs Amtszeit lief schließlich noch bis in den Sommer 1919. Und – noch eine Weichenstellung – Konrad Adenauers Verletzungen beim Zusammenstoß seines Dienstwagens am 20. März 1917 mit einer Straßenbahn, der seinem Fahrer schließlich eine (damals hohe) Geldstrafe von 150 Mark brachte, waren schwerwiegend (Standt 2014: 307-309). Nach langem Krankenhausaufenthalt und dreimonatiger Kur im Schwarzwald kehrte Konrad Adenauer erst am Tag nach seiner Wahl zum Bürgermeister am 18. September 1917 wieder nach Köln zurück. Zwei führende Herren des Zentrums hatten ihn vor der Wahl dort besucht. Er gab ihnen angesichts seines von nun an durch seine verletzten Gesichtsknochen veränderten Aussehens auf den Heimweg mit: *„Meine Herren, anormal bin ich nur äußerlich!"* Er befand sich noch in der Kur, als er am 18. September 1917 einstimmig bei zwei Enthaltungen zum Oberbürgermeister gewählt wurde. Ende Oktober 1917 wurde ihm vom Kaiser der Titel „Oberbürgermeister" verliehen (Standt 2014: 443). Die große Zustimmung würde nicht bleiben. Seine Wiederwahl 1929 erfolgte mit nur einer Stimme Mehrheit.

Im Winter 1917/18 waren der Zerfall der öffentlichen Ordnung und das bittere Ende der Kriegsbegeisterung auch in Köln spürbar. Mit Diebstählen von Treibriemen wurde die Produktion lahmgelegt. Einbrüche in großem Stil versorgten den Schwarzen Markt. Das Ende des Krieges brachte am 6. November 1918 auch nach Köln die Revolution, die mit dem Matrosenaufstand am 4. November in Kiel begonnen hatte. Wilhelm Sollmann (1881–1951) forderte am Abend des 6. Novembers als führender Kopf der SPD bei einer Versammlung in Mülheim Freiheit für alle politischen Gefangenen, die Abdankung des Kaisers und die Wahl einer von allen volljährigen deutschen Frauen und Männern gewählten Nationalversammlung *„zur Herbeiführung der Großdeutschen Sozialistischen Republik"*. Am 7. November 1918 trafen revolutionäre Matrosen aus Kiel am Hauptbahnhof ein, deren Aufruhr mit dem Aufruf zu einer Versammlung am nächsten Morgen auf dem Neumarkt aufgefangen wurde. Während der Nacht zogen Trupps durch die Stadt, die Gefängnisse wurden geöffnet und unterschiedslos die Gefangenen, unter denen sich auch Kameraden der Kieler Matrosen befanden, befreit. Während des 8. Novembers waren Plünderungen von Geschäften zu verzeichnen. Die Versammlung am 8. November auf dem Neumarkt bestätigte den von der SPD vorgeschlagenen Arbeiter- und Soldatenrat mit Wilhelm Sollmann an der Spitze. Eine Sicherheitswehr setzte den Plünderungen ein Ende. Der Oberbürgermeister stellte den Schlachtensaal und den Muschelsaal, Schreibmaschinen und Papier im Rathaus zur Verfügung, vermied unnötige Auseinandersetzungen, und da die englische Besatzung schließlich die Zusammenarbeit mit diesem Rat ablehnte, löste sich das Problem bald von selbst. Die bescheiden und zurückhaltend auftretende Revolution forderte zwölf Todesopfer, zumeist von der Sicherheitswehr erschossene Plünderer. Am 10. November 1918 wurde unter Beteiligung aller Parteien ein Wohlfahrtsausschuss gebildet, den Oberbürgermeister Adenauer leitete. Drei Abgesandte des Arbeiter- und Soldatenrates, darunter Wilhelm Sollmann, reisten ins Große Hauptquartier nach Spa. Die Organisation der friedlichen Durchreise der von der Westfront zurückkehrenden Truppen mit Unterkunft und Verpflegung gelang, wohl der größte Erfolg des Wohlfahrtausschusses und Konrad Adenauers. Mitte November begann die Durchreise, und am 3. Dezember 1918 verließen die letzten deutschen Truppen Köln, das nun, wie im Waffenstillstand von Compiègne vom 11. November 1918 festgelegt, als *„Brückenkopf Köln"* von den Briten besetzt wurde. 15 000 Kölner Soldaten waren im Krieg gefallen oder ihren Verletzungen erlegen. Etwa 2000 Tote hatte 1918/19 die Spanische Grippe in Köln gefordert. Allein der britische Luftangriff an Pfingsten 1918 forderte 41 Tote und 47 Verletzte. Das Konzept für den Bombenkrieg des Zweiten Weltkriegs war entstanden (Kramp 2014: 83-86). 3000 Tote, zusätzlich zu den Bombenopfern, forderten dazu Hunger und Not.

Am 6. Dezember 1918 zogen die ersten britischen Truppen über die Aachener Straße in Köln ein. General Algernon Lawson traf sich bereits zur Mittagszeit mit Oberbürgermeister Konrad Adenauer in Rathaus. Am 11. Dezember folgten die für die Besetzung des englischen Brückenkopfes Köln vorgesehenen Truppenverbände. Um Mitternacht dieses Tages wurde die englische Zeit für Köln vorgeschrieben: *„Alle Uhren sind zu diesem Zeitpunkt um eine Stunde zurückzustellen."* Am 12. Dezember traf sich Militärgouverneur Charles Ferguson mit Konrad Adenauer: Presse- und Versammlungsfreiheit wurden eingeschränkt, die Fahne Großbritanniens war zu grüßen, eine nächtliche Ausgangssperre wurde verhängt, Einquartierungen folgten. Zu Beginn waren 55 000 Mann der Besatzungstruppen unterzubringen. Schulen, Fabrikgebäude, Hotels und 2000 Privatwohnungen in den besseren Stadtvierteln wurden requiriert. Bis zum Ende der Besatzungszeit sank die Zahl der Soldaten dann auf unter 10 000 Mann.

Eine der ersten Entscheidungen der Stadtverwaltung in der neuen Demokratie beendete nun den langen Streit um die Schreibweise des Namens der Stadt: Nun wurde statt „Cöln" – wie seit 1857 vorgeschrieben – wieder „Köln" geschrieben. Dafür hatte die Stadtverwaltung sogar 1900/1901 einen Prozess geführt, aber verloren. Der historische Hintergrund für den königlichen Befehl Friedrich Wilhelms IV. wird für uns heute nur noch mit Hilfe von Haferflocken nachvollziehbar: Die „Kölln-Flocken" haben ihren Namen nach dem Berliner Stadtteil Alt-Kölln, der bis 1710 eine eigenständige Stadt war. Da sollten Verwechslungen ausgeschlossen werden. Bei der Einfalt seiner Majestät damals und der Ordnungsliebe der preußischen Verwaltung danach eine konsequente Einstellung. „Köln" wurde am 30. Januar 1919 von der Stadtverwaltung wieder eingesetzt, und diesmal am 10. April 1919 auch von der preußischen Staatsregierung per Erlass vorgeschrieben. Was sollte sie gegenüber der unter britischer Besatzung selbstherrlich regierenden Kölner Stadtverwaltung auch anders tun. Für uns hat das einen Vorteil: Notmünzen und Ersatzgeldscheine mit „Köln" statt „Cöln" sind nach dieser nach langem Streit mit Erleichterung wahrgenommenen Regelung eher nach diesem Wechsel entstanden. Die Notmünzen des Erfrischungsraumes des Fernsprechamtes zeigen z. B. beide Versionen.

Der „Kölsche Boor en Iser" war inzwischen nach Kriegsende, wie die Kölnische Zeitung am 29. Januar 1919 berichtete, „wiederholt in gemeinster Weise verunreinigt" worden. Auf Vorschlag des Stifters Max von Guilleaume wurde er daher nun, unweit seines bisherigen Standortes, im Börsensaal des Gürzenichs aufgestellt, bevor er später ins Haus der Rheinischen Heimat auf die andere Rheinseite wechselte. Nach dem Zweiten Weltkrieg kehrte er dort in die Öffentlichkeit zurück und wurde dann seit dem 11. Januar 1958 als dominantes Objekt des Kölnischen Stadtmuseums im Erdgeschoss des Zeughauses aufgestellt. Nach einem Wasserschaden im Sommer 2017, der zur Schließung und Räumung der Ständigen Ausstellung im Zeughaus führte, darf er nun im Depot auf einen nächsten Auftritt warten.

Seit Anfang 1919 wurde heftig über die Umwandlung des besetzten Rheinlandes in eine Westdeutsche Republik gestritten. Die Lage in Köln war durch die britische Besatzung bestimmt, die die französischen Wünsche einer Abtrennung des Rheinlands, sei es als selbstständige Republik unter französischem Einfluss oder als eigenständiges Land innerhalb des Reiches nicht wünschte.

Sketch 5.

RHINELAND OCCUPATION AREAS
JANUARY 1924

SCALE OF MILES.
10 5 0   10   20   30   40   50

Compiled in the Historical Section (Military Branch).

Ordnance Survey 1943.

Die Karte zur Rheinlandbesetzung zum Januar 1924 weist zusätzlich zum seit 1918 besetzten Rheinland auch das seit Anfang 1923 und bis Sommer 1925 von Frankreich und Belgien besetzte Ruhrgebiet aus (Stehkämper 1976).

Die Reichsbank hatte nach Kriegsende die neue Regierung wie zuvor weiter mit Geld beliefert, so rasch man eben immer drucken konnte, um den Haushalt auszugleichen. Die Regierung bemühte sich ihrerseits mit einer Reihe von Gesetzen, seit dem Jahr 1919 von der Nationalversammlung in Weimar beschlossen, dem Volk Geld aus den Taschen zu ziehen: Vorausschauend wurde festgelegt, kurz nachdem die Bedingungen des aufgezwungenen Versailler Vertrages bekannt geworden waren, dass Zölle in Gold zu zahlen waren. Es folgten eine außerordentliche Kriegsabgabe, eine Tabaksteuer, eine Vermögenszuwachssteuer, ein Erbschaftssteuergesetz, die Zündwarensteuer, die Grunderwerbssteuer, dann ein Umsatzsteuergesetz und am Jahresende zur Abrundung ein Reichsnotopfer, eine ständige Vermögenssteuer, eine Kohlensteuer. Im Oktober 1923 wechselte die Steuererhebung auf den jeweiligen Goldumrechnungssatz – also auf den Multiplikator – und verließ damit die untergegangene Währung der Mark (Gaettens 1957: 245 / Rittmann 1986: 65).

Die Verpflichtung, neu gedruckte Banknoten mit einem Drittel ihres Nennwertes in Gold, kursfähigem deutschen Geld oder Reichskassenscheinen im Tresor der Bank zu hinterlegen, umging die Reichsbank seit Kriegsbeginn mit dem seit dem 19. Jahrhundert bewährten Prinzip der Darlehenskassenscheine, für die diese Verpflichtung nicht bestand. Endgültig fiel die Schranke mit der Änderung des Bankgesetzes von 1875 am 9. Mai 1921, das die Dritteldeckung der Banknoten durch Gold oder vergleichbare Werte bis zum 31. Dezember 1923 außer Kraft setzte. Der Weg in Inflation und Hyperinflation war freigeräumt.

Der Zwang, immer rascher Banknoten zu liefern, führte dazu, dass bald im preiswerten Buchdruck statt Stahlstich gearbeitet wurde. Scheine waren gegen Fälschungen nun nur durch Verwendung eines Papiers mit Wasserzeichen oder Faserstreifen gesichert (Reichsbank 1925: 120). Im Herbst 1923 arbeiteten in der Reichdruckerei und 84 privaten Druckereien 1723 Druckpressen Tag und Nacht für die Reichsbank. 30 Papierfabriken stellten ausschließlich Banknotenpapier her (Klose 2002: 65).

In Köln wurden die Druckaufträge aller Kölner Geldproduzenten breit gestreut. Offensichtlich hatte sich jede größere Druckerei um diese Aufträge bemüht. Wir begegnen J. P. Bachem, Buchdruckerei Johann Balfer, Köln-Nippes, M. Dumont Schauberg, Druckerei Jacob, Mülheim, Fritz Elsner, Gilsbach & Co., Karl Glitschler, Köln-Mülheim, Paul Gehly, Greven & Bechtold, J. B. Heimann, Heis & Co., Otto Hucklenbroich, Peter Kissel, Köln-Kalk, Kölner Verlags-Anstalt und Druckerei A-G, Kraemer & van Elsberg GmbH, J. A. Plasman, W. Peipers & Co., N. Seché, Max Welzel, Köln-Kalk, Ziegler

Beckmann. Konnte man doch erwarten, bei Lieferung direkt mit den frischen Scheinen zu aktuellem Kurs bezahlt zu werden. Ob wirklich, wie es für M. DuMont Schauberg überliefert wird, immer Polizei den Druck beaufsichtigt hat, mag man bezweifeln (Weinhold 1969: 244).

Auch „aus alt mach neu" wurde praktiziert. Die Kölner Filiale der Reichsbank fühlte sich in ihrer britischen Besatzungszone zu selbstständigem Handel angeregt: Sie ließ unter Nutzung von Platten des 20 000 Mark-Scheins (Rosenberg/Grabowski 2009 Nr. 84) Scheine mit dem Aufdruck 1 Million drucken (Rosenberg/Grabowski 2009 Nr. 93), ohne die Hauptstelle in Berlin über dieses *„Kölner Provisorium"* zu informieren. Ein Holzhändler, der damit großspurig in Berlin auftrat, wurde vorübergehend in Haft genommen (Ostwald 1931: 63).

Das Gebäude der Reichsbank: Postkarte vom 17. August 1903: Der neugotische Entwurf für die Kölner Filiale der Reichsbank des Architekten Max Hasak (1856-1934), der 1911 einen Prachtband zum Kölner Dom veröffentlichen wird, ist 1897 eröffnet worden (Fraquelli 2008: 287-289).

„Kölner Provisorium"
Reichsbank 1 Million Mark vom 25. Juli 1923 160 x 96 Nur auf dem schmalen senkrechten Streifen links ist der überdruckte Wert von 20.000 Mark erkennbar. Rosenberg / Grabowski 2009 Nr. 93

Mit dieser energisch betriebenen Inflation sollte dramatisch erläutert werden, dass Deutschland zur Zahlung der im Anschluss an den Versailler Vertrag festgelegten Reparationen nicht in der Lage war (Rittmann 1976: 91-93). Und je schneller das geschah, meinte der Kölner Bankier Louis Hagen gegenüber Reichsbankdirektor Rudolf Havenstein, desto eher würde die allgemeine Gesundung einsetzen (Feldman 1993: 320). Der Aufkauf von Devisen mit Mark, um Reparationen zahlen zu können, setzte deren Kurs zusätzlich zur fortlaufenden Vermehrung der Geldmenge immer weiter unter Druck (Sprenger ³2002: 202-209). Die umlaufende Geldmenge war von etwa sieben Milliarden zu Kriegsbeginn auf etwa 30 Milliarden am Kriegsende angestiegen. Dem standen inzwischen eher geringere Warenmengen als in Friedenszeiten gegenüber (Trapp/ Fried 2006: 127). Die Preise hätten steigen müssen, wurden aber amtlich festgehalten. Der Schwarzmarkt spiegelte mit vierfach und fünffach höheren Preisen die Realität. Mit und nach dem Zweiten Weltkrieg wird sich diese Entwicklung noch extremer wiederholen (Schäfke 2018: 486).

Für die Begleichung der Kriegsschulden des Reiches gegenüber der eigenen Bevölkerung war das Vorgehen erfolgreich. Die Kriegsschulden von über 154 Milliarden Mark durch neun Kriegsanleihen, durch Schatzanweisungen, Kriegsabgaben und Steuererhöhungen hatten am Ende der Inflation nur noch einen Wert von 15,4 Pfennig (Sprenger 2002: 209). Viele hatten so erlebt, dass sich ihre Ersparnisse und ihr Vertrauen in den Staat in Luft auflösten. Wer versuchte, seine Gelder mit dem Kauf von Aktien in Sicherheit zu bringen, fiel ohne Erfahrung oft auf Schwindelfirmen herein: Aktiengesellschaften, deren einziges Produkt die eigenen Aktien waren, die weder Dividenden brachten, noch später überhaupt wieder zu verkaufen waren (Stern 1925: 2-6).

Private Hypotheken und andere Schulden konnten mithilfe der Inflation billigst abgelöst werden. Auch Einkommensteuer und Körperschaftssteuer, die nachträglich berechnet werden, verloren für den Staat drastisch an Wert. Das Reichsgericht in Leipzig legte erst am Ende der Hyperinflation mit seinem Urteil vom 28. November 1923 fest, dass die Rückzahlung von Schulden mit entwertetem Geld nicht als Tilgung der Schuld gilt. Viele hatten das längst erfolgreich praktiziert. Die eleganteste Form waren Kredite für drei Monate, die man z. B. zum Kauf von Devisen einsetzte, um mit deren Kurssteigerung den Kredit nach drei Monaten mit reichem Gewinn abzulösen. Die wachsende Flut von Protesten und Prozessen zur Aufwertung alter Schuldverhältnisse brachte mit dem Aufwertungsgesetz vom 16. Juli 1925 eine bescheidene Lösung für Schuldverhältnisse aus der Zeit vor dem 1. Januar 1918: Statt des realiter vollständigen Wertverlustes durch die Inflation der Mark wurden z. B. Hypotheken auf 25 Prozent ihres ursprünglichen Wertes nun in Reichsmark reduziert, andere Schulden auf 15 Prozent, Sparkassenguthaben auf 12,5 Prozent. Die Kriegsanleihen wurden in ihrem Wert im Verhältnis von 40:1 abgewertet. Aus 1000 Mark einer Kriegsanleihe wurde direkt auszahlbar eine *„Anleiheablöseschuld"* von 25 Reichsmark. Wer im Rahmen einer Ausloselotterie über eine Dauer von dreißig Jahren warten wollte, konnte es auf 12,5 Prozent bringen. Bei einer Anleihe von 1000 Mark waren es dann 125 Reichsmark statt der direkt möglichen 25 Reichsmark. Viele andere Vermögenswerte verloren allen Wert wie die alten Banknoten von vor 1918, die manche Spekulanten sich gesichert hatten (Sprenger 2002: 216/217). Die Last der Reparationen blieb.

Wenige teilten im Streit um Aufwertungen das Glück der Mitarbeiter der Firma Gottfried Hagen, die sich noch eine Generation später rühmt: *„Vor solcher Zerrüttung hat die Firma Gottfried Hagen ihre Werkangehörigen nach Möglichkeit geschützt, indem sie deren Sparguthaben voll aufwertete, so daß die Angestellten und Arbeiter, die ihre Ersparnisse der Firma anvertraut haben, von dem Riesenbetrug der Inflation überhaupt nicht betroffen wurden."* (Scherer 1952: 54)

Die erste Welle – „Kleingeldersatz"

Die Last des Krieges zeigte sich früh beim „Kleingeld". Bei den Pfennigmünzen wurde die Not zuerst sichtbar. Goldmünzen wurden aus dem Verkehr gezogen, privat gehortet oder offiziell eingezogen. Silber wurde durch kleine Reichskassenscheine ersetzt. An Scheine der Reichsbank zu 20 und 50 Mark statt der Goldmünzen hatte man sich schon lange vor Kriegsbeginn gewöhnt. Bald wurden neben dem Silber auch Kupfer und Nickel für die Kriegsführung wertvoll, und seit 1916 wurden Münzen aus Silber wie das Kleingeld aus Kupfer oder Nickel für Rüstungszwecke eingezogen. Von der Bevölkerung wurden Münzen in Silber, Kupfer und Nickel daher gehortet und stehen so für Sammler auch heute noch reichlich zur Verfügung, fehlten aber im Zahlungsverkehr der Zeit. Die Reichsbank brachte als ihre Unterstützung per Gesetz vom 4. August 1914 Darlehenskassenscheine von 1, 2 und 5 Mark als Ersatz für die privat gehorteten silbernen Geldstücke heraus. Höhere Scheine folgten, die ebenso zum Nennwert von öffentlichen Kassen angenommen wurden. Sie mussten nicht zu einem Drittel mit Gold, kursfähigem deutschem Geld oder Reichskassenscheinen hinterlegt werden, konnten aber dafür von der Reichsbank genutzt werden. Damit war der Weg für eine nicht durch Gesetz gehemmte Geldschöpfung geöffnet (Gaettens 1957: 238).

Darlehenskassenschein 1 Mark vom 12. August 1914,
95 x 60 mm.

Bis zur eigentlichen Inflation, die sich im Herbst 1922 abzeichnete, stand „Notklein-geld" von Pfennigbeträgen bis zum 5, 10, 20 und 50 Mark-Schein im Vordergrund der Produktion. Die Reichsbank war nicht in der Lage, ausreichend Ersatz für Klein-geld und größere Münzen in Zink oder Eisen rasch verfügbar zu machen (Reichs-bank 1925: 63/64). Als erste deutsche Prägung in Aluminium wurden vom Reich 1917 Münzen im Wert von einem Pfennig eingeführt. Als Ersatz wurden von Ländern wie Bayern und zahlreichen Städten, von Firmen, Ladengeschäften, Restaurants und selbst Kinos Ersatz gefertigt. Aufwändig war es Münzen zu 1, 2, 5, 10 oder 25 Pfennig Notgeldmünzen in Kupfer, Eisen oder Zink zu prägen. Einfacher war es natürlich, sich Scheine als Notgeld für das fehlende Kleingeld drucken zu lassen.

In Preußen wurde durch Erlass des Handelsministers vom 15. Dezember 1916 an die Regierungspräsidenten mitgeteilt: „dass er nach Benehmen mit dem Reichs-schatzamt keine Bedenken dagegen erhebe, dass die Ersatzwertzeichen durch Gemeinden zur Befriedigung des notwendigsten Bedarfes an kleinen Scheidemün-zen unter zweckentsprechender Aufsicht geduldet wird." (zitiert nach Prange 1921: 2). Eine ausdrückliche Genehmigung sollte nicht erteilt werden und ein einspre-chendes Guthaben bei der Reichsbank sollte dem Notgeld gegenüberstehen. Die Stadt Köln begann erst im Frühjahr 1917 auf den Kleingeldmangel mit Notgeldschei-nen zu reagieren. Ende 1918 folgten dann Scheine im Wert von zwei Mark und höher.

Große Firmen, kleine Restaurants und Einzelhandel begannen früh in Köln ohne Jahresangabe mit der eigenständigen Produktion von gedrucktem oder metalli-schem Kleingeld, wie es Peter Menzel für Sammler in immer wieder aktualisierten Auflagen publiziert hat. Die eigentliche Aufgabe, fehlendes Kleingeld zu ersetzen, war nicht der einzige Gedanke der Auftraggeber. Leicht ließ sich Werbung damit verbinden. Und inzwischen hatte man auch in Köln entdeckt, dass, ähnlich den Te-lefonkarten vor einigen Jahren oder den nationalen Euromünzen heute, ein neues Sammelgebiet entstanden war, das bald auch von der Stadt Köln gerne bedient wurde (Klersch 1951: 88).

Das fehlende Kleingeld brachte auch Ersatzlösungen auf den Markt. Ungestem-pelte Briefmarken wurden werbewirksam eingetütet oder eingekapselt zum Ersatz-geld, das den tatsächlichen Wert in Form der Briefmarke enthielt (Pick 1970: 12/13). „Briefmarkengeld", werbewirksam eingetütet oder in Kapseln wie der Brauerei Sün-ner geschützt, war kein Notgeld. In dieser Form war der Wert als Briefmarke vorhan-den. Man konnte es, wie Hugo vom Scheidt im Lebensmittelhandel, als verfeinerte

Werbung gleich auch zur Kundenbindung nutzen. Das Felten & Guilleaume Carls-werk machte den tatsächlichen Kleingeldmangel noch einmal deutlich: Ab einer Gesamtsumme von einer Mark wurden die Gutscheine in Bargeld umgetauscht.

Werbung: Briefmarkenkapselgeld: In eine Zelluloidhülle eine 10-Pfennigbriefmarke, Michel-Nr. 159b, die ab dem 1. Dezember 1923 genutzt werden konnte. Rückseitig Werbung für „Gebr. Sünner Brennerei – Brauerei Cöln-Kalk" (van Eck 859,2).

Werbung: 10 Pfennig Notgeld Dellbrücker Lichtspiele 1921 In die Papptasche im Format von 83 x 52 mm sind zwei dunkelbraune 5 Pfennig Germania Briefmarken hinter einer gestanzten Öffnung eingelegt. Michel-Nr. 140 (van Eck 838,1 / Tieste 2010: 3570).

Notgeldschein
der Firma **Hugo vom Scheidt**
„Zum Pfalzgraf"
Fernspr. A 8476 **Köln** Aachenerstr. 41
Ausgabe: April 1921 | **5 Pfg.** | Gültig bis Ende 1921
Beste Bezugsquelle aller Lebensmittel.

Notgeldschein
der Firma **Hugo vom Scheidt**
„Zum Pfalzgraf"
Fernspr. A 8476 **Köln** Aachenerstr. 41
Ausgabe: April 1921 | **10 Pfg.** | Gültig bis Ende 1921
Beste Bezugsquelle aller Lebensmittel.

Den Wert ersiehe auf dem Titel
Soviel gilts hier als Zahlungsmittel.

Heut führ' ich nur noch Geldersatz
Doch sonst ist ‚Qualität' am Platz.

De Zigge sin schlech
Et Geld es us Blech
Un mer kritt nix dervör.
Doch kutt ihr zo mir
Ich kaviere dann dir
Do geihs nit mi lans de Döhr.

Notgeldschein
der Firma **Hugo vom Scheidt**
„Zum Pfalzgraf"
Fernspr. A 8476 **Köln** Aachenerstr. 41
Ausgabe: April 1921 | **20 Pfg.** | Gültig bis Ende 1921
Beste Bezugsquelle aller Lebensmittel.

Notgeldschein
der Firma **Hugo vom Scheidt**
„Zum Pfalzgraf"
Fernspr. A 8476 **Köln** Aachenerstr. 41
Ausgabe: April 1921 | **50 Pfg.** | Gültig bis Ende 1921
Beste Bezugsquelle aller Lebensmittel.

Notgeld mit Kundenbindung: Alle kleinformatigen Karten in 63 x 48 mm ausgegeben im April 1921 und gültig bis Ende 1921: 5, 10, 20 und 50 Pfennig mit vier verschiedenen Texten, die die Gegenwart kommentieren, auf der Rückseite. Mit diesem Kleingeld, das ja wohl kaum von anderen Geschäften akzeptiert wurde, band man zugleich den Kunden ans Geschäft. Rechteckig im kleinen Format von 63 x 48 mm bindet auch der Lebensmittelhändler Hugo vom Scheidt auf der Aachener Straße 41 seine Kunden. Auf der Rückseite kommentiert er auf Kölsch die Gegenwart und garantiert die Qualität seiner Waren: „De Zigge sin schlech / Et Geld es us Blech / Un mer kritt nix dervör. / Doch kutt ihr zu mir / Ich kaviere dann dir / Do geihs nit mi lans de Döhr." (van Eck 819)

Münze aus Böttger-Steinzeug: Vorderseite „10 Mark Franz Stollenwerk 1921" / Rückseite „Köln a. Rhein" in der Mitte das Wappen der Stadt Köln darunter die gekreuzten Schwerter für Meißener Porzellan. Ein zweites Exemplar mit vergoldetem Wappen und Rand.

Werbung betreibt auch Franz Stollenwerk: Meißener Porzellan, das probeweise auch von der Reichsbank für Münzen genutzt wurde (Keller 1977: 47), wurde vom Freistaat Sachsen in verschiedenen Denominationen herausgegeben. Die höchsten Werte zu fünf, zehn und zwanzig Mark wurden ganz bewusst „nur für Sammler" hergestellt (Prange 1921: 11). In Köln erscheinen 1921 Münzen aus Porzellan zu 1 Mark und zwei verschiedene zu 10 Mark, teils mit vergoldetem Wappen und vergoldetem Perlrand, die Franz Stollenwerk in Meißen sowohl in braunem Böttgersteinzeug wie in weißem Porzellan fertigen ließ (Scheuch 1978: 73/74). Es war von ihm nicht als Notgeld, sondern als Werbemaßnahme in Auftrag gegeben worden. Für einige Jahre tritt er bis 1927 fettgedruckt im Kölner Adressbuch als Generalvertreter der Firma Johann Maria Farina gegenüber dem Jülichs-Platz für Rheinland und Westfalen auf.

In Köln kümmerte man sich seitens der Stadt erst spät um Kleingeldersatz und griff zu leichter zu verarbeitendem Papier. Ein Gerücht Anfang Dezember 1916, dass ab dem 1. Januar 1917 die Mark in Papierform nur noch 80 Pfennige wert sein solle, sorgte für Unruhe. Kleingeld wurde noch knapper. Mit der Aufforderung, regelmäßig Anfang der Woche die Opferstöcke zu leeren, beteiligte sich das Generalvikariat an der Behebung des Mangels. So stand es über Bank oder Sparkasse rasch wieder dem Handel zur Verfügung (Standt 2014: 371). Nun musste die Stadt aktiv werden.

„Und jedem Anfang wohnt ein Zauber inne" – der Vers aus Hermann Hesses Gedicht „Stufen" spricht vom Zauber ständiger Veränderungen im menschlichen Leben. Die Stadt Köln ist diesem Zauber erst im Frühjahr 1917 nach gewissem Zögern verfallen. Der Rat der Stadt wurde am 29. März 1917 aktiv und beschloss den Druck von 10 Pfennig Scheinen, die von allen städtischen Kassen, der Reichsbank, den Kölner Banken, der Reichsbahn und der Reichspost angenommen werden sollten. Es brauchte drei Ratssitzungen, bis am 29. März 1917 der Druck von „Stadtgeld" beschlossen wurde. Am 15. März 1917 ging Oberbürgerbürgermeister Max Wallraf das Thema vorsichtig an: „Die Frage des Stadtgeldes zur Behebung des augenblicklichen Mangels an Kleingeld hat uns schon einmal hier beschäftigt. Damals wurden von verschiedenen Seiten, auch von fachkundigen Herrn Bedenken erhoben, die sich aus Erwägungen der allgemeinen Währungspolitik, dem Risiko der Stadt und anderen Gründen ergaben. Ich habe mich diesen Bedenken damals angeschlossen. Aber meine Hoffnung – ich hatte im Städtetag dafür zu sorgen gesucht, daß es mit der Prägung kleiner Münzen seitens der Staatlichen Münzstätten und mit der Ausgabe der kleinen Scheine etwas schneller gehen sollte – hat sich leider nicht erfüllt: ich stehe jetzt unter dem Eindruck, daß der Kleingeldmangel in unserer Stadt, vor allem in den Kleingewerbekreisen, einen Umfang angenommen hat, daß man über jene Bedenken hinwegkommen muß. Ich möchte Ihnen daher heute vorschlagen, daß Sie sich grundsätzlich mit der Schaffung von Stadtgeld einverstanden erklären – ich denke unverbindlich an Scheine von 5, 10 und 50 Pf. –, und daß Sie eine Kommission beauftragen, Ihre endgültige Beschlußfassung vorzubereiten; und zwar hatte ich an die Rechtskommission gedacht, verstärkt aus zwei Herren des Sparkassenkuratoriums, die der Vorstand in den Herren von Stein und Bollig bereits bezeichnet hat, und zwei Herren der Finanzkommission, den (sic) Herren Hagen und Dech. Diese Kommission würde sich mit den näheren Einzelheiten zu beschäftigen haben und Ihnen dann in einer der Sitzungen, in denen wir den Etat endgültig verabschieden werden, Ihre Vorschläge zur Beschlußfassung unterbreiten können. Ich schlage Ihnen also vor, zu beschließen: „Die Versammlung erklärt sich grundsätzlich damit einverstanden, daß zur Verminderung des augenblicklichen Kleingeldmangels sogenanntes Stadtgeld in kleinen Einzelbeträgen beschafft wird, beauftragt die Rechtskommission, der aus dem Sparkassen-Vorstande die Herren Konsul von Stein und Stadtverordneten Bollig, und aus der Finanzkommission die Herren Stadtverordneten Hagen und Dech beigeordnet werden, mit der Ausarbeitung der Einzelvorschläge und sieht diesen Vorschlägen behufs endgültiger Beschlußfassung entgegen."

Die Kommission arbeitete rasch. Bereits in der nächsten Sitzung am 29. März 1917 wurde, nachdem man sich der Annahme der Scheine auch durch öffentliche Kassen in anderen Städten z. B. in Trier versichert hatte, der von Oberbürgermeister Max Wallraf vorgeschlagene Beschluss gefasst: „Die Versammlung erklärt sich damit einverstanden, daß zur Verminderung des augenblicklichen Kleingeldmangels sogenanntes Stadtgeld verausgabt wird. Zunächst sollen 10-Pfg.-Scheine in den Verkehr gebracht werden. Die Gutscheine verlieren ihre Gültigkeit einen Monat nach Aufkündigung in den Cölner Lokalblättern. Die Stadtgemeinde Cöln haftet für die Einlösung. Mit der Durchführung der erforderlichen Maßnahmen wird die durch die Herren Stadtverordneten Bollig, Dech, Hagen und Herrn Konsul Heinrich von Stein verstärkte Rechtskommission beauftragt." Ich darf wohl noch hinzufügen, daß die Scheine möglichst bald in den Verkehr gebracht werden müssen. Morgen wird die Kommission wiederum tagen und endgültig Beschluß fassen. Der Druck wird so beschleunigt werden, daß in etwa 10-12 Tagen die ersten Scheine in Umlauf kommen. Ich gestatte mir, ein Muster vorzulegen."

Niemand erwähnte dabei, dass in Höhe der gedruckten Summe Gelder bei der Reichsbank zu hinterlegen waren. Nur am Rande wurde erwähnt, dass mit zwei Millionen 10 Pfg-Scheinen in einer Gesamtsumme 200 000 Mark begonnen wurde. Später wurden Ausgaben von „Kriegsgeld" oder später von Notgeld in den öffentlichen Sitzungen des Rates nicht mehr angesprochen. Die Stadt Köln begann so im Frühjahr 1917, Kleingeldscheine mit Datum 29. März 1917 in einer Größe von 100 x 55 mm zu 10 und 25 Pfennig, die noch die Unterschrift von Oberbürgermeister Max Wallraf trugen, herauszugeben. Mit der Aufgabe wurde die Sparkasse der Stadt Köln beauftragt (Klersch 1951: 88). Mit der nächsten, etwas kleiner geschnittenen Serie mit einer Größe von 87 x 47 mm kamen Scheine zu 50 Pfennig dazu, die ebenfalls Wallrafs Unterschrift trugen. Die Gültigkeit wurde eingeschränkt: „Dieser Gutschein wird von allen städtischen Kassen in Zahlung genommen." Seit Oktober 1918 wurde der Vermerk um: „andere öffentliche Kassen" ergänzt. In der Hyperinflation im Oktober

1923 wurde schließlich der Geltungsbereich entsprechend der Ordonnanz 212 des „Interalliierten Hohen Ausschusses für die Rheinlande" auf den Regierungsbezirk Köln erweitert. Der Ausschuss hatte unter der französischen Führung von Paul Tirard vom 1. Oktober 1923 Gültigkeit für die Rheinprovinz gefordert.

Stadt Köln: Gutschein über 10 Pfennig vom 29. März 1917 mit Unterschrift von Oberbürgermeister Max Wallraf, 100 x 55 mm (van Eck 779,1 / Tieste 2010:3565,105).

Stadt Köln: Gutschein über 25 Pfennig vom 29. März 1917 mit Unterschrift von Oberbürgermeister Max Wallraf, 100 x 55 mm (van Eck 779,2 / Tieste 2010: 3565,105).

Stadt Köln: Gutschein über 50 Pfennig vom 29. März 1917 mit Unterschrift von Oberbürgermeister Max Wallraf, 87 x 47 mm (van Eck 779,6 / Tieste 2010: 3565,105).

Erst die nach dem 1. Juni 1918 gedruckten Geldscheine trugen die Unterschrift Konrad Adenauers, der am 17. September 1917 zum Oberbürgermeister gewählt worden war. Die rasch aufeinander folgenden Druckdaten ließen sich in den für Sammler gedachten Publikationen verfolgen (z. B. van Eck 2000: 779,469-521). Eine nächste Serie mit den gleichen Werten folgte am 18. Oktober 1918. Unverändert folgten Serien mit dem Datum 1. Mai 1920 und mit dem 1. Oktober, 2. November und 31. Dezember 1920.

Stadt Köln: Gutscheine über 10, 25 und 50 Pfennig vom 1. Juni 1918 mit Unterschrift vom Oberbürgermeister Konrad Adenauer. Die Rahmung lautet weiter auf 1917. Es werden Papiere mit verschiedenen Wasserzeichen und Seriennummern gedruckt. 87 x 47 mm (van Eck 779,7-22 / Tieste 2010: 3565,105).

In der zweiten Jahreshälfte 1918 stieg der Bedarf an höheren Scheinen bei steigenden Preisen und Mangel an Warenangeboten deutlich an. Die sich verschlechternde Kriegslage beunruhigte alle. Bargeld und haltbare Waren wurden gehortet, Spareinlagen aufgelöst. Längst wurden Lebensmittel und andere alltägliche Güter staatlich bewirtschaftet. Der „Schleichhandel" forderte erheblich höhere Preise. Die Reichsbank kam mit dem Druck und der Lieferung von Banknoten dem Bedarf nicht nach. Nun wurden die Gemeinden aufgefordert, eigene Scheine in den Wertstufen ab fünf Mark herauszugeben. Die Reichsbank bot an, sich an den Druckkosten und am Risiko, durch Fälschungen geschädigt zu werden, zu beteiligen (Rittmann 1986: 76). Die Scheine der Stadt Köln näherten sich in seriösem Anschein, in Farbe und Größe den Scheinen der Reichsbank an. Ab Oktober 1918 waren daher Kommunen und Industriewerke ermächtigt, Aushilfsgeldscheine bis zu 5 und 10 Mark zu drucken. Zum 30. November 1918 sollte es wieder eingezogen und ungültig werden (Standt 2014: 584). In Köln kamen am 18. Oktober 1918 größere städtische Geldscheine mit 5 und 10 Mark, dazu sogar zu 20 und 50 Mark in den Umlauf, die am 12. November 1918 um Scheine von 2 und 100 Mark ergänzt wurden. Große Kölner Unternehmen mussten sich in dieser Not des Mangels an Banknoten erstmals mit Betriebsgutscheinen helfen (Faust 1992: 69).

Stadt Köln: Gutschein über 5 Mark vom 18. Oktober 1918 mit Unterschrift von Oberbürgermeister Konrad Adenauer, überstempelt „Bezahlt" – also vorschriftsmäßig wieder eingezogen. 124 x 80 mm (van Eck 779,24).

Stadt Köln: Gutschein über 2 Mark vom 12. November 1918 mit Unterschrift Adenauer, rückseitig überstempelt „Bezahlt" 110 x 67 mm (van Eck 779,30).

Die Stadtsparkasse hatte, wie von der Reichsbank vorgegeben, ab Oktober 1918 neben den frischen städtischen Scheinen Zinsscheine der Kriegsanleihen, die am 2. Januar 1919 fällig wurden, als Notgeld eingesetzt (Standt 2014: 586). Da heute noch zahlreich einzelne Zinsscheine von Kriegsanleihen und anderen Anleihen im Handel zu finden sind, war diese elegante Lösung für den Mangel an kleinen Scheinen offensichtlich kein Einzelfall.

Im Rat der Stadt Köln wurde die Lage am 24. Oktober 1918 aus dem Tagesgeschehen heraus von Dr. Bruno Matzerath als Leiter der Stadtverordneten-Versammlung in Vertretung von Oberbürgermeister Konrad Adenauer dramatischer empfunden: „Sodann möchte ich Ihnen außerhalb der Tagesordnung noch von einer Angelegenheit Mitteilung machen, die jetzt ebenfalls in ein kritisches Stadium getreten ist. Es ist das die Beschaffung von Zahlungsmitteln. Seit Wochen schon ist ein Mangel an Zahlungsmitteln bemerkbar, ein Mangel der sich von Tag zu Tag verschärft hat. Ebenso wie die Handelskammer haben wir schon vor geraumer Zeit das Reichsbankdirektorium darauf hingewiesen, daß in dieser Beziehung beizeiten unbedingt Abhilfe geschaffen werden müsse.

Da von dem Reichsbankdirektorium eine Antwort bis heute nicht eingelaufen ist, haben wir uns an die verschiedensten Berliner Stellen, auch an unsere Abgeordneten und zuletzt auch an den Reichskanzler persönlich gewandt, damit er auf die Reichsbank einwirke, diesen Zuständen, die allmählich immer unhaltbarer werden, kräftig entgegenzuwirken. Leider ist seitens der Reichsbank in der ersten Zeit anscheinend viel zu wenig geschehen. Erst jetzt scheint man sich Nachrichten zufolge, die wir heute erhalten haben, des Ernstes der Lage bewußt geworden zu sein und alles daransetzen zu wollen, um dem Mangel an Banknoten abzuhelfen.

Bisher hatte man die Gemeinden und Industrien darauf verwiesen, selbst mit der Ausgabe von Notgeld vorzugehen. Das erweckte bei uns und in den anderen Städten zunächst erhebliche Bedenken. Bedenken, die auf der Hand liegen, und die ich Ihnen nicht weiter vorzutragen brauche. Das Hauptbedenken liegt ja darin, daß das Notgeld ja nur in der eigenen Stadt, Gemeinde usw. Geltung besitzt und deshalb ein ziemlich unvollkommenes Zahlungsmittel ist.

Wir begrüßen es deshalb mit Freuden, daß die Landesbank der Rheinprovinz sich entschlossen hat, 200 Millionen Gutscheine der Rheinprovinz auszugeben, die in der ganzen Provinz Geltung haben sollen. Leider hat sich die Herstellung der Scheine derartig verzögert, daß bis jetzt noch keine ausgegeben werden konnten, und daß wir wahrscheinlich erst vom nächsten Montag ab eine Lieferung dieser Scheine erhalten werden. Inzwischen hat sich die Lage von Tag zu Tag verschärft, und nach Anhörung der Finanz-Kommission haben wir uns entschlossen, selbst Stadtgeld in 5-, 10-, 20- und 50-Mark-Noten auszugeben.

Wir haben damit erreicht, daß wir schon am vorigen Montag die ersten Noten bekommen haben. Von jetzt an wird wohl eine erhebliche tägliche Belieferung eintreten. Gegenüber dem außerordentlichen Bedarf ist freilich die Menge, die wir an derartigen Scheinen herstellen können, absolut nicht ausreichend, um dem Mangel abzuhelfen. Wie sie aus der Presse ersehen, hat sich die Reichsbank jetzt entschlossen, die Januarzinsscheine der Kriegsanleihe bis zum 1. Januar als gesetzliches Zahlungsmittel anzuerkennen. Damit wäre ein großer Schritt vorwärts getan, wenn diese Zinsscheine nun auch wirklich in den Verkehr gelangten. Deshalb möchte ich auch von dieser Stelle aus alle, die sich im Besitz solcher Anleihescheine befinden, bitten, diese Scheine so schnell wie irgend möglich in den Verkehr zu bringen. Diese Bitte richtet sich vor allen Dingen auch an die Banken. Wie ich höre, bestehen da noch gewisse Bedenken, die Coupons jetzt schon abzugeben. Über derartige Bedenken müssen wir nach meinem Dafürhalten bei der Sachlage, wie sie sich jetzt bietet, unbedingt hinwegkommen. Wir haben bei der Sparkasse und der Stadt die Coupons bereits vor einigen Tagen abgetrennt und sie in den Verkehr gebracht.

Wenn bei der großen Zahl von Kriegsanleihen, die jedenfalls in Cöln sind, in den nächsten zwei Tagen die Zinsscheine restlos in den Verkehr gelangen, so würde damit dem Mangel wohl am besten abgeholfen werden. Weiterhin ist es aber unbedingt notwendig, daß nicht nur das unsinnige Hamstern an Banknoten aufhört, sondern daß auch diejenigen, die sie in dieser Weise gehamstert haben, in sich gehen und den Überschuß an Banknoten, den sie besitzen, wieder in den Verkehr bringen. Denn wir stehen sonst vor der Tatsache, daß die Industrien und die Behörden nicht mehr in der Lage sind, die Gehälter und Löhne auszuzahlen. Welche Konsequenzen das haben muß, kann sich jeder selbst klarmachen. Es ist jedenfalls Pflicht und Schuldigkeit eines jeden, alle Zahlungsmittel, die er besitzt und die er nicht selbst nötig hat, in den Verkehr zu geben.

Der Beschlußentwurf, der sich auf die Ausgabe von Stadtgeld bezieht, lautet: „Die Versammlung erklärt sich zur Behebung der augenblicklichen Zahlungsmittelnot mit der vorübergehenden Ausgabe von Stadtgeld in Scheinen über 5, 10, 20 und 50 M einverstanden."

Am 27. Februar 1919, Köln war nun besetzt, forderte die Reichsbank, alle Ersatzwertzeichen über fünf Mark einzuziehen. Im britischen Besatzungsgebiet, dem Brückenkopf Köln, hatte das wenig Wirkung. Einige Scheine zeugten zwar durch Lochung oder Stempelung von der teilweisen Durchführung. Sammler waren (und sind) aber auch an den entwerteten Scheinen interessiert. Eine ausreichende Anzahl davon, entwertet oder nicht entwertet, fand den Weg in ihre Hände. Am 20. März 1920 wurden unter britischer Besatzung neue Scheine für 20 und 100 Mark aufgelegt. Der neue Schein zu 50 Mark der Reichsbank vom 20. Oktober 1920 mit einem markanten schwarzen Rahmen bekam bereits von den Zeitgenossen im Volksmund mit feinem Gespür für das beginnende Geschehen die Bezeichnung „Todesanzeige" oder „Trauerschein." Als fälschungsanfällig wurde er bald wieder eingezogen.

Danach lief die Gelddruckpresse in Köln nur noch für Kleingeld und gerne auch für den Sammlermarkt. Erst nach mehr als zwei Jahren, am 20. September 1922, kamen Scheine über 1000 Mark – und mit Scheinen über 5000 Mark begann am 1. Februar 1923 der Weg in die Hyperinflation.

Stadt Köln: Gutschein über 100 Mark vom 20. Februar 1920 mit
Unterschrift von Oberbürgermeister Konrad Adenauer 162 x 95 mm
(van Eck 779,33).

Stadt Köln: Gutscheine über 10, 25 und 50 Pfennig vom 31. Dezember 1920 mit Unterschrift von Oberbürgermeister Konrad Adenauer. Der Kölner Bauer nach dem Relief Christian Mohrs am Eigelsteintor verkündet Treue zum Reich inmitten des Streits um eine Abtrennung des Rheinlandes. 87 x 47 mm

Erst mit einer Verfügung des Handelsministers vom 8. Oktober 1918 wurde Industrienotgeld anerkannt und durfte nach dem 29. Oktober 1918 auch von Regierungskassen und Kreiskassen angenommen werden (Prange 1921: 3).

Felten & Guilleaume Carlswerk Aktiengesellschaft, Werk Köln-Mülheim

Felten & Guilleaume Carlswerk AG Werk Köln-Mülheim, Postkarte. 1820 gründeten Johann Theodor Felten und sein Schwiegersohn Carl Franz Guilleaume eine Seilerei am Kartäuserwall, die den freien Raum entlang der Stadtmauer für die Fertigung ihrer Waren nutzte. Nach 1834 kam die Fertigung von Drahtseilen dazu, die im Bergbau, beim Seilbahnbau und im Brückenbau eine ständig wachsende Rolle spielten. Bald kamen Kupferkabel mit Isolierschicht für elektrische Nutzung dazu. Ab 1874 wurde in Mülheim das Carlswerk von Emil und Franz Carl Guilleaume in Betrieb genommen, das erfolgreich Kabel für Telegraphie und Telefonverbindungen lieferte. Mit Werkswohnungsbau, Nähschule, Krankenkasse und der auf den frühen Scheinen erwähnten Konsum-Anstalt wurde soziale Verantwortung übernommen und Betriebsbindung erreicht. Ein Jahrhundert nach der Eröffnung in Mülheim und mehrfachem Ausbau werden seit 1980 Bauten und Gelände schrittweise verkauft. Oft tritt jetzt die Medienbranche in entsprechend angepassten Gebäuden die Nachfolge an (Buschmann 2018: 94-101).

Das Unternehmen hat erstmals Notgeld im Jahre 1918 mit Kleingeldersatzscheinen in 13 Serien bis zu einer Höhe von 50 Mark herausgebracht. Zwischen dem 25. Juli und dem 25. Oktober 1923 hat sie dann 22 Serien mit Werten bis zu 200 Milliarden Mark in hohen Werten ab 500 000 Mark drucken lassen. Die Kleingeldersatzscheine verweisen auf die Möglichkeit, sie in einer betriebseigenen Konsum-Anstalt einzulösen (Jutzi1924: 123).

Man ist dem Zauber des Anfangs verfallen und schöpft das Potential bis zum bitteren Ende 1923 ohne weiteres Zögern aus. Die Felten & Guilleaume Carlswerk AG gibt 1918 Gutscheine von fünf Pfennig (101 x 68 mm) bis fünfzig Mark (117 x 74 mm) heraus. Alle Scheine tragen den Hinweis „Gegen diesen Gutschein werden Waren bei unserer Konsum-Anstalt verabfolgt. Außerdem werden Gutscheine im Gesamtbetrag von mindestens 1 Mark jederzeit gegen Bargeld umgetauscht."
Die kleinen Scheine gelten für drei Monate nach Ausgabe. Die großen, ab 10 Mark gelten bis zum 1. Februar 1919.
Tieste 2010: 3575

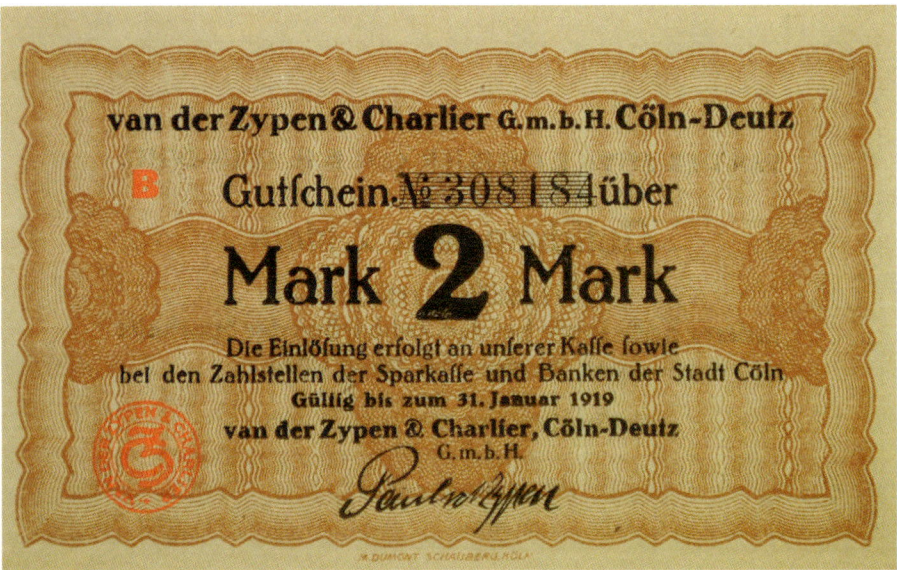

van der Zypen & Charlier arbeitet mit kleinen Scheinen einer, zwei und fünf Mark. Vier Jahre später kommen sie ohne Datierung mit Überdruck zu fünf Millionen, 25 und 50 Milliarden Mark erneut in den Umlauf. Alle tragen den Vermerk: „Die Einlösung erfolgt an unserer Kasse sowie bei den Zahlstellen der Sparkasse und Banken der Stadt Köln." 1 Mark gültig bis 31. Januar 1919. 77 x 61 mm / 2 Mark gültig bis 31. Januar 1919. 110 x 67 mm / 5 Mark gültig bis 31. Januar 1919. 123 x 80 mm (van Eck 847,1-3).

Köln. Hauptpostamt.

Die Schönheit des Hauptpostamtes „An den Dominikanern" sollte nicht durch störende Telefonleitungen gestört werden. Das „Stadtfernsprechamt Köln" war deshalb und damit man die über Abspanntürme und hölzerne Telegraphenstangen geführten Telefonleitungen nicht neu verlegen musste, im Hause Caecilienstraße 4 geblieben (Meurer 1982: 35). Der Erfrischungsraum für die „Telegraphengehülfinnen" – das sprichwörtliche „Fräulein vom Amt" – und ihre Vorgesetzten hat wohl auch nach Kriegsende noch mit Kleingeldersatz gearbeitet. Das 10 Pfennig Stück zeigt bereits die Ortsbezeichnung „Köln", die seit Anfang 1919 wieder offiziell genutzt wurde.

1 Pfennig Kleingeldersatz „Erfrischungsraum Fernsprechamt Cöln", Ø 12 mm. Das Stadtfernsprechamt Köln befand sich seit 1909 an der Caecilienstraße.

10 Pfennig Kleingeldersatz „Erfrischungsraum Fernsprechamt Köln", Ø 18 mm

Das „Volkshaus Cöln, Severinstr. 199." Postkarte, verschickt am 9. Juni 1924. Das Volkshaus, dessen Architekt nicht bekannt ist, zeigt passendes Gedankengut. Auf dem Giebel des Saalbaus an der Severinstraße das Schriftband: „Einigkeit macht stark", darunter die verschränkten Hände, seit der Antike Zeichen brüderlichen Einstehens füreinander, als Skulpturen treten körperliche und geistige Arbeit (?) auf. Im Untergeschoss waren Restaurant und Schänke untergebracht, in denen das Notgeld eingesetzt worden ist. 1902 hatten Partei, Gewerkschaften und Konsumgenossenschaft die „Arbeiter-Gesellschaftshaus eGmbH" gegründet. 1906 konnte der Saalbau eröffnet werden. 1933 wird das Volkshaus von der SS beschlagnahmt, 1940 als Sammellager für Sinti und Roma missbraucht und im Krieg zerstört (Hoffstein 2017: 460-463).

Gruss aus dem Volkshause, **Cöln**, Severinstr. 199.

Nach Anfang 1919, da „Köln" statt „Cöln" für das 25 Pfennigstück des „Volkshaus Köln" genutzt wird, Kupfer Ø 24 mm

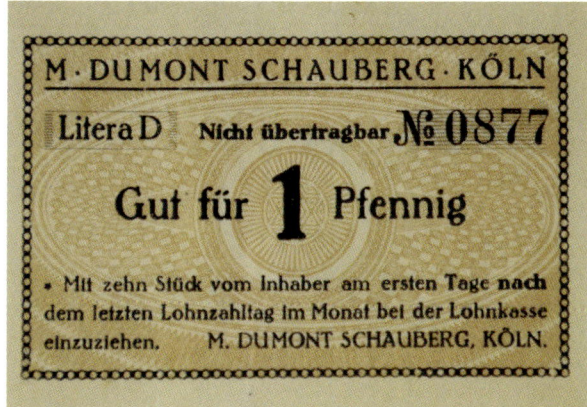

In Papier mit kleinformatigen Scheinen gibt das Verlagshaus M. DuMont Schauberg Ersatzscheine mit Werten von einem Pfennig bis zu fünf Mark, gültig bis zum 31. Januar 1919 heraus.

Die Kleingeldersatzscheine sind einseitig bedruckt mit dem Vermerk: „Mit zehn Stück vom Inhaber am ersten Tage nach dem letzten Lohnzahltag im Monat bei der Lohnkasse einzuziehen." Da sie nicht zur Lohnzahlung der Mitarbeiter gehören, vermute ich, dass sie zur Bezahlung der Zeitungsverkäufer und Zeitungsboten dienten, die auf der Grundlage der eingereichten Gutscheine am Monatsende ausgezahlt wurden.

Kleingeldersatzschein M. DuMont Schauberg Köln Gut für 1 Pfennig 88 x 60 mm (Tieste 2010: 3565/05,1).

Blick in die Breite Straße. Die Postkarte wird vom Heinrich Müller-Erkelenz (1878-1945) entworfenen und 1906 bezogenes Geschäftshaus der Kölnischen Zeitung von M. DuMont Schauberg dominiert. Das Portal zieren Girlanden, zwei Putti und der Reichsadler. Über dem Portal steht Athena, Göttin der Weisheit. Zwei links und rechts von ihr sitzende männliche Gestalten sollen Weltgeschehen und Schreibkunst verkörpern (Schillig 1994: 217).

61

WARENHAUS
LEONHARD TIETZ, KÖLN
AKTIEN=GESELLSCHAFT

erbaut 1914 nach den Plänen von Prof. WILH. KREIS, Düsseldorf.

Sehenswerter Lichthof ★ Teppichsaal
Teeraum ★ Erfrischungsraum

Anzeige 1920er Jahre

Wertmarke Kaufhaus Tietz Vorderseite:
Wertmarke und ein großes T mit „ietz"
im Inneren. Rückseite: 5 gerahmt von der
Umschrift LEONHARD TIETZ AG KÖLN,
Ø 20 mm

Im Kriegsgefangenenlager.
Antreten zum Essenholen.

„Im Kriegsgefangenenlager. Antreten zum Essenholen." Postkarte des Verlags Karl Rud. Bremer & Co. Köln a. Rh.,
Neusser Str. 28 natürlich mit „Genehmigung des Kgl. Gouvernements" versandt am 18. Juli 1916. Im Kriegsgefangenenlager Wahn waren ursprünglich bis zu 10 000 Soldaten untergebracht (Krix 2007: 144). In der Aufnahme sind französische Kriegsgefangene noch zahlreich vertreten, gut erkennbar an den roten Uniformhosen.
Am 10. Oktober 1918 befinden sich noch 1.679 russische Offiziere und 380 Mannschaften, 4 serbische Offiziere,
2 amerikanische Offiziere, 36 griechische Offiziere und 26 Zivilpersonen im Kölner Lager (Doegen 1921: 20/21).

Für Kriegsgefangene, die als Arbeiter in große Unternehmen geschickt wurden,
kam firmeninternes Kleingeld in Gebrauch. Landwirtschaft und Industrie lösten eine
Zwangslage, die sich durch an der Front kämpfende Arbeiter in der Landwirtschaft
wie in der Industrie ergab: Sie wurden durch Kriegsgefangene ersetzt. Im Sommer
1916 waren 90% der 1,45 Millionen Kriegsgefangenen in Landwirtschaft und Industrie
eingesetzt.

Die Filialkriegsgefangenenlager bei Kölner Firmen unterstanden der Aufsicht des
Lagerkommandanten des Lagers in der Wahner Heide (Krix 2007: 144). Geld spielte
dann als Leistungsanreiz eine wichtige Rolle (Oltmer 2008: 70/92). Einige Firmen wie
die Spiegelglaswerke Germania in Porz, die BAMAG in Bayenthal, die Mauser Eisenwerke in Ehrenfeld, Gasmotorenfabrik Deutz haben für die bei ihnen beschäftigten
Kriegsgefangenen bereits nach Kriegsbeginn bis 1918 mit eigens gefertigten
Münzen aus Zink oder Eisen, die technisch entsprechend ausgestattete Firmen
fertigten, und kleinen Scheinen als „Lagergeld" begonnen. Das war nur innerhalb
der Firmen bzw. der Lager gültig. Selbst das Kölner „Offiziers-Gefangenenlager" für
kriegsgefangene gegnerische Offiziere gab kurz vor Kriegsende seit dem 1. Oktober 1918 Kleingeldscheine und größere bis zu 100 Mark heraus (Keller 1990: 32).

Lagergeld: Offiziers-Gefangenenlager Köln-Wahn. „Kein öffentliches Zahlungsmittel" (Keller 1976; 32). Die Formulierung auf der Rückseite der erst zu Kriegsende am 1. Oktober 1918 ausgegebenen Scheine ist eindeutig: „Dieses Lagergeld gilt nur als Zahlungsmittel innerhalb des Gefangenenlagers." Der höchste Schein war ein Gutschein über 100 Mark, der heute selten ist. Werte 1 Pfennig, 5 Pfennig, 10 Pfennig, 1 Mark und 2 Mark (Tieste 2007: 99).

Eindeutig ist auch die Aussage des Lagerzahlungsmittels zur Kriegslage: Die Niederlage ist in Sicht. Die Offiziere des Gegners werden mit gut gestaltetem Lagergeld versehen. Die Heimkehr der Gefangenen als Sieger ist in Sicht. Offizieren standen im Kriegsgefangenenlager in Wahn im Gegensatz zu den mindestens 2,5 Quadratmetern mit Strohsack etc. für Mannschaften immerhin 12 Quadratmeter zu, Stabsoffizieren 18 Quadratmeter und Generälen Wohn- und Schlafzimmer mit jeweils 18 Quadratmeter (Lewejohann 2014: 214).

Lagergeld? BAMAG Die Badisch-Anhaltische Maschinenbau-AG übernimmt im Jahre 1909 die Kölnische Maschinenbau-Anstalt in Köln-Bayenthal. Das Unternehmen war vom Ingenieur Marin Goltstein (1824-1867) und dem Unternehmer und liberalen Politiker Gustav Mevissen (1815-1899) gegründet worden. Der eiserne Dachstuhl des Kölner Domes ist hier gefertigt worden. Die BAMAG führte die Produktionsanlagen als Abteilung Köln-Bayenthal weiter.
Zweimal achteckige „Kleingeldersatzmarke" zu 2 Pfennig und 50 Pfennig aus Zinn, auf der Vorderseite, auf der Rückseite „BAMAG Köln-Bayenthal" Ø 18 und 24 mm
Nicht bei Frenzel

Lagergeld: Mauser Eisenwerke 25 Pfennig aus Eisen: Vorderseite „Kleingeldersatzmarke" Rückseite „Mauser Eisenwerke Gesellschaft mit beschränkter Haftung Cöln Ehrenfeld" Ø 24 mm

Alfons Mauser (1872-1927), Sohn des Waffenfabrikanten Wilhelm Mauser, gründete 1896 seine eigene Fabrik für Stahlblechwaren, die er 1898 nach Köln-Ehrenfeld verlegte. Berühmt waren die aus Stahl gefertigten, luftdicht verschließbaren Fässer des Unternehmens für Chemikalien.
Frenzel 133,3

Lagergeld: Mauser Eisenwerke „Gutschein über 3 Mark. Dieser Gutschein gilt als Zahlungsmittel innerhalb unserer Werke Cöln-Ehrenfeld" mit der Unterschrift von Alfons Mauser, 1. Oktober 1918, 90 x 51 mm
(van Eck 850,3 / Tieste 2007: 99).

Die Postkarte des Mutterunternehmens, der Societé Anonyme des Glaces Nationales Belges, zeigt die „Nachpolierabtheilung" in St-Roch Auvelais nahe Charleroi. In der Filiale im erst 1975 eingemeindeten Porz wird das wenig anders ausgesehen haben. Um nationalistische Aversionen zu vermeiden, wählte man 1899 in Belgien die „Germania" als Schutzbezeichnung der neuen Gründung für den deutschen Markt (Buschmann 2018: 140/141).

Lagergeld? 10 Pfennig achteckig aus Zinn: Vorderseite zweizeilig „Spiegelglaswerke Germania / Porz am Rhein", Rückseite „Kleingeldersatzmarke" Ø 20 mm
Nicht bei Frenzel

Bald wurde es richtig bunt. Was für viele in Armut endete, wurde zum Chaos im Handel und schließlich zum bis heute blühenden Paradies für Sammler. Das war zu Beginn, bei Kleingeldscheinen, nicht von allen gerne gesehen und wurde spöttisch kommentiert: *„Manche Städte haben in der Ausbeutung der Sammler derart Hervorragendes geleistet (z. B. Düsseldorf, wo der Magistrat dem Direktor des Stadtarchivs den Notgeldhandel nach bestimmten Tarifen mit 100 bis 150 Prozent Aufschlag auf den Nennwert übertragen hat), dass es darüber zu energischen Protesten der Sammler gekommen ist. Da solches nur aus kommunaler Habgier geschaffene Notgeld eine sinnlose Papierverschwendung und eher Kleingeldmangel hervorruft als ihm entgegenwirkt, so ist es nicht verwunderlich, dass die Regierungsstellen eine ablehnende Haltung gegenüber dem Notgeld-Sammelwesen einnehmen."* (Prange 1921: 5f)

Köln steht dem offener gegenüber. Schon die ersten Kleingeldscheine wurden mit lokalhistorischen Motiven geschmückt: Zu Beginn 1917 und bis Ende 1920 wurde auf der Rückseite ein Blick aufs Kölner Rathaus gezeigt. Ab dem 1. Mai 1920 erhielt die Vorderseite der Kleingeldscheine eine neue Gestaltung. Der Kölner Bauer trat in einer Fülle von Auflagen von Serienscheinen so auf, wie ihn der Bildhauer Christian Mohr 1885 eigentlich für das Hahnentor bestimmt, geschaffen hatte. Er wurde dann – wohl anlässlich des Besuches von Kaiser Wilhelm II. im Jahre 1891 – in eine Nische am Severinstor eingebaut. In den Wirren um die Abtrennung des Rheinlandes vom Reich bekam er, auch auf Notgeldscheinen, mit seinen Begleitsprüchen *„Halt fass do Kölscher Boor"* und *„Bliev beim Rich et fall sös ov sor"* eine gerade zu diesem Zeitpunkt aktuelle politische Aussage. Es blieb nicht dabei.

Ab dem 13. Juli 1921 übernahm, wohl schon mit Seitenblick auf den Sammlermarkt – politisch weniger auffällig – der bis heute populäre Jan von Werth, wie ihn Wilhelm Albermann als standfesten Reiter auf den Alter Markt gebracht hat, den Platz des Kölner Bauern auf der Vorderseite.

Geschichte für den Sammlermarkt: Stadt Köln Gutscheine über 10, 25 und 50 Pfennig vom 13. Juli 1921 mit Unterschrift von Oberbürgermeister Konrad Adenauer (jeweilige Vorderseite und Rückseite). Auf der Vorderseite tritt Jan von Werth nach Wilhelm Albermanns Skulptur auf dem Alter Markt auf. Auf die Rückseite, die bisher immer einen Blick aufs Rathaus gezeigt hat, kommen nun die traditionellen Sprüche des Spiels von Jan und Griet: „Ich well nen däft'ge Halfer han mit Oehß un Köh un Päd" zum Thema „Abschied" und zum Thema „Heimkehr" dann der Wortwechsel: „Griet, wer et hätt' gedonn!" und „Jan, wer et hätt' gewoß!" 86 x 46 mm (van Eck 779,44-55).

Dann – am Ende der gesamten Kleingeldproduktion – widmete die Stadt sich in einmaligen Auflagen auffällig und offensichtlich dem Sammlermarkt: Am 12. Januar 1922 wurden zwei Serien mit je drei verschiedenen Scheinen zu 50 Pfennig herausgegeben. Ein Inlandbrief kostete zu diesem Zeitpunkt bereits zwei Mark (Binder 2003: 36). Eine Serie war mit drei Szenen zu den Roten Funken, eine Serie mit der Sage vom Dombaumeister und zwei Szenen der Heinzelmännchensage versehen, beide Serien mit beschränkter Gültigkeitsdauer bis zum 15. August 1922.

Geschichte für den Sammlermarkt: Stadt Köln Gutscheine über 50 Pfennig vom 12. Januar 1922. Roter Funk hält Strümpfe strickend Wache auf der Stadtmauer (Bild rechts unten) / Stippeföttchen vor dem Severinstor (Bild rechts) / Auf Wache vor dem Rathaus (Bild links). Unterschrift von Oberbürgermeister Konrad Adenauer. Die Rückseiten aller Scheine sind gleich (Bild unten), 98x 63 mm (van Eck 779, 56).

Kölner Sagen für den Sammlermarkt: Stadt Köln
Gutscheine über 50 Pfennig, 12. Januar 1922.
Unterschrift Oberbürgermeister Konrad Adenauer,
98 x 63 mm (van Eck 779,57).

Der Dombaumeister
und der Teufel

Die Heinzelmännchen
von Köln bei der Arbeit

Die Heinzelmännchen
von Köln auf der Treppe.

Die Rückseite der drei
vorgenannten Scheine
war jeweils gleich.

Diesem Spiel mit Sammeltrieb, Lokalpatriotismus und institutioneller Werbung schlossen sich später auch die Dellbrücker Volksbank und die Gewerbebank in Köln-Mülheim an. Die Kreise Köln, Mülheim und Wipperfürth versuchten am 21. Oktober 1922 mit einem dekorativen Schein über 500 Mark sogar, eine Anleihe bei den Sammlern zu platzieren. Sie mussten kaum erwarten, dass die Scheine für Zahlungen benutzt wurden.

Die Hemmschwelle der Eigenproduktion von Papiergeld war durchbrochen. Dem nächsten Schritt zu Inflation und Hyperinflation standen nun weniger innere kleinbürgerliche Widerstände gegenüber.

Werbung für den Sammler-markt mit Geschichte und Geschichten: Jubiläumsgutscheine der Dellbrücker Volksbank, ausgegeben am 31. Dezember 1921 gültig bis 30. Juni 1922 mit Werten von 25 und 50 Pfennig. Die Rückseiten mit unterschiedlichen Kommentaren zur Gegenwart (van Eck 839).

50
pfennig

zahlt die
Dellbrücker Volksbank
e. G. m. u. H.
dem Einlieferer dieses
**Jubiläums-
Gutscheines**
bis 30. Juni 1922
Köln-Dellbrück, den 31. Dezember 1921
am Tage des
25 jährigen Bestehens
Dellbrücker Volksbank
e. G. m. u. H.
D. Vorstand   D. Aufsichtsrat

DRUCK: WEISS & Co. KÖLN-LINDENTHAL

Der Bachherr reytet den Bach entlang,
Ihm folgen die Erben mit Sang und Klang.

Er will von neuem sein Recht erkauffen,
Den Strunderbach in den Rhein zu trauffen.

**VATER
RAIFFEISEN**
GRÜNDER DES LÄNDL.
GENOSSENSCHAFTSWESENS.

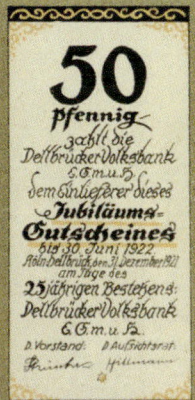

50
pfennig

zahlt die
Dellbrücker Volksbank
e. G. m. u. H.
dem Einlieferer dieses
**Jubiläums-
Gutscheines**
bis 30. Juni 1922
Köln-Dellbrück, den 31. Dezember 1921
am Tage des
25 jährigen Bestehens
Dellbrücker Volksbank
e. G. m. u. H.
D. Vorstand   D. Aufsichtsrat

DRUCK: WEISS & Co. KÖLN-LINDENTHAL

LANDESÖKONOMIERAT
JACOB CASPERS
VERBANDSDIREKTOR D. RHEIN.
RAIFFEISEN-ORGANISATION

DIE NÄCHSTEN-
LIEBE

DIE SELBSTHILFE

WAS IHR GETAN HABT EINEM UNTER
MEINEN GERINGSTEN BRÜDERN,
DAS HABT IHR MIR GETAN.

HILF DIR SELBST,
SO HILFT DIR GOTT.

Werbung für den Sammlermarkt mit Geschichte : Zwei Serien Jubiläums-Gutscheine (jeweils Vorderseiten) zu 10, 25 und 50 Pfennig der Gewerbebank Köln-Mülheim, (wohl vom 1. Januar 1922) gültig bis 1. Juli 1922. Anfang 1922 liegt das Porto für einen Inlandsbrief bereits bei 2 Mark und steigt bis Ende 1922 auf 25 Mark, (van Eck 866).

25 pfennig

zahlt die Gewerbebank e.Gm.b.H. in Köln-Mülheim dem Einlieferer dieses Jubiläums-Gutscheines bis 1.Juli 1922.

Köln-Mülheim, am Tage des 25 jährigen Bestehens Gewerbebank e.Gm.b.H.

Der Vorstand · Der Aufsichtsrat·
Direktor · Vorsitzender·

DRUCK v. HEISS u. Co. KÖLN-LINDENTHAL

25 pfennig

zahlt die Gewerbebank e.Gm.b.H. in Köln-Mülheim dem Einlieferer dieses Jubiläums-Gutscheines bis 1.Juli 1922.

Köln-Mülheim, am Tage des 25 jährigen Bestehens Gewerbebank e.Gm.b.H.

Der Vorstand · Der Aufsichtsrat·
Direktor · Vorsitzender·

DRUCK v. HEISS u. Co. KÖLN-LINDENTHAL

50 pfennig

zahlt die Gewerbebank e.Gm.b.H. in Köln-Mülheim dem Einlieferer dieses Jubiläums-Gutscheines bis 1.Juli 1922.

Köln-Mülheim, am Tage des 25 jährigen Bestehens Gewerbebank e.Gm.b.H.

Der Vorstand · Der Aufsichtsrat·
Direktor · Vorsitzender·

DRUCK v. HEISS u. Co. KÖLN-LINDENTHAL

50 pfennig

zahlt die Gewerbebank e.Gm.b.H. in Köln-Mülheim dem Einlieferer dieses Jubiläums-Gutscheines bis 1.Juli 1922.

Köln-Mülheim, am Tage des 25 jährigen Bestehens Gewerbebank e.Gm.b.H.

Der Vorstand · Der Aufsichtsrat·
Direktor · Vorsitzender·

DRUCK v. HEISS u. Co. KÖLN-LINDENTHAL

Rückseiten der Jubiläums-
Gutscheine zu 10, 25 und 50
Pfennig der Gewerbebank Köln-
Mülheim, gültig bis 1. Juli 1922,
(van Eck 866).

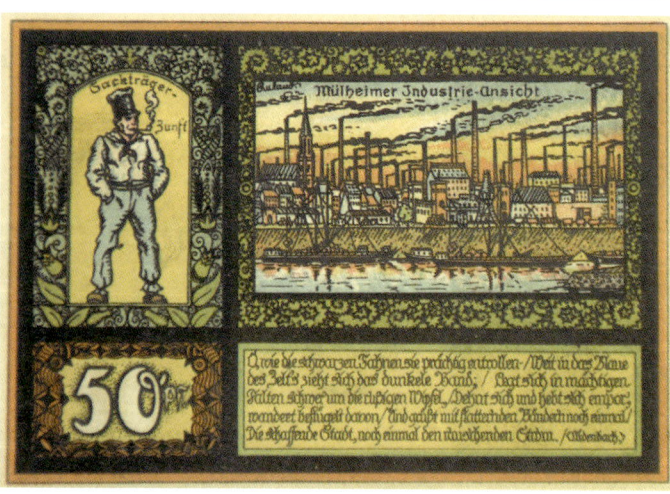

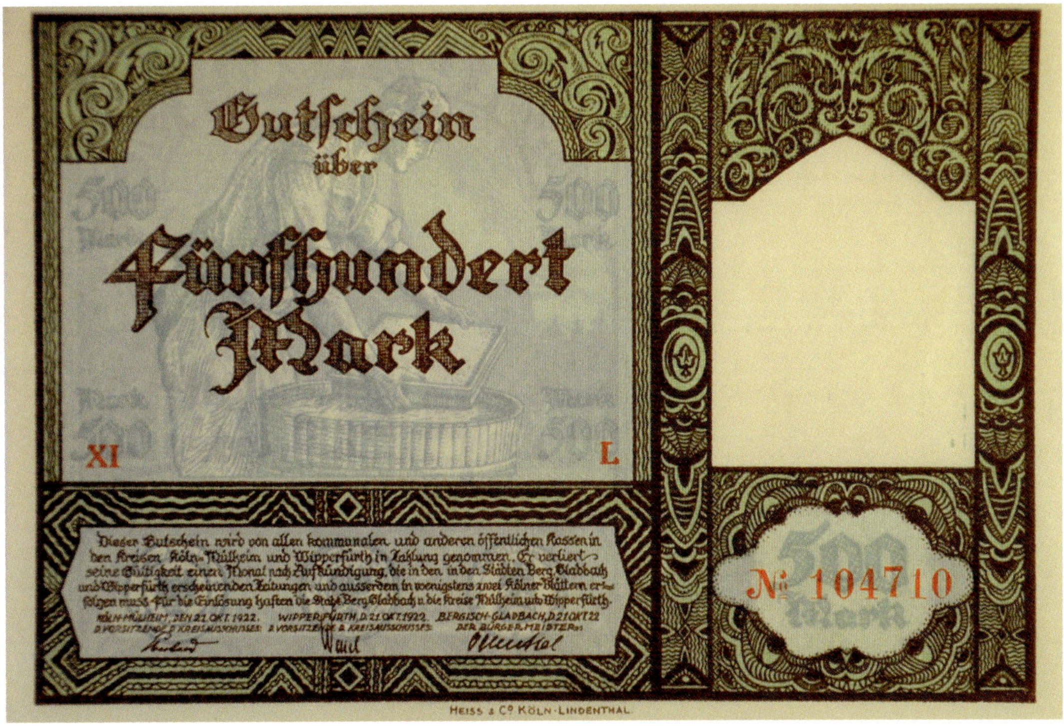

Der Höhepunkt amtlicher Geldgier: Eine Anleihe wird auf dem Sammlermarkt platziert: Gutschein über 500 Mark.
Auf der Vorderseite der Altenberger Dom. Auf der Rückseite im gleichen Feld wird Papier geschöpft. Im leeren Feld erkennt man gegen Licht ein Haupt mit Lorbeerkranz. Das spricht für die Fertigung des Papiers bei der Firma Zander. Gültig für alle öffentlichen Kassen: in den Kreisen Köln-Mülheim und Wipperfürth und den Städten Bergisch Gladbach und Wipperfürth ausgegeben am 21. Oktober 1922, 159 x 108 mm.

Zu diesem Zeitpunkt liegt das Porto für einen Inlandsbrief bereits bei sechs Mark. Die drei Verantwortlichen platzieren in der laufenden Inflation also eine Anleihe im Wert von gut achtzig Inlandsbriefmarken pro dekorativ gestaltetem Schein. Die Einlösung durch die Sammler müssen sie kaum fürchten. Sie haben Recht behalten. Heute ist der Schein häufig und preiswert zu finden (van Eck 870).

Die Wirkung der Inflation auf die Wirtschaft im Jahr 1922 schildert recht lebendig im Rückblick der Geschäfts-Bericht des A. Schaaffhausen'schen Bankvereins (1923: 5/6):

„Der Verfall der Reichsmark überstürzte sich während des zweiten Halbjahres, wenngleich der damals, Anfang November, erreichte Höchstkurs des Dollars über 9000, gemessen an der weiteren Verschlechterung der Reichsmark im ersten Semester des laufenden Jahres, jetzt gering erscheint. Die Geldentwertung gab dem Wirtschaftsleben das Gepräge; Devisensteigerungen, Preiserhöhungen, Lohnheraufsetzungen lösten sich in stürmischem Tempo ab. Der durch die Geldentwertung bedingte Kapitalbedarf hatte eine außerordentlich starke Belebung des Emissionsgeschäftes zur Folge. Je weiter die Markverschlechterung zunahm, desto stärker drängte das Publikum an die Börse. Infolge dessen nahm das Geschäft in Aktien vielfach einen nur bei Anspannung aller Kräfte zu bewältigenden Umfang an. Im Gefolge der Markverschlechterung steigerte sich der Kreditbegehr der Kundschaft ständig. Wir haben uns weitestgehendste (sic!) Berücksichtigung der für legitime Zwecke angelegen sein lassen. Die ziffernmäßige Zunahme der Erträgnisse darf nicht über die Tatsache hinwegtäuschen, daß keine Gebührensteigerung auch nur annähernd mit den durch die Markverschlechterung heraufbeschworenen Folgen Schritt halten kann ..."

Den angesprochenen nicht legitimen Zwecken dienten zum Beispiel Kredite zum Ankauf von Devisen, die kurzfristig nach deren rascher Kurssteigerung durch Verkauf der Devisen mit hohem Gewinn wieder abgelöst wurden.

Der Mann mit dem Koffer

Erlebnisse aus der Inflationszeit sind erstaunlich selten erzählt worden. Es sind eben keine „schönen" Erinnerungen. Die Geschichte von dem Mann mit dem Geldkoffer, die den Titel dieses Kapitels stellt, gehört zu den gesammelten Geschichten aus der Inflationszeit, hier chronologisch nach Erzähldatum aufgereiht:

1923: Die geradezu surrealistische Atmosphäre der letzten Tage der Inflation wurde bei den Bedingungen sichtbar, unter denen im Dezember 1923 Auktionen im Kunsthaus Lempertz stattfanden. Hier wurden Wertgegenstände angeboten, wohl um Geld für rasche lebenswichtige Einkäufe zu erlangen. Tempo war mehr als angesagt. Im vor Einführung der Rentenmark gedruckten Katalog 215 für die Auktion am 13. und 14. November 1923 hieß es: *„Der Ansteigerer hat außer dem Steigpreis ein Aufgeld von zwanzig Prozent für unterzeichnete Firmen zu entrichten. Sämtliche Ankäufe müssen spätestens bis zum Schluß jeden Auktionstages bei Vermeidung von Geldentwertungszuschlägen bezahlt sein und zwar spesenfrei für die Auktionsfirma. Es können daher außer Bargeld nur wertbeständige Zahlungen oder Bar-Schecks auf Köln angenommen werden."* (Schäfke 2015: 62)

Für Käufe mit Devisen, für Spekulanten, inländische wie ausländische, bot die zunehmende Inflation vielfältige Chancen (Taylor 2013: 183). Die Inflationsrate für das Jahr 1923 lag bei 561 Millionen Prozent (Klose 2002: 65).

1967: Die *„Kölner Bank von 1867"* – heute *„Volksbank Köln Bonn eG"* beschrieb mehr als vier Jahrzehnte danach das traumatische Bild der Inflation, das das Gedächtnis der Mitglieder der Bank prägte: *„Als dann Ende 1922 sogar ein Tausendmarkschein nur noch eine Goldmark wert war, begann der große Ausverkauf des deutschen Mittelstandes. Altererbter Familienbesitz, Gold- und Silberschmuck, Gemälde und andere Kunstwerke, Teppiche und wertvoller Hausrat wanderten in die Hände der Spekulanten und devisenstarker Ausländer. Schließlich mußten Grundstücke und Gebäude verkauft werden, oft genug „für ein Butterbrot", und dann blieb nur noch die Wohlfahrtsunterstützung, mit Recht darf daher gesagt werden, daß der Mittelstand der Hauptleidtragende der Inflation gewesen ist, da sein alter solider Wohlstand damals verloren ging."*

1969: Zur Abwechslung etwas Unterhaltsames, das anekdotisch aus dem Hause M. DuMont Schauberg berichtet wird: *„Auch in der Druckerei an der Breite Straße* *wurde unter polizeilicher Bewachung und in Überstunden Papiergeld gedruckt, so daß Alfred Neven DuMont (. . .) in München gut sagen konnte, er habe die Milliardenscheine „selbst gedruckt", worauf der Kellner, der mit dem Tempo der Geldvermehrung nicht Schritt gehalten hatte, den Geschäftsführer holte, und sich alles zum Guten wendete."* (Weinhold 1969: 244)

1976: Der Mann mit dem Geldkoffer, der gleich seine Geschichte erzählt, war Gewerkschaftssekretär Peter Fröhlich (1901-1984), von 1946 bis 1975 für die SPD Mitglied des Rates der Stadt Köln. Er hat als Bauarbeiter die Zeit der Hyperinflation miterlebt und erinnerte sich ein halbes Leben später: *„Der Arbeitslohn wurde jeden Tag mit Hilfe eines Multiplikators nach dem Dollarkurs errechnet. Der Fehler in dem System war schon bald, daß sich der Dollarkurs an keine Zeiteinteilung mehr hielt und in ständiger Bewegung war. Bekam man für sein Geld um neun Uhr noch ein Brot, dann gab es für das gleiche Geld um zehn Uhr kaum noch ein Brötchen. Einmal hatte sich bei mir ein ganzer Koffer voll Papiergeld verschiedenster Größenordnungen angesammelt, das alles in allem keine fünfzig Pfennige mehr wert war. Ich ging mit dem Koffer voll Geld in eine Metzgerei, um mir dafür ein Pfund Blutwurst zu kaufen. Als ich die Wurst gut in der Tasche hatte, legte ich den geöffneten Koffer auf die Theke. Was soll ich damit, wollte die Metzgersfrau von mir wissen. Nachzählen, war meine Antwort. Ich durfte das Geld wieder mitnehmen, die Frau wollte es nicht haben. Sie schenkte mir die Wurst."* (Fröhlich 1976: 123)

1985: Die Bedeutung, die eine einzige Ein-Dollarnote haben konnte, schildert die Kölner Schriftstellerin Helma Cardauns (1913-2004) in ihren Kindheitserinnerungen. Sie macht damit zugleich die Welt der „Insel der Seligen" sichtbar, die das „Loch im Westen" möglich machte: *„Einmal hatte meine Mutter einen Dollar ertauscht, und mit dieser Geldnote brach Weihnachtsstimmung über uns. Sie kaufte sich eine Flanellbluse, nicht im Kaufhaus Tietz, sondern in einem kleinen Geschäft Treuheit auf der Neusser Straße. Ich saß auf einem runden Schemel in der Ankleidekabine (. . .) und fühlte mich wie die verwöhnten Kinder, deren Väter sich einer anderen Währung als wir bedienten. Mein Bruder hatte sie Schieber und Kriegsgewinnler genannt, hatte die Fäuste geballt und sich mit Sextanern aus seiner Klasse gerauft. Für sie und ihre Familien existierte der flammende Reichtum hinter Scheiben: Pelze, Juwelen, Lederwaren, Pralinen, Parfum; ihre Seife war nicht unsere Tonseife."* (Cardauns 1985: 42)

So waren die von Helma Cardauns in den Schaufenstern bewunderten Angebote zuerst für mit Devisen ausgerüstete Ausländer bestimmt (Dux / Müller 2016: 55). Das machte die Außenhandelsbilanz des Reiches unüberschaubar und die von der Reichsbank geforderte Kontrolle der Devisen zur Illusion.

1988: Willy Millowitsch (1909-1999) erinnerte sich an das Ende des Theaters der Familie, das damals seine Mutter Emma schließen musste: *„Auch im Theater-Milieu hatte sich viel geändert. Die „Schieber" waren dran, die Kriegs- und Inflations- gewinner. Geld hatten sie, o ja – nur unter Vergnügen verstanden sie etwas anderes. Teure Nachtlokale wurden aufgezogen, sogenannte „Nacktrevuen" hatten Zulauf. (. . .) Man schrieb das Jahr 1924. Die Inflation hatte die gesamten Ersparnisse auf- gezehrt."* (Millowitsch 1988: 81/82)

1989: Den bedeutenden Soziologen Alphons Silbermann (1909-2000) hat die Hyperinflation, die er als Jugendlicher im Alter von vierzehn Jahren in Köln erlebte, nicht beeindruckt: *„Nicht einmal die Inflation zu Beginn der zwanziger Jahre, wenn der Vater mit einem Sack voller Geldscheine nach Hause kam, ihn der Mutter über- reichte und sie aufforderte, schnellstens damit einkaufen zu gehen, hinterließ bei ihm einen solchen Eindruck, daß sich daraus heute gültige Betrachtungen über sein persönliches Gebaren ableiten lassen könnten."* (Silbermann [3]1999: 38)
Sein Vater war zu dieser Zeit Besitzer der florierenden „Druckerei S. Silbermann. Spezialfabrik für Durchschreibe-Bücher" in der Genter Straße 3. Angesichts der stän- dig wachsenden Zahlen, die zu notieren waren, wuchsen seine Umsätze.

1991: Die Kölner Schriftstellerin Helma Cardauns (1913-2004) beschreibt rückbli- ckend „Eine Kölner Kindheit" in der Inflation: *„Auch Weihnachten, am Heiligen Abend, tat man, als gebe es keinen Streit, als wäre die Großmutter nicht mit einer Droschke zum Notar gefahren, um ihre Unterschrift unter einen zweiten Hausverkauf zu setzen, als hätte meine Mutter nicht geschrien: „Ein Haus nach dem anderen gegen Papiergeld" und meinen Großeltern den Fimmel gezeigt."* (Cardauns 1991:61)

2000: Die Kunsthistorikerin Louise Straus-Ernst (1893-1944), für kurze Jahre mit Max Ernst verheiratet, berichtete 1940 in ihrem Lebensrückblick „Nomadengut" über ei- nige Seiten vom Leben in Köln zur Zeit der Inflation. Höhepunkt war die Auszahlung der noch beim Vater verbliebenen Mitgift: *„Vom Rest meiner Mitgift, den mein Vater mir freundlichst in bar auszahlte, einigen zig tausend Mark, konnte ich gerade ein- mal Straßenbahn fahren."* (Krempel 2000: 43). Der leichte, ironische Ton der Autorin verbirgt auf den ersten Blick, dass der als Hutfabrikant erfolgreiche Vater hier seine stolze Tochter ohne Gnade vor die Tür setzte.

Die zweite Welle – vom Alltag der Inflation zum Trauma Hyperinflation

Der Mensch lebt zwar nicht vom Brot allein, aber die Entwicklung des städtisch festgesetzten Preises für ein dreipfündiges Feinbrot spiegelt die rasante Entwicklung: Zu Beginn des Ersten Weltkrieges hatte Konrad Adenauer, damals noch Erster Beigeordneter, in Verhandlungen mit der Bäckerinnung einen Preis von 28 Pfennig für Schwarzbrot und von 40 Pfennig für Graubrot pro Kilo als Vorschlag aushandeln können. Eingehalten wurde das nicht überall (Standt 2014: 99). Bei Kriegsende, am 18. November 1919, lag er offiziell festgesetzt bei 1,25 Mark, am 1. Dezember 1920 bei 3,80 Mark, am 19. Dezember 1921 bei 6,50 Mark, am 4. Dezember 1922 bei 205,- Mark, am 12. März 1923 wurde er auf 750,- Mark festgesetzt, und am Ende der Hyperinflation, am 23. November 1923, stand der Brotpreis bei 789 Milliarden Mark (Herzogenrath 1975). Das entsprach etwa 80 Pfennig der nun eingeführten Rentenmark.

Ende 1922 und Anfang 1923 begann mit dem monatlichen (!) Anstieg der Preise um über 50 Prozent die klassische Hyperinflation (Taylor 2013: 209). Von August 1922 bis November 1923 erreichte die Inflation im Reich durchschnittlich 322 Prozent pro Monat (Wehinger 1996: 45). Die Teuerung überstieg in Juni und Juli 1923 die 100 Prozent, erreichte Mitte August über 200 Prozent und im November fast 600 Prozent, um im Dezember einen leichten Rückgang zu verzeichnen.

Der Höhepunkt im Detail: Am 26./27. November 1923 kostete ein Kilo Margarine 3,2 Billionen, 1 Kilo Graubrot 1,02 Billionen, 1 Kilo Kartoffeln 220 Milliarden und ein Zentner Briketts 2,8 Billionen Mark (Zunkel 1996: 236f). Zur Erinnerung: Ein Dollar brachte zu diesem Zeitpunkt 4,2 Billionen Mark und 4,20 Rentenmark. Die Inflation war mit der Stabilität der Rentenmark beendet.

Der Hyperinflation, mit der die Arbeiterschaft ins Elend und das Bürgertum, Handwerker, Handel, Beamte und Akademiker in die Armut getrieben wurden, hatte sich die Reichsbank im Laufe des Krieges und in der Nachkriegszeit langsam und mutwillig angenähert. Nach der Niederlage stand sie dem Problem ebenso hilflos und unwillig gegenüber wie dem Problem der Reparationen (Kerstingjohänner 2004: 396). Die Mark wurde nach Kriegsende im Außenhandel kaum und von den Siegermächten im Rahmen der Reparationsforderungen überhaupt nicht akzeptiert. Der gewohnte Kurs von 4,20 Mark geriet nach Kriegende rasch unter Druck (Kerstingjohänner 2004: 390). Ein Jahr später lag der Dollarkurs bei 48 Mark. Am 11. Dezember 1919 stieg er auf 50,55 Mark. Am 11. März 1920 kam es zu einer großen Hungerdemonstration „von Proletariern aller Couleur" (Rheinische Zeitung). Im Dezember 1920 hatte sich der Kurs des Dollars mit 73 Mark erneut fast verdoppelt. Die Annahme des Zahlungsplans des Londoner Ultimatums vom 5. Mai 1921 für Reparationen in Höhe von 132 Milliarden Goldmark zuzüglich 12 Prozent des Wertes der Deutschen Exporte in Raten über die nächsten 42 Jahre hatten britische, französische und belgische Truppen mit der Besetzung von Düsseldorf, Duisburg samt dem heutigen Stadtteil Ruhrort durchgesetzt. Der Zahlungsplan zwang das Reich zu ständig weiteren Ankäufen von Devisen, setzte den Kurs der Mark gegenüber dem Dollar fortwährend weiter unter Druck, den man mit weiterem Druck von Banknoten nicht lindern konnte. Der Kurs des Dollars beschleunigte sich langsam und kam am 8. November 1921 auf 309,69 Mark, um am 12. Dezember 1921 auf 165,33 Mark zu sinken. Danach nahm er – mit deutlichen Schwankungen – richtig Fahrt auf: Der Kurs ging auf 7590 Mark im Dezember 1922. Ende Januar 1923 wurden 50 000 Mark erreicht. Am 30. Juli 1923 lag der Kurs bei einer Million Mark. Er stieg auf 100 Millionen am 17. September 1923, am 9. Oktober auf eine Milliarde, zehn Tage später auf 10 Milliarden und am 1. November 1923 auf 100 Milliarden. Am 14. November 1923 wurde der Kurs von einer Billion Mark für einen Dollar erreicht. Nach Spekulationen auf das Scheitern der Rentenmark schien der Kurs seit dem 20. November 1923 bei 4.2 Billionen Mark für einen Dollar stabilisiert zu werden (Sprenger 2002: 205 / Rittmann 1986: 64).

Der Verlauf der Hyperinflation war nicht gleichförmig. Das Jahr 1923 bot Wellenbewegungen der Teuerung. Im ersten Halbjahr stieg die Teuerung in Januar und Februar um bis zu 90 Prozent. Sie sank durch Stützungskäufe der Reichsbank in März, April und Anfang Mai 1923 kurzfristig unter zehn Prozent. Das halbierte die Goldreserven der Reichsbank, zeigte aber keine dauerhafte Wirkung. Lagen Anfang 1923 noch etwas über eine Milliarde Goldmark im Tresor der Reichbank, waren es Ende des Jahres nur noch 467 Millionen (Gaettens: 1957: 263). Das Wertverhältnis der Mark zum Dollar wurde zum Maßstab der Währung. In Friedenszeiten 1913 hatte es mit einem Kurs pro Dollar von 4,20 Mark begonnen. Nach Kriegsende hatte sich der Kurs mit 8,25 Mark fast verdoppelt. Am Ende der Hyperinflation hatte er einen Wert von 4 200 000 000 Mark – in Worten 4,2 Billionen Mark – erreicht.

Am 17. August 1923 stellte Rudolf Havenstein (1857-1923), Präsident der Reichsbank, dem Staatsrat, dessen Vorsitzender seit 1921 und bis 1930 Konrad Adenauer war, stolz einen für seine Geldpolitik mehr als peinlichen Bericht vor: *„Die Reichbank gibt heute täglich 20 000 Milliarden an neuem Geld heraus, davon 5000 Milliarden in hohen Nennwerten. In der kommenden Woche wird die Bank dies auf 46 000 Milliarden täglich steigern, davon 18 000 Milliarden in hohen Nennwerten. Die Gesamtemission beläuft sich derzeit auf 63 000 Milliarden. In einigen Tagen werden wir daher in der Lage sein, täglich zwei Drittel des gesamten Geldumlaufs herauszubringen."* (zitiert nach Ahamed 2010: 143). Werbetexter fanden als Konsequenz zur Förderung ihres eigenen Umsatzes die treffende Formulierung: *„Geld machen ohne Reklame kann nur die Reichsdruckerei."*

aus: Rheindorf 2018

Wie Sie durch gute Reklame

Geld machen

können, erklärt Ihnen

kostenlos die:

Propaganda Abteilung

der

Kinos für Jedermann

Köln, Severinstraße 226.

Wenige Monate später, als die Hyperinflation, der er ein williger Handlanger gewesen war, dem Ende entgegen ging, starb Rudolf Havenstein am 20. November 1923. Er machte damit den Weg frei für Hjalmar Schacht (1877-1970), der vom 12. bis zum 22. Dezember 1923 als Reichswährungskommissar die Einführung der Rentenmark begleitete.

Für den Alltag hatte die Inflation verheerende Folgen. Bei offiziell festgesetzten Preisen verschwanden auch in Köln die Waren vom Wochenmarkt, aus den Geschäften, aus den Kaufhäusern und erschienen auf dem Schwarzmarkt (Ostwald 1913: 75). Für das besetzte Rheinland und damit auch für Köln standen begehrte Güter über das „Loch im Westen" (Kuske 1928: 171) zur Verfügung. Sie kamen dank reduzierter Steuersätze oder sogar zollfrei als Einfuhr, als Güter der Besatzungskräfte oder durch erfolgreichen massenhaften Schmuggel über die Grenzen zu den Niederlanden, Belgien und Frankreich in Fülle. Die Verzollung von Importen erfolgte, wenn überhaupt, nicht in Höhe des steigenden Goldkurses wie an den anderen Grenzen des unbesetzten Reiches. Das lenkte die Importe ins besetzte Rheinland und von dort weiter ins Reich über eine von den Alliierten errichtete Zollgrenze (Rittmann 1986: 85). Umgekehrt waren Exporte gegen Devisen bei immer weiter sich verschlechternden Wechselkursen für beide Seiten attraktiv. Waren, die sonst im Reich nicht zugänglich waren, standen in Köln auf der „Insel der Seligen" gegen hohe Preise trotz öffentlicher Zwangsbewirtschaftung zur Verfügung (Seidel 1919). Niederländer, Belgier, Franzosen und Amerikaner strömten über die Westgrenze, um gegen Devisen Waren des Alltags, aber auch Immobilien, Kunst und Antiquitäten aufzukaufen. Im September 1924 wurde die Zollgrenze des besetzten Gebietes gegenüber dem Reich entsprechend dem Londoner Abkommen, das im Dawes-Plan endete, aufgehoben.

Die französisch/belgische Besetzung des Ruhrgebietes am 11. Januar 1923 erfolgte als Zwangsmaßnahme, um auf direktem Wege an die zustehenden Kohlelieferungen als Teil der Reparationen zu kommen. Sie führte mit den Kosten des passiven Widerstandes zum Höhepunkt der Inflation (Edmonds 1987: 249). Die Regierung in Berlin und die Bevölkerung reagierten mit Protest und passivem Widerstand auf die nun auf das gesamte Ruhrgebiet ausgeweitete französisch/ belgische Besetzung.

Die Mitarbeiter und Beamten der Reichsbahn hatten sich geweigert, den Befehlen des „Interalliierten Hohen Ausschusses für die Rheinlande" zu folgen, die als Verletzung des Rheinlandabkommens und des Versailler Vertrages betrachtet wurden. Schon vor der offiziellen Verkündung des passiven Widerstandes durch die Reichsregierung am 18. Januar 1923 kam es zu Streiks in den französisch besetzten Gebieten. Die Übernahme der Strecken im britisch besetzten Brückenkopf Köln wurde der französischen Regiebahn verweigert. Die Strecken im Kölner Brückenkopf blieben in der Hand der Reichsbahn (Kemp 2016: 99/100/217). Das sah man auch an der umfangreichen Produktion des Notgeldes der Kölner Direktion. Den passiven Widerstand unterstützte die Reichsregierung mit der Zahlung des ausfallenden Lohnes. Das steigerte die nationale Begeisterung und forderte Repressalien heraus. Besonders auf die Lohngelder der streikenden Eisenbahner wurde Jagd gemacht.

Tauſend Mark ·

1000 Mark

Gewerkſchaft
deutſcher Reichsbahnbeamten

Köln, den 25. Januar 1923

Der Vorſtand
I. A.

So wahr ein Gott im Himmel lebt / Wir bleiben Deutſch am Rhein

Wir wollen frei ſein, wie die Väter waren / Eher den Tod, als in Knechtſchaft leben

Abb. Vorder- und Rückseite
Spendenschein der Gewerkschaft deutscher Reichsbahnbeamten. Köln, den 25. Januar 1923, links und rechts je
zwei Zeilen: „So wahr ein Gott im Himmel lebt / Wir bleiben Deutsch am Rhein. Wir wollen frei sein, wie die Väter
waren / Eher den Tod, als in Knechtschaft leben" Keine Angabe der Druckerei 164 mm x 108 mm

Inhaber dieſes Scheines zahlte zur Stärkung des Abwehr-
kampfes ſowie für die Unterſtützung der im Kampf um
die Erhaltung der deutſchen Einheit gegen die Gewalt-
maßnahmen der Franzoſen und Belgier geſchädigten Eiſen-
bahnbeamten 1000 Mark, was hiermit beſcheinigt wird

Köln, den 25. Januar 1923

Gewerkſchaft deutſcher Reichsbahnbeamten
Der Vorſtand

Am 23. Februar 1923 sollten vier Beamte des Reichfinanzministeriums 13 Milliarden Mark – zu diesem Zeitpunkt im Wert von etwa einer halben Million Dollar – und sogar Druckplatten von Berlin nach Köln bringen. Die Beamten bestanden zwar darauf, dass es sich um den Sold für die britischen Truppen im Brückenkopf Köln handele, aber die Franzosen griffen trotzdem zu.

Transporte zu Finanzierung des passiven Widerstandes wurden möglichst im Verborgenen heimlich durchgeführt. Die wachsenden Papiermengen der Hyperinflation versteckte man in Getreidesäcken, unter der Kohle im Tender der Lokomotiven, in doppelten Wänden von Eisenbahnwaggons, in Möbeltransporten, in Kinderwagen oder Leichenwagen (Kemp 2016: 123). Das französische Vorgehen nahm teils skurrile Züge an:

„Am 17. Mai 1923 drangen französische Polizeibeamte mit Schlossern in die Reichsbankstelle zu Koblenz ein, erbrachen das zugemauerte Fenster des Tresors, durchschnitten das hinter dem Mauerwerk liegende Eisengitter mit Hilfe von Sauerstoffapparaten und entwendeten aus dem Tresor sechs Milliarden Mark. Am 26. Mai 1923 überfielen morgens französische Gendarmen und Polizisten die Reichsbankstelle zu Essen; im Kassenraum sprangen gleichzeitig fünf in Zivil gekleidete Franzosen, die sich unter das Publikum gemischt hatten, über die Kassentische und stürmten mit vorgehaltenem Revolver nach dem Tresor. Demselben wurden 92 Milliarden Mark entwendet, wobei sich ein Beamter der Banque de France beteiligte." (Schacht 1927: 42)

In Mülheim an der Ruhr wurden unfertige Scheine der Reichsbank beschlagnahmt und fertiggestellt. Geldtransporte und Tageskassen von Reichsbankstellen wurden beschlagnahmt. Insgesamt soll es sich um Werte von einer Trillion Mark zum Tageswert von 26 Millionen Goldmark gehandelt haben (Rittmann 1986: 467).

Zu ähnlichen Vorgängen scheint es in Köln unter britischer Besatzung nicht gekommen zu sein. Am 26. September 1923 verkündete Reichskanzler Gustav Stresemann, der am 13. August 1923 sein Amt angetreten hatte, das Ende des passiven Widerstands gegen die französisch/ belgische Besetzung des Ruhrgebietes. Damit war der Weg frei, der Hyperinflation mit einer neuen deutschen Währung ein Ende zu setzen.

526. Eisenbahndirektion.

Postkarte Nr. 526 „Eisenbahndirektion", Kupfertiefdruck-Verlag von Karl Rud. Bremer & Co., Köln a. Rh.
Die Verstaatlichung der privaten Eisenbahnen 1880 hatte den Weg für neue Bahnhöfe und eine zentrale Verwaltung für den Bereich der Eisenbahndirektion Köln freigemacht. Der Kölner Architekt Carl Biecker (1859–1927) leitete seit 1908 den Bau der Königlich Preußischen Eisenbahndirektion am Rheinufer nördlich der Hohenzollernbrücke, heute noch unübersehbar mit ihren Reihen von Pilastern, die die vier Hauptgeschosse übergreifend zusammenfassen.

Den Eingangsbereich heben zehn monumentale Säulen als herrschaftlicher Schmuck der Fassade hervor. Seit 2016 wird der völlig entkernte und innen erneuerte Bau von der EASA, der Europäischen Agentur für Flugsicherheit genutzt. Wie andere Reichsbahndirektionen hat auch die Kölner Direktion eigenes Notgeld herausgegeben. Thomas van Eck verzeichnet 28 verschiedene Banknoten in zusätzlich meist mehreren Variationen. Damit ist sie neben der Stadt Köln der wohl vom Volumen zweitgrößte Produzent von Notgeld in der Stadt. Die Reichsbahn hat zugleich mit dem Vermerk „Dieser Gutschein wird von allen Eisenbahn- und anderen öffentlichen Kassen in Zahlung genommen." das Notgeld mit dem größtmöglichen Verbreitungsradius, der weit über Köln und die Rheinprovinz hinaus reicht, herausgegeben.

Gutschein über 20 Millionen Mark der Reichsbahndirektion Köln vom 2. September 1923,
155 x 105 mm (van Eck 810,10).

Gutschein über Eine Milliarde Mark der Reichbahndirektion Köln ohne Datum als Überdruck auf Gutschein für Fünfhunderttausend
Mark 11. August 1923,
140 x 87 mm (van Eck 810,14).

Gutschein über Zehn Milliarden
Mark der Reichsbahndirektion
Köln vom 18. Oktober 1923,
141 x 90 mm (van Eck 810,15).

„Regie-Franken": Während der französisch-belgischen Besetzung des Ruhrgebietes wurden die Eisenbahnen – mit Ausnahme des Brückenkopfes Köln – unter französische Besatzungsverwaltung gestellt (Kemp 2016: 99). Mit der Ordonnanz 219 vom 19. Oktober 1923 wurde der „Regie-Franken" als „Beförderungsgutschein" und nicht nur an der Bahnhofskasse gerne gesehene Währung in der französisch und belgisch besetzten Zone eingeführt. Sie wird ihren Weg auch in den Brückenkopf Köln gefunden haben (Rittmann 1986: 86).

Die französische Politik sah in der Notsituation der Hyperinflation noch einmal die Chance, mit einer eigenen rheinischen Währung, mit einer rheinischen Notenbank, die gewünschte Abtrennung des Rheinlandes vom Reich mit der Errichtung eines Rheinischen Bundesstaates zu fördern. Im „Interalliierten Hohen Ausschuss für die Rheinlande" wurde das von Paul Tirard, dem französischen Vorsitzenden der vierköpfigen Kommission, engagiert betrieben. Mit einer neuen Währung des Besatzungsgebietes, mit einer Rheinischen Notenbank auf Goldgrundlage unter französischer Kontrolle, führend und engagiert betrieben von Hugo Stinnes (1870-1924) und für Köln vertreten von den Kölner Bankiers Carl von Stein und Louis Hagen (1855-1932), sollte das Ziel eines abgetrennten Rheinlandes erreicht werden (Elster 1928: 273 / Schötz 1987: 60-84).

In der Sitzung des Rates der Stadt Köln am 29. Dezember 1923 wurde auf Antrag des Beigeordneten Willi Suth eine städtische Beteiligung mit einer Bürgschaft über 300 Millionen Goldmark beschlossen, obwohl jedem Ratsmitglied das politische Ziel einer eigenen Währung für das besetzte Rheinland klar sein musste. Willi Suth

(1881-1956), Schwager und Vertrauter Konrad Adenauers, wird auch nach 1945 wieder eine wichtige Rolle in Kölner Politik und Verwaltung spielen. Das Projekt wurde durch eine Intervention der Bank of England und auf Drängen Hjalmar Schachts, des neuen Präsidenten der Reichsbank, unterstützt von Reichskanzler Gustav Stresemann (1878-1929), schließlich Ende Januar 1924 eingestellt (Schötz 1987: 84). Damit wurde die Einheit des Reichs gesichert und eine Abtrennung des Rheinlandes verhindert (Feldman 1993: 823ff). Anfang 1924 wurde stattdessen auf Hjalmar Schachts Initiative die Golddiskontbank des Reichs gegründet (Kopper 2006: 81ff).

Konrad Adenauer hielt sich zwar viele Informationswege zu den separatistischen Bestrebungen offen, war aber – heute gut erkennbar – ein überzeugter Gegner der französischen Bestrebungen (Schlemmer: 2007: 295-301). Sogar im Kabinett Stresemann fand der Gedanke einer Preisgabe des Rheinlandes Zustimmung, der in einem Treffen mit dem Kabinett in Berlin am 13. November 1923 Konrad Adenauer vehement widersprach. Das Rheinland müsse mehr wert sein „als ein oder zwei selbst drei neue Währungen" (Frielingsdorf 2002: 50). Zwei Währungen – Rentenmark und Reichsmark – sollten dafür reichen.

Konrad Adenauer schilderte wenige Tage zuvor am 9. November 1923 im Rat die politisch und wirtschaftlich verzweifelte Situation: *„Wenn es uns einigermaßen gelingt, die Stadt Köln vor dem Zusammenbruch zu retten, und unsere Bevölkerung glücklich durch den Winter zu bringen, dann will ich meinem Schöpfer auf Knien danken."* (Zunkel 1996: 236)

Hunger machte sich breit. Welcher Landwirt wollte schon seine Produkte gegen sofort wieder wertloses Geld abgeben? Anarchie drohte. Konrad Adenauer wird blutige Szenen mit Toten dabei vor Augen gehabt haben, wie sie sich kurz zuvor Ende Oktober 1923 im „Overather Kartoffelkrieg" abgespielt hatten. Das war knapp jenseits der Grenze des britischen Brückenkopfes im französisch besetzten Gebiet. Mitte Oktober 1923 begannen Hamsterer aus Köln, die bis dahin Lebensmittel bei den Bauern gekauft oder eingetauscht hatten, die Bauern zu bestehlen. In größeren Trupps kamen arbeitslose junge Männer aus den Kölner Industrievororten mit der Aggertalbahn, stiegen aus und begannen die ohnehin geringe Kartoffelernte aus dem Boden zu holen. Da sie auf wenig Gegenwehr stießen, konnten sie in immer größeren Gruppen auftreten. Bald wurden Höfe geplündert und neben den Kartoffeln auch Getreide, Obst und Kleinvieh geraubt. Die Information, dass am Freitag, 26. Oktober 1923, Extrazüge von Köln aus zum „Kartoffeleinkauf" eingesetzt werden sollten, löste vor Ort Zorn aus. Einen ersten Zug empfingen die Bauern am frühen Morgen bewaffnet mit Knüppeln und Mistgabeln. Sie drängten die Kölner in die Wagen des Zuges, der wieder nach Köln fuhr, zurück. Den nächsten Zug um neun Uhr, voll besetzt mit Hamsterern, empfing ein anderes Bild. Der Bahnhof war eingekesselt. Bald flogen Pflastersteine und Flaschen in die Menschenkette. Sie riss und der Strom der „Hamsterer" war nicht mehr aufzuhalten. Wütend wurden die berittenen Bauern, die man als Bedrohung empfand, verfolgt. Einer der flüchtenden Reiter, auf einem Dachboden Schutz suchend, schoss und traf zwei Kölner. Einer starb. Der Schütze versuchte über die Agger zu entkommen, wurde verfolgt und erschlagen. Der zweite, verletzte Kölner starb nach der Rückkehr im Krankenhaus. An den folgenden beiden Tagen kamen die nächsten Züge mit „Hamsterern", die Felder und Höfe plünderten. Kölner Kartoffelhändler kauften Teile der Beute bereits in Overath am Bahnhof auf. Am 29. Oktober 1923 hatten sich die Abwehrkräfte, die von der französischen Besatzung keine Hilfe bekamen – es sei denn, sie schlössen sich den Separatisten an – neu formiert und bewaffnet. Es gab einen Toten dabei und mehrere Verletzte. Die „Hamsterer" wurden in die Züge zurückgezwungen. Nun wurden in Köln die Bahnhöfe gesichert und der Verkehr Richtung Rösrath, Overath und Bensberg vorübergehend eingestellt. Im britisch besetzten Kölner Brückenkopf hat auf dem Land stationierte Kölner Polizei frühzeitig Ähnliches verhindert (Heider 1981).

Das Thema der „Stabilisierung der Mark" oder ihrer Ersetzung durch eine neue Währung wurde erstmals von Reichsfinanzminister Matthias Erzberger (1875-1921) angesprochen. Seit 1920, seit die Inflation aus den Startlöchern gekommen war, wurde öffentlich diskutiert (Trapp / Fried 2006: 132-137). Gerne bestritt man dabei, dass die Ursache der Inflation die weit über den Wert der produzierten Güter hinaus steigende Geldmenge war, von der Reichsbank zuerst für die Kriegsführung dann für die Folgen der Niederlage großzügig bereitgestellt (Rittmann 1986: 93). Eine Rückkehr zum Gold oder die Nutzung anderer Güter als Grundlage einer neuen Währung waren immer wieder im Gespräch.

„Wertbeständiges Notgeld" – wie es im Aktionskatalog 215 des Kunsthauses Lempertz im Jahre 1923 erwähnt wird – zeigte uns individuelle Versuche von Institutionen und Firmen, sich von der Hyperinflation abzusetzen. Man kehrte zum Beispiel zu Gold als Grundlage zurück oder gab den Wert durch eine bestimmte, garantierte Warenmenge an. Erste Beispiele waren Gutscheine der Oldenburgischen Landesbank über 150 Kilogramm Roggen vom 1. November 1922, erneut wieder ausgegeben am 15. Juni 1923. Kartoffeln, Weizen, Zucker, Holz, Schuhsohlen oder auch Pakete

Zündhölzer kamen vor. Offiziell geregelt wurde die Ausgabe „wertbeständigen" Notgeldes auf der Basis von Gold im Oktober 1923 (Rittmann 1986: 81/82).

In Köln gab die Rheinisch-Bergische Konsumgenossenschaft „Hoffnung" in Kalk am 18. Februar 1924 Gutscheine zu ½ Goldmark heraus (van Eck 857,13 / Keller 1954: 44). Nahrhafter ist das Angebot des „Interessenverbandes der Importeure ausländischer Fleisch- und Fettwaren, Köln-Schlachthof" mit Gutscheinen über zehn, fünf oder ein Pfund Schmalz oder ein Pfund Margarine oder ein Pfund Rinderfett vom 1. November 1923 (van Eck 793,2 / Keller 1954: 75 / Wilhelmy 1962: 30/31). Damit begann man sich wieder an den Gedanken einer stabilen Währung zu gewöhnen.

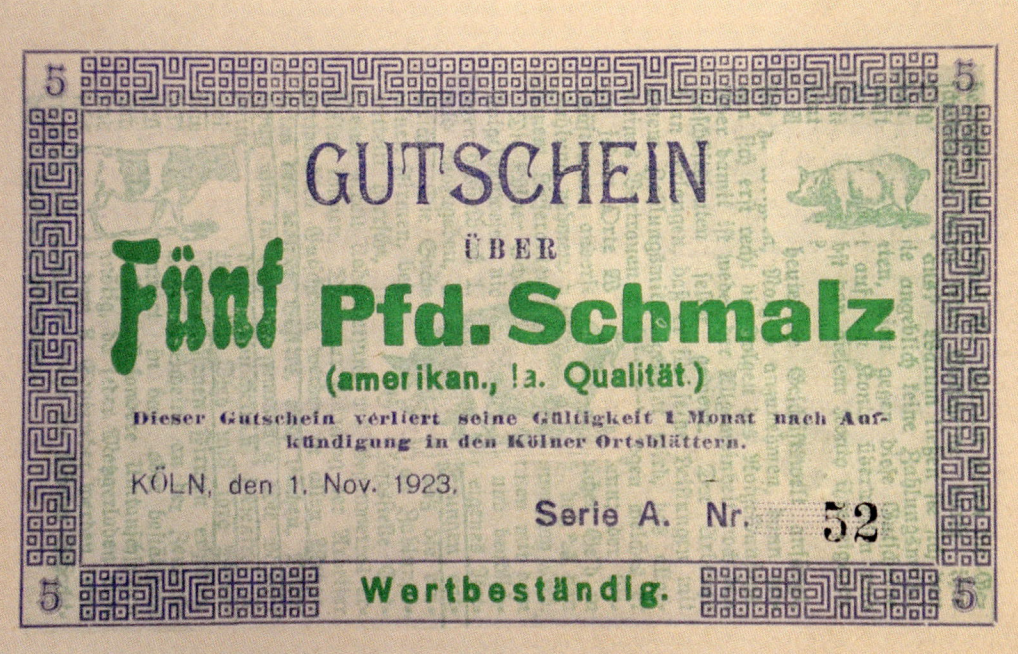

Interessenverband der Importeure ausländischer Fleisch- und Fettwaren. Gutschein über 5 Pfd. Schmalz (amerik. I-a. Qualität).
1. November 1923, 150 x 89 mm
Mit „werthaltigen" – hier „wertbeständig" – Gutscheinen, ausgestellt auf Gold oder wie hier Nahrungsmittel, erhielt das bedruckte Papier wieder einen realen Werthintergrund. Der Text auf der Rückseite (siehe folgende Seite) gibt preis, dass das Einzelhandelsgeschäft zwar als Verdienst einen Zuschlag von etwa 20 Prozent auf den Großhandelspreis vom Käufer verlangen darf, aber fünfzig solcher Scheine vorlegen muss, um wieder Ware zu erhalten. So steigert man geschickt seinen Umsatz…
(van Eck 793, 2)

Der Wert dieses Gutscheines ist gleich dem Großhandelspreise für 5 Pfd. amerikan. Schmalz, 1a. Qualität. Gegen diesen Gutschein erhält der Inhaber in den Detailgeschäften 5 Pfd. Schmalz, wenn er bis zu 20% des in dem betreffenden Geschäfte geltenden Kleinverkaufspreises zuzahlt. Die Geschäfte erhalten gegen jeden Gutschein, bei Vorzeigung von mindestens 50 Stück, 5 Pfund Schmalz ohne Zuzahlung ausgeliefert durch die Geschäftsstelle

des Interessenverbandes der Importeure ausländischer Fleisch- und Fettwaren

Köln-Schlachthof
Telefon A 9248

Dieser Gutschein ist voll gedeckt. Es wird kein Gutschein ausgegeben, für den die Warenmenge nicht vorhanden ist. Er kann von allen einschlägigen Geschäften in Zahlung genommen werden. Wo dieses nicht geschieht, werden Detaileinlösungsstellen sofort nachgewiesen.

Mit der Rentenmark, mit Hypotheken auf wirtschaftlich genutzte Immobilien der Industrie sowie der Land- und Forstwirtschaft als Deckungsgrundlage, eigentlich so zweifelhaft wie einst die Assignaten der französischen Revolution, wurde der Friedenskurs des Jahres 1914 von einem Dollar zu 4,20 Rentenmark wiederhergestellt (Elster 1928: 209).

Nur hatten viele auf dem Weg durch Krieg und Nachkriegszeit in der Inflation ihre Vermögen verloren und die Last der Reparationen blieb. Es waren die Ideen Karl Helfferichs (1872-1924) für eine Roggenmark, und die Goldpläne von Rudolf Hilferding, vom Kabinett Stresemann mit Reichfinanzminister Hans Luther am 13. Oktober 1923 beschlossen (Pünder 1968: 69), die mit der am 15. Oktober 1923 gegründeten Rentenbank und der auf Hypotheken in Höhe von 4,20 Rentenmark gegenüber dem Dollar ab dem 15. November 1923 verwirklicht wurden (Trapp/ Fried 2006: 132-137).

Hjalmar Schacht (1877-1970), an der Vorbereitung beteiligt, seit dem 12. November 1923 allzuständiger Reichswährungskommissar und ab dem 22. Dezember 1923 nach dem Tod von Rudolf Havenstein am 20. Dezember 1923 Präsident der Reichsbank, machte sich den Erfolg der Rentenmark zu eigen. Stolz trug er in den nächsten Jahren den Schmuck fremder Federn. Ihr Kurs zum Dollar mit 4,20 Mark wurde nach einigen Schwankungen am 19. Dezember 1923 endgültig festgesetzt. Hjalmar Schacht gelang es, die Deutschen zu überzeugen. Dies Vertrauen brauchte es für eine neue stabile staatliche Währung, die neben der (nicht als gesetzliches Zahlungsmittel geltenden aber von öffentlichen Kassen akzeptierten) Rentenmark mit der Reichsmark am 30. August 1924 eingeführt wurde. Beide trugen bis 1929 den Aufschwung der kurzen „goldenen Zwanziger Jahre". Dabei war die „Deutsche Rentenbank" autonom, von Industrie und Landwirtschaft mit der Belastung ihrer wirtschaftlich genutzten Grundstücke finanziert. Für die Landwirtschaft war das eine längst herbeigesehnte Aktion, um wieder real im Markt – statt im Schleichhandel – tätig zu sein. Für die Industrie sah das anders aus. Für sie endete eine segensreiche Zeit niedriger und meist auch sinkender Lohnkosten bei steigenden Exportgewinnen.

Die Rentenmark war – wie gesagt – kein offizielles Zahlungsmittel, wurde aber überall angenommen. Das neue gesetzliche Zahlungsmittel kam erst mit der Einführung der Reichsmark am 30. August 1924. Bis zur Währungsreform 1948 blieb die Rentenbank weiter bestehen und gab bis 1937 auch weiter Banknoten heraus. Beide wurden mit RM abgekürzt genutzt. Die Last der Reparationen blieb auch nach dem Ende der Inflation. Erst 2010 waren die letzten Schuldverschreibungen ausgelaufen (Taylor 2013: 354). Vom Kölner Dom aus wurden die wertlosen Banknoten in die Luft gestreut, und in London wurden sie für einen Penny auf der Straße angeboten (Edmonds 1987: 259). Auch im Rheinland hatten sie sich zum fast wertlosen Sammelobjekt entwickelt, mit Ausnahme der Scheine über Billionen Mark. Schließlich entsprachen am Ende der Inflation 4,2 Billionen Mark immerhin einem Dollar und so verschwanden die Billionen-Scheine erst 1925 aus dem Umlauf.

Auf die besetzten Gebiete am Rhein mit Köln als britischer Besatzungszone hatte die Reichsbank bis zum Januar 1926 keinen direkten Zugriff. An der Kölner Börse galten zum Beispiel die amtlich festgelegten Berliner Kurse nicht. Am 12. November 1923 lag der Dollarkurs in Berlin bei 630 Milliarden Mark, aber in Köln schon bei rund vier Billionen Mark (Elster 1928: 212). Mit Beginn der Sanierung wurde der Kurs in Berlin seit dem 20. November 1923 bei 4,2 Billionen festgehalten. In New York stieg er kurzfristig auf 6,3 Billionen (Taylor 2013: 354). In Köln erreichte er spekulativ zum 26. November 1923 fast elf Billionen Mark. Bühne für diese Spekulation waren die nach dem Ersten Weltkrieg im und am Gürzenich eingerichteten Börsenräume, die bis 1932 genutzt wurden (Soénius 2017: 92). Diese Spekulation auf das Scheitern der Sanierung brach bald zusammen. Am 10. Dezember 1923 wurde auch an der Kölner Börse der offizielle Berliner Wert notiert (Rittmann 1986: 86). Die Relation von einer Rentenmark = eine Billion Mark konnte bis zur Einführung der Reichsmark (RM) im August 1924 gehalten werden. Ein Dollar entsprach 4,20 Rentenmark oder 4,2 Billionen Mark.

Der „Interalliierte Hohe Ausschuss für die Rheinlande" ließ die Zirkulation der Rentenmark seit dem 19. November 1923 zu (Köhler 1986: 252), wartete aber mit der offiziellen Genehmigung bis zum 12. September 1924 auf die offizielle Zustimmung Frankreichs (Williamson 1991: 272). Noch Anfang 1924 herrschte Unübersichtlichkeit in den öffentlichen Kassen: In der Sitzung des Rates am 7. Februar 1924 wurden zu Beginn die großzügigen Schenkungen Kölner Bürger und Unternehmen für die Unterstützung notleidender Kölner in Goldmark, in inflationären Billionen Reichsmark, in Rentenmark, in Dollar und in britischen Pfund aufgelistet. Da seit dem 20. November 1923 der Kurs des Dollars bei 4,2 Billionen Mark festgehalten wurde, waren die verschiedenen Währungen miteinander verrechenbar (Elster 1928: 257).

Die Inflation galt bei aller Vernichtung und Umschichtung von Vermögen dennoch als Motor des deutschen wirtschaftlichen Aufschwungs der ersten Jahre nach dem Ersten Weltkrieg. Zwischen 1920 und 1922 herrschte weitgehend Vollbeschäftigung. Der Druck der Stabilisierung ihrer Währungen in anderen Ländern machte das Deutsche Reich mit dem „Schmiermittel" der Inflation zur „Lokomotive" der Weltwirtschaft. In Deutschland bemühte man sich im Gegensatz zu den USA und Großbritannien, wo die Stabilität des Geldwertes im Vordergrund stand, um Vollbeschäftigung (Holtfrerich 1980: 206). Dabei sanken 1922/23 die Löhne erst langsam und zum Schluss dramatisch unter das Existenzminimum (Kuczynski 1947: 314). Der zusätzlich durch die Inflation unterstützte Export war erfolgreich: Das aufgezwungene und als Warnung gedachte „Made in Germany" wurde dabei zum Qualitätssiegel. Im Vergleich zu Großbritannien, Frankreich, Italien oder den USA wuchs die deutsche Industrieproduktion, abgesehen von 1923 überdurchschnittlich (Czada 1973: 41).

Eine Ausnahme machte das Frühjahr 1920. Eine nur vorübergehende Stabilisierung und sogar Verbesserung des Kurses der Mark von März bis Mai 1920 brachte einen kurzfristigen Rückgang von Absatz und Aufträgen, der die Wirkung der Inflation auf den Export deutlich belegt (Bremer 1934: 207). Darüber hinaus beteiligte die Inflation die ausländischen Investoren an den unvermeidlichen Verlusten der Gläubiger. Wir werden sehen, wie Konrad Adenauer virtuos das Instrument der Verschuldung in Zeiten der Inflation zu nutzen verstand. Wirtschaftspolitisch also erfolgreich mit Steigerung der Reallöhne der Arbeiter bei Vollbeschäftigung im Gegensatz zu den Einkommen der Beamten und höheren Angestellten. Eine Tendenz zur Egalisierung innerhalb der deutschen Gesellschaft setzte sich durch, die sicher zur Stabilisierung in Deutschland bis zur Katastrophe der Arbeitslosigkeit in der globalen Wirtschaftskrise Ende der zwanziger Jahre beitrug.

Postkarte mit dem Börsenanbau (rechts) am Gürzenich vom 5. August 1927

Postkarte vom Börsensaal des Gürzenichs: Hier wurde zum 26. November 1923 ein Kurs von fast 11 Billionen Mark für einen Dollar erreicht. Bis zum 10. Dezember 1923 kehrte die Spekulation schließlich erfolglos zum Berliner Kurs von 4,2 Billionen Mark für einen Dollar zurück (Rittmann 1986: 86).

Rentenbankschein einer Rentenmark vom 1. November 1923, 119 x 65 mm, Rosenberg / Grabowski 154a

Mit den Währungsgesetzen vom 30. August 1924 wurde die Reichsmark als gesetzliches Zahlungsmittel eingeführt. Mit der Reichsmark verfügte Deutschland nun wieder über eine zu 30 % auf Gold und zu mindestens 10 % auf harten Devisen gestützte Währung. Der wichtigste Punkt war, dass die Reichsbank die vorübergehend und erfolgreich eingesetzte Rentenbank von nun an in den Hintergrund drängen konnte und eine „von der Reichsregierung unabhängige Bank" wurde. Die alten Noten in Mark wurden 1925 im Verhältnis von einer Billion zu eins eingezogen. In der Hoffnung auf eine kommende Aufwertung, die im Jahr darauf enttäuscht wurde, wurden manche vor 1918 gedruckten Scheine zurückgehalten. Sie wurden wertlos.

Leben mit Index und Multiplikator

Index und Multiplikator bestimmten in den Jahren der sich ständig beschleunigenden Inflation die Preise und damit das Leben im Alltag. Während der Index den allgemeinen Anstieg der Lebenshaltungskosten anzeigen sollte, errechnete der Multiplikator den aktuellen Warenpreis auf der Grundlage des realen oder angenommenen Preises der Ware in Friedenszeiten bei 4,20 Mark für den Dollar. Da sich Index und Multiplikator kaum weit voneinander entfernten, verwechselte man sie gerne miteinander.

Die Lebenshaltungskosten hatten sich von 1914 bis 1918 verdreifacht. Dabei war der „Schleichhandel" mit seinen verzehnfachten Preisen nicht berücksichtigt (Klose 2002: 53/Mergel 2018: 474). Die alten Preise in Goldmark wurden zum aktuellen Kurs des Dollars mit dem Multiplikator zum Tagespreis umgerechnet. Im Einzelhandel wurde der ständig steigende Dollarkurs in Mark als Multiplikator direkt und rasch an die Preise im Alltag gekoppelt. Vorher, zwischen 1890 und 1912 waren die Preise nur um 25 % gestiegen, also um etwa ein Prozent pro Jahr (Schoelkens 1914: 268). Gehälter und Löhne – immer nachträglich erhöht – konnten nicht mithalten. Ihren eigenen Beamten hatte die Stadt Köln in den Anfängen der Hyperinflation einige Monate lang elegant, aber unrechtmäßig ein wenig geholfen: Die Gehaltsüberweisungen, auch noch zu hohe dazu, erfolgten vor dem eigentlich feststehenden Termin, um rasche Einkäufe zu ermöglichen (Zunkel 1995: 236). Das war besonders gut zu verstehen, wenn die Teuerung im besetzten Köln Ende 1923 die in Berlin um die Hälfte überstieg.

Der brillante Leiter des Statistischen Amtes der Stadt Köln, Georg Neuhaus, hatte bereits 1923 eine informative Studie zu den „Lebenshaltungskosten, Gehälter und Löhne von Februar 1920 bis September 1923 in Köln" veröffentlicht. Dieses einzige Heft des Jahrgangs 5 von „Kölner Statistik, Zeitschrift des Statistischen Amtes der Stadt Köln" wurde – und damit sind wir beim Multiplikator – zum Grundpreis von 0,50 Mark mal aktuellem Multiplikator verkauft. Reicharbeitsminister und Reichwirtschaftsminister haben am 2. Dezember 1919 mit dem Erlass: *„Erhebung über die Preise der wichtigsten Lebensbedürfnisse im Kleinhandel, über die amtlich zugeteilten Lebensmittel und Berechnung von Teuerungszahlen der Gemeinden von mehr als 10 000 Einwohnern auf Grund dieser Erhebungen"* in der frühen Inflationszeit die Grundlage für Index/Multiplikator gelegt. Erstmals wurden die Zahlen im Dezember 1919 gesammelt. Seit Februar 1920 monatlich und seit März 1922 in Köln und 70 anderen Städten halbmonatlich. Zum Schluss veränderte sich der Index täglich und schließlich mehrfach am Tag. Nach der Lohnzahlung gingen alle möglichst rasch einkaufen. In Köln hatte man sich nach einer Umfrage per Zeitung im Juni 1921 für einen eigenen Index entschieden, der seit Juli 1921 erhoben und veröffentlicht wurde. Georg Neuhaus hatte als Berechnungsgrundlage für den Index einen Kölner Warenkorb für eine vierköpfige Kölner Familie (Berlin rechnete mit einer fünfköpfigen) zusammengestellt. Er reichte von der Miete über Nahrungsmittel bis zu Kleidung und Schuhen, bei denen pro Kopf pro Jahr sechs Paar Schnürsenkel vorgesehen waren. Das hat mich überrascht; moderne Schnürsenkel sind offensichtlich erheblich widerstandsfähiger. Aber zurück: Der Warenkorb machte die rasant beschleunigte Entwicklung in Spätsommer und Herbst 1923 ablesbar. Die Mühen des Alltags und das Drama der alltäglichen Einkäufe und die Krise des nach der Niederlage verbliebenen Wohlstandes wurden damit verständlicher. Im Februar 1920 wurden für den Warenkorb 1373 Mark ausgegeben, im Dezember 1920 1681 Mark. Ein Jahr später 2271 Mark und zwei Jahre später – im Dezember 1922 – wurden nun 95 390 Mark veranschlagt. Im Juli 1923 waren, wenn man am 11. Juli alles kaufen konnte, 3 577 847 Mark erforderlich. Am Ende des Monats Juli 1923 hätte man dafür schon 14 318 262 Mark aufwenden müssen. Ende August 1923 über 185 Millionen Mark und am 22. September 1923 dann 6,22 Milliarden Mark, am 12. November 1923 schließlich 65,3 Billionen Mark und am 19. November 1923 – die Einführung der Rentenmark hatte am 14. November 1923 begonnen – 146,8 Billionen Mark (Neuhaus 1923 / Henning 1975: 460).

Täglich wurden die Opfer und Gewinner der Inflation informiert. Ein Beispiel:

„Vom Index" aus „Kölnische Volkszeitung", Zweite Morgen-Ausgabe von Freitag, 5. Oktober 1923. Der Index gibt an, wie hoch die Preissteigerung gegenüber 1914 für die jeweilige Warengruppe oder Lohnsteigerung bei Personengruppen gestiegen ist (Neuhaus 1923: 2):

„**Vom Index.** *Für den Durchschnitt des Monats September berechnet sich die Reichsindexziffer für die Lebenshaltungskosten Ernährung, Wohnung, Heizung, Beleuchtung und Bekleidung) auf das 15,0millionenfache des gegenüber dem 586 000fache im Durchschnitt des August; die Steigerung beträgt 2460 %. Dem Monatsindex liegen Erhebungen in 71 Gemeinden an vier Stichtagen im Monat September zugrunde. Außerdem fanden noch die Indexziffern vom 27. August und ersten Oktober zur Ermittlung der Teuerung in den beiden ersten und den sechs letzten Septembertagen entsprechende Berücksichtigung. Die Lebenshaltungskosten ohne Bekleidung sind im Durchschnitt im September auf das 13,2millionenfache, die Bekleidungskosten auf das 26,5millionenfache der Vorkriegszeit gestiegen.*"

Mit Familien, deren Ernährer begeistert ins Feld gezogen waren, mit Landwirten und Fabrikanten, die jeden Mangel als Chance für eine angenehmere Gewinnspanne sahen, geriet der Markt aus dem gewohnten Gleichgewicht. Köln hatte im Ersten Weltkrieg bereits am 2. November 1915, als erste Versorgungsschwierigkeiten zu steigenden Preisen führten, eine Preisprüfungsstelle eingerichtet. Sie war bis zum Ende der Hyperinflation aktiv. Beigeordneter Heinrich Billstein (1881-1956), Mitglied des Zentrums und enger Mitarbeiter von Oberbürgermeister Konrad Adenauer, berichtete der Vollversammlung der Mitglieder der Preisprüfungsstelle am 13. Februar 1920 über die Lebensverhältnisse des Alltags und die Arbeit der Kölner Preisprüfungsstelle in den ersten ja noch harmlosen Jahren. Er bot uns ein einzigartiges, detailreiches und amtliches Zeitbild, geschildert noch vor Beginn des apokalyptischen Endspiels der Hyperinflation. Für die ungeduldigen, nicht der Lektüre zugeneigten Lesenden habe ich Mitgefühl. Aber sie versäumen ein Erlebnis:

Bericht über die Tätigkeit der Preisprüfungsstelle für den Stadtkreis Köln
erstattet von dem Beigeordneten Dr. Billstein
in der Vollsitzung vom 13. Februar 1920

Die Preisprüfungsstelle für den Stadtkreis Köln wurde am 2. November 1915 errichtet. Sie besteht aus dem Oberbürgermeister als Vorsitzenden, einem Beigeordneten, 3 Stadtverordneten und einem juristischen Hilfsarbeiter als stellvertretenden Vorsitzenden und ursprünglich 32, neuerdings 27 Mitgliedern aus den Kreisen des Handels und der Verbraucher. Sie hat Unterkommissionen für Lebensmittel, das Bekleidungsgewerbe und für Baustoffe. Ihrer gesetzlichen Grundlage gemäß hat sie die Aufgabe:

1. bei der Ermittelung und Festsetzung der Preise mitzuwirken;
2. die zuständigen Stellen bei der Überwachung des Handels mit Gegenständen des notwendigen Lebensbedarfs zu unterstützen;
3. für Gerichte und Verwaltungsbehörden die Angemessenheit von Preisen zu begutachten;
4. die Bevölkerung über die Preisentwicklung und deren Ursachen aufzuklären. In dem langen Zeitraume, in welchem die Preisprüfungsstelle dieser ihrer Aufgabe gerecht zu werden bestrebt war, lassen sich drei Unterabschnitte unterscheiden: die Zeit von der Errichtung der Preisprüfungsstelle bis zur Revolution, die Zeit von der Revolution bis Mitte Sommer 1919 und die Zeit von Mitte Sommer 1919 bis zur Gegenwart.

Erster Abschnitt. Die Zeit von der Errichtung bis zur Revolution.

Der Krieg brachte eine Knappheit an Lebensmitteln und im Gefolge davon eine allmähliche Verteuerung aller Gegenstände des notwendigen Lebensbedarfs mit sich, die zur Folge hatte, daß die Reichs-, Staats- und Kommunalbehörden auf Grund der Bundesratsverordnung über die Errichtung von Preisprüfungsstellen und der Versorgungsregelung vom 25. September 1915 und auf Grund des Höchstpreisgesetzes vom 4. August 1914 für die hauptsächlichsten Bedarfsgegenstände zur Festsetzung von Höchst- und Richtpreisen schreiten mußten, um die Preise in erschwinglichen Grenzen zu halten. Soweit diese Festsetzung von der Stadtverwaltung ausging, war es die Aufgabe der Preisprüfungsstelle, die angemessenen Preise zu ermitteln und die Verwaltung bei der Festsetzung der Höchst- und Richtpreise zu beraten.

Bereits in den ersten Kriegsjahren waren die wichtigsten Lebensmittel Höchst- oder Richtpreisen unterworfen: Brot, Kartoffeln, Butter, Fett, Marmelade, Kolonialwaren, Milch, Eier; Obst, Gemüse usw. Zum großen Teil wurden diese Waren auch in öffentliche Bewirtschaftung genommen, was zur Folge hatte, daß für diese Waren behördlicherseits auch die Groß- und Kleinhandelsaufschläge festgesetzt werden mußten, wenn wie in Köln der Handel in die öffentliche Bewirtschaftung mit eingeschaltet wurde. Zur Ermittelung der angemessenen Aufschläge nahm die Verwaltung gleichfalls die Mitwirkung der Preisprüfungsstelle in Anspruch. Je länger der Krieg dauerte, desto mehr machte sich eine Preissteigerung auch in solchen Waren bemerkbar, die ursprünglich in noch reichlicherem Maße vorhanden waren und infolgedessen nicht in die öffentliche Bewirtschaftung genommen waren, die aber auch nach und nach immer mehr vom Markte verschwanden.

Um auch in diesen Waren die Preissteigerung zu unterbinden, wurden unter Mitwirkung der Preisprüfungsstelle für die verschiedenen Waren höchstzulässige Handelsaufschläge festgesetzt, die der Handel seiner Preisberechnung zu Grunde legen durfte, ohne sich der Preistreiberei auszusetzen und an Hand deren der Polizei und den Gerichten die Möglichkeit gegeben wurde, die Frage der übermäßigen Preissteigerung leichter nachzuprüfen. Insbesondere ergab sich die Notwendigkeit der Festsetzung von zulässigen Höchstaufschlägen für die Wirtschaftsbetriebe. Wegen der Verschiedenartigkeit dieser Betriebe war die Frage, welche Aufschläge im Einzelfalle als angemessen anzusehen seien, besonders schwierig. Die Preisprüfungsstelle führte ihre Aufgabe jedoch nach langen Verhandlungen mit den betreffenden Wirteorganisationen durch und erzielte, daß die Preise für die Speisen und Getränke in den Wirtschaften sich auch lange Zeit hindurch in erträglichen Grenzen hielten. Eine Neuregelung dieser Aufschläge wurde schon vor längerer Zeit wieder in Angriff genommen. Zur Kontrolle, daß die festgesetzten Preise und die im Interesse und zur Durchführung der Öffentlichen Bewirtschaftung

107

vorgeschriebenen Bestimmungen eingehalten wurden, wurde eine besondere Polizei für kriegswirtschaftliche Maßnahmen eingerichtet, die nach Anweisung der Preisprüfungsstelle die Geschäfte fortlaufend revidierte.

Außerdem wurden bei der Polizei und Preisprüfungsstelle besondere Kontrollbeamte und -Beamtinnen zur Revision der Geschäfte und Wirtschaftsbetriebe eingestellt. Soweit für die öffentlich bewirtschafteten Waren Höchstpreise festgesetzt waren, genügte diese Kontrollorganisation, um besonderen Auswüchsen im Handelsverkehr zu begegnen, zumal die Gerichte besonders anfänglich durch wirkungsvolle Strafen bei Zuwiderhandlungen den Maßnahmen der Preisprüfungsstelle den erforderlichen Rückhalt boten. Schwieriger war die Kontrolle über die Einhaltung der zulässigen Handelsaufschläge bei den nicht öffentlich bewirtschafteten Gegenständen, weil es für die Nachprüfung der Handelsaufschläge meistens an den Unterlagen darüber fehlte, zu welchem Preise die Geschäfte die betr. Waren eingekauft hatten. Die Preisprüfungsstelle beabsichtigte deshalb, den Belegzwang für alle Geschäfte vorzuschreiben. Sie konnte diesen Entschluß aber nicht durchführen, weil der Handel unter Führung der Handelskammer sich diesem widersetzte. Auf die Tatsache, daß die Preisprüfungsstelle den Belegzwang nicht zur Durchführung bringen konnte, dürfte nicht zum wenigsten die ständig weiter um sich greifende Preistreiberei in vielen Waren zurückzuführen sein. Allerdings haben dazu auch die Gerichte beigetragen, die, der allgemeinen Not Rechnung tragend, mit der Zeit zu einer weit milderen Beurteilung der Zuwiderhandlungen gegen die kriegswirtschaftlichen Verordnungen gelangten als anfänglich. Im Zusammenhang mit der mehr und mehr um sich greifenden Preistreiberei häufte sich die Arbeitslast der Preisprüfungsstelle. Die Inanspruchnahme der Preisprüfungsstelle seitens der Gerichte, Verwaltungsbehörden und Privaten zur Abgabe von Gutachten in den einzelnen Zuwiderhandlungsfällen nahm einen derartigen Umfang an, daß die Gesamtheit der Preisprüfungsstelle diesen Arbeiten, die mit eine der wichtigsten ihrer Aufgaben waren, bald nicht mehr gerecht werden konnte. Für die Begutachtung dieser Einzelfälle wurden deshalb besondere Unterkommissionen gebildet, und zwar eine für den Lebensmittelhandel und eine für das Bekleidungsgewerbe. Neuerdings ist eine weitere besondere Unterkommission für Baustoffe hinzugetreten. Die Unterkommissionen treten in periodischen Zeitabschnitten, zum Teil, wie die Gutachterkommission für den Lebensmittelhandel, von Woche zu Woche zusammen, um die laufenden Fälle zu erledigen. Die Unterkommission für den Lebensmittelhandel hat für die Gerichte 1356 Gutachten abgegeben. Dazu treten die 4-5fache Anzahl Gutachten, die die Preisprüfungsstelle für den Lebensmittelhandel unter Zuziehung von besonderen Sachverständigen aus anderen Spezialbranchen abgesetzt hat. Soweit die Preisprüfungsstelle von Privaten angerufen wurde, war es ihr Hauptbestreben, zwischen den Beteiligten einen Ausgleich herbeizuführen, was ihr auch in den meisten Fällen gelungen ist. Nur selten ist auf Antrag von Privaten ein Streitfall zum gerichtlichen Austrag gekommen. Unter der ständigen Steigerung aller Warenpreise litten naturgemäß die weitesten Volksschichten, besonders diejenigen, die finanziell am schlechtesten gestellt waren. Der Unzufriedenheit dieser Kreise wäre bald kein Halt mehr gegeben gewesen, wenn die Preisprüfungsstelle es nicht mit zu ihren besonders wichtigen Aufgaben gerechnet hätte, die Bevölkerung auch über die Ursachen und die wirtschaftlichen Zusammenhänge der einsetzenden Teuerung aufzuklären. In den Vollsitzungen, in denen die Verbraucherkreise in besonders starker Anzahl vertreten waren, legte sie den Zusammenhang der vielseits beklagten Erscheinungen auf dem wirtschaftlichen Gebiete eingehend auseinander. Sie half auf diese Weise dazu beitragen, daß das Mißtrauen, welches sich aus Anlaß von Einzelerscheinungen seitens der Verbraucher bildete, beseitigt wurde, sich zum wenigsten nicht gegen den regulären Handel in seiner Gesamtheit richtete. In dankenswerter Weise fand die Preisprüfungsstelle hierbei die Unterstützung der Kölner Presse, die bereitwilligst durch Veröffentlichung von Pressenotizen an der Aufklärung breiter Kreise mitwirkte.

Zweiter Abschnitt. Die Zeit von der Revolution bis Mitte Sommer 1919.

Einen schwierigen Stand erhielt die Preisprüfungsstelle mit der Revolution. Die Revolution brachte in Köln wie im übrigen Deutschland all die Begleiterscheinungen mit sich, die von derartig bewegten Zeiten her aus der Geschichte bekannt sind: das Schwinden jeglicher Autorität, Plünderung, Unterschlagung und dergl. In dem Glauben, daß die Revolution alle Gesetze und Verordnungen außer Kraft setze, setzten sich weite Kreise der Bevölkerung ihrerseits in erster Linie über die sie am meisten einengenden Rationierungsvorschriften hinweg. Bei einem ausgesogenen und ausgehungerten Lande wie Deutschland hätte dieser Zustand der Gesetzlosigkeit bald zu einer Katastrophe führen müssen.

Die Aufgabe der Preisprüfungsstelle war es deshalb, dahin zu wirken, daß die Autorität des Gesetzes und der Behörden sich wieder durchsetzte. Die Preisprüfungsstelle nahm ihre Tätigkeit in diesem Sinne auf. Es bedurfte jedoch noch vieler Monate, um der auf dem Gebiete des Wirtschafts- und Ernährungswesens eingerissenen Anarchie, die durch die verschiedensten Momente begünstigt wurde, auch nur einigermaßen mit Erfolg entgegenzutreten. Gleich bei Beginn der Revolution tauchten zunächst in Köln Lebensmittel, Bekleidungsstücke und andere Waren auf, die die Bevölkerung lange Jahre entbehrt hatte. Wenn man deren Ursprung verfolgte, so konnte man mit Bestimmtheit darauf rechnen, daß sie aus den Heeresbeständen stammten. Ein großer Teil war von pflichtvergessenen Militärbeamten unterschlagen, ein anderer Teil aus den Militärdepots gestohlen worden. Vielfach handelte es sich um einzelne Sachen: ein Paar Schuhe, ein Militärmantel und dergl., mehr noch um ganze Waggonladungen, selbst um ganze Züge mit Waren. Eine Reihe zweifelhafter Elemente machte es sich zur Aufgabe, diese Waren zu schwindelhaften Preisen an den Mann zu bringen. Es war die Zeit der Revolutionsgewinnler und Revolutionsschieber. Wenn es der Polizei für kriegswirtschaftliche Maßnahmen auch gelang, größere Posten der gestohlenen Waren wieder zu beschlagnahmen, so war die Autorität vor Gesetz und Behörden doch so stark geschwunden, daß die Preisprüfungsstelle sich nicht mit nennenswertem Erfolge durchsetzen konnte. Der momentanen Fülle an Waren aus den Wochen der Revolution folgte nach dem Einrücken der Besatzungstruppen der länger anhaltende Reichtum an eingeführten ausländischen Waren. Mit dem Vorrücken der Besatzungstruppen wurde zunächst Saarbrücken, als erste größere Stadt, ausgiebig mit Auslandsware versorgt. Von Saarbrücken aus wurde nach der Besetzung auch Köln mit diesen Waren überschwemmt. Zunächst waren es Luxuswaren: Schokolade, Kakao, Kaffee usw., aber auch wichtigere Lebensmittel, wie Butter, Fett, Fleisch und dergl., allerdings immer zu außerordentlich hohen Preisen, die aber die ausgehungerte Bevölkerung gern bezahlte, weil sie sich nicht mehr mit den knappen Rationen zu behelfen brauchte. Nachdem von der Besatzungsbehörde der unmittelbare Warenverkehr von dem Auslande mit Köln freigegeben war, entwickelte sich Köln bald als der Hauptstapelplatz für ausländische Waren. Die Ausländer kamen mit ganzen Wagenladungen nach Köln, um sie hier abzusetzen. Die einheimischen Geschäfts- und Lagerhäuser waren bald gefüllt.

Aber immer mehr Waren rollten heran, so daß die Häfen und Bahnhöfe die Waren schließlich nicht mehr aufnehmen konnten. Wochenlang lagerten die Waren in den Bahnwagen, verschluckten Standgeld über Standgeld und trieben die Preise durch sich selbst in die Höhe. Eine eigentümliche Erscheinung war es, daß sich der legale Handel diesem reichlichen Überfluß an Waren gegenüber sehr zurückhaltend erwies. Zum Teil ist dieses darauf zurückzuführen, daß er sich nicht mit fremden ausländischen, ihm verdächtig erscheinenden Geschäftsleuten einlassen wollte, sondern seine früheren gediegenen Verbindungen wieder anzuknüpfen suchte. Zum Teil auch, weil er erwartete, daß der Überfluß an Waren die Preise drücken werde. Zum größten Teil hat jedenfalls auch der Umstand dazu beigetragen, daß er sich noch zu sehr durch die Fessel der Zwangsbewirtschaftung gebunden fühlte und die Gefahr der Beschlagnahme nicht auf sich nehmen wollte. Über diese Bedenken setzte sich rücksichtslos der von der Revolution her bekannte Revolutionsschieber hinweg. Er kaufte auf jede Gefahr hin die ankommenden Waren, um sie mit hohen Risikoaufschlägen weiterzuschieben. Von Hunderten dieser Leute war kaum ein einziger im Besitze der Handelserlaubnis.

Dank der Zurückhaltung des regulären Handels schob sich das bewegliche Schiebertum, anfangs noch zaghaft, bald aber immer dreister und dreister, fast vollends in den Verkehr zwischen dem einheimischen Verbraucher und Kleinhandel einerseits und dem Auslande andererseits ein und verdrängte den legalen Handel aus dem Import für lange Zeit fast gänzlich. Den Absatz fand dieses Schiebertum zuerst in Köln selbst. Nachdem dieses versorgt war, suchte es sein Absatzgebiet im unbesetzten Deutschland. Die Verbindungen hierzu knüpfte es durch Zeitungsanzeigen, insbesondere durch Chiffreanzeigen an. Wegen der Absperrung der Rheinlande von dem unbesetzten Deutschland war die Verschiebung der Waren nach dem unbesetzten Gebiet mit großem Risiko verbunden. Das Schiebertum wußte sich aber durch Bestechung zu helfen. Es trat eine Blütezeit des illegitimen Handels mit erkauften und gefälschten Frachtbriefen ein. Nachdem die Absperrung aufgehoben war, erreichte das Schiebertum bald seine Höhe. In ungezählten Scharen strömte auch das Schiebertum des unbesetzten Gebietes nach Köln, um hier sein Handwerk auszuüben. Vom Westen her traf sich mit diesen Elementen das ausländische Schiebertum. In Hotels und in Gassen taten sich die Schieberbörsen auf. Alles stürzte sich auf den Handel: Kaufmann und Beamter, Handwerker und Arbeiter, vornehmlich aber die Nichtstuer. Er und Gewinne wurden von Leuten gemacht, die ihr Hauptbuch in der Westentasche trugen. Infolge des Reichtums an Waren war trotz dieses Schiebertum ein Abflauen der Preise zu bemerken, besonders nachdem auch der legale Handel langsam die Einfuhr aufgenomme hatte und den Schieber unterbieten konnte. Die Preisprüfungsstelle suchte aber auch ihrerseits ordnend in den Hand einzutreten und scharf gegen das Schiebertum vorzugehen. Um die Preise zu drücken, setzte sie durchweg die Handel aufschläge, die sie dem Handel für freie Ware zugebilligt hatte, zum Teil sehr erheblich herunter. Gegen das Schiebertu ging sie durch schärfere Handhabe der Handelserlaubnisvorschriften und insbesondere durch Beschlagnahme der Wo vor. Während sie bei dem legalen Handel durch die Herabsetzung der Handelsaufschläge eine weitere Senkung der Preis erzielen konnte, war ihr Kampf um die Ausrottung des Schiebertums nach aussichtsreichen Anfangserfolgen lange Zeit hin durch fast völlig ergebnislos. Die Besatzungsbehörde verfügte nämlich grundsätzlich die Freigabe aller beschlagnahmte Waren, wenn sie Angehörigen der alliierten Staaten gehörten. Sie ging sogar noch weiter und verfügte die Freigabe auch dann, wenn die Ware bereits in das Eigentum der inländischen Schieber übergegangen war, der Angehörige der alliierten Staaten durch die Beschlagnahme aber irgendwie zu Schaden kommen konnte, sei es, weil der Inländer die Ware noch nicht ganz bezahlt hatte, sei es aus einem anderen Grunde. Diesen Umstand nützte das deutsche Schiebertum aus. Wenn ihm die Ware beschlagnahmt wurde, so schob es als Eigentümer oder Mitinteressent kurzer Hand einen Ausländer, der sich gegen entsprechende Vergütung finden ließ, vor. Vergebens suchte die Preisprüfungsstelle hiergegen anzukämpfen. Die Besatzungsbehörde drohte den Beamten der Preisprüfungsstelle und der Polizei schwere Strafen für den Fall an, daß sie sich den Anordnungen der Besatzungsbehörde nicht fügen sollten. Der Erfolg war, daß fast keine Waren beschlagnahmt werden konnten.

Bei diesem Zustande konnte es nicht Wunder nehmen, daß auch die rationierte Inlandsware bald im freien Verkehr offen gehandelt wurde. Nachdem zunächst Inlandseier, -Butter, -Mehl, -Brot und dergl. auf dem Markt feilgehalten waren, erschien in den Nachbarstädten Bonn, Koblenz, Trier, später auch in Köln, frisches Fleisch aus schwarzgeschlachtetem Vieh auf dem Markt. Die Preisprüfungsstelle erkannte sofort die Gefahr, die aus den Viehabschlachtungen für die Milchversorgung entstehen mußte. Gegen die Abschlachtungen selbst, die in den Gebieten außerhalb des Stadtbezirks erfolgten, war sie aber machtlos. Solange von den Nachbargebieten das Schwarzschlachten geduldet wurde, hätte die Preisprüfungsstelle nicht verhindern können, daß das Fleisch auch nach Köln gekommen wäre, wenn nicht offen, so doch auf dem Schleichwege und zu viel höheren Preisen. In Erkenntnis dieser Folgen mußte sich die Preisprüfungsstelle leider darauf beschränken, nur die Handelsaufschläge bei diesem Fleischverkauf zu kontrollieren, eine Maßnahme, die ihr, soweit es bei der geschwundenen Autorität und der Schrankenlosigkeit im Handelsverkehr erwartet werden konnte, auch gelungen sein dürfte. In der Erwartung, daß durch die langsame, aber stetige Senkung der Preise sich die Ernährungslage allmählich bessern werde, fand sich die Bevölkerung im allgemeinen lange Zeit mit den veränderten und entschieden reichlicheren, wenn auch anfänglich noch recht teueren Versorgungsverhältnissen ab. Sie hielt mit dem Kauf zurück in der Annahme, die gleichen Waren nach Ablauf einiger Monate „billiger" zu erhalten. Die weitere Senkung der Preise hätte mit der Zeit ohne Frage auch das geeignetste Mittel gegen das täglich sich noch vermehrende Schiebertum abgegeben. Leider erhielt die Preissenkung Mitte Sommer eine ziemlich jähe Unterbrechung durch den Sturz der deutschen Valuta. Der Preis der Mark, der im Ausland ursprünglich noch 1/3 ihres Inlandswertes betrug, sank in kurzen Zeitabständen auf 1/4, 1/5, 1/6, 1/10 und mehr. Die Folge war eine steigende Tendenz in den Warenpreisen.

Die Bevölkerung mußte beobachten, wie die Waren in den Läden und Schaufenstern mit von Tag zu Tag höheren Preisen angepriesen wurden. Dies hatte zur Folge, daß die Bevölkerung, die lange Zeit allen Kriegsvorschriften abhold gewesen war, bald selbst nach einer schärferen Kontrolle des Handels verlangte. Die Preisprüfungsstelle griff diese Bewegung im Volke auf und setzte in der Erwartung, daß sie sowohl bei der Bürgerschaft als auch dem reellen Handel die weitgehendste Unterstützung finden werde, mit dem Kampf gegen Wucher- und Schiebertum im dritten Zeitabschnitt ihres Bestehens auf breitester Grundlage ein.

Dritter Abschnitt: Die Zeit von Mitte Sommer 1919 bis zur Gegenwart.

Was die breite Masse am wenigsten verstehen konnte, war die Tatsache, daß ein und dieselbe Ware in dem einen Geschäfte viel teurer verkauft wurde als in dem andern. Ohne Zweifel war dieses zum Teil auf den schnellen Warenumsatz, auf die Schwankungen in der Valuta und auf die davon beeinflußten Auslandspreise zurückzuführen. Zum Teil lag dieses aber auch daran, daß Geschäftsleute in Ausnutzung der steigenden Konjunktur vielfach dazu übergingen, die Kleinverkaufspreise jeweils den höheren Tagespreisen anzupassen. Zwar hatte die Preisprüfungsstelle bereits durch die Verordnung vom 12. Dezember 1918 die Käufer möglichst vor Übervorteilung zu schützen gesucht, indem sie vorschrieb, daß alle feilgehaltenen Waren mit Preisen auszuzeichnen seien. Allein diese Verordnung erwies sich, da sie zu schwer kontrollierbar war, nicht als wirksam genug, um Übergriffe zu verhindern. Auch sicherte sie dem kaufenden Publikum nicht das, was es wünschte, nämlich die Möglichkeit, sich im Vorbeigehen von der Straße aus über die geforderten Preise in den einzelnen Geschäften zu orientieren. Die Preisprüfungsstelle griff deshalb im Sommer 1919 einen schon früher verfolgten und in der Preisschilderverordnung vom 27. November 1917 in beschränktem Umfange für Obst, Gemüse, Kartoffeln zum Ausdruck gebrachten Gedanken wieder auf, nämlich die Anbringung von Preisschildern an im Laden, Schaufenster, Schaukästen usw. ausgestellten Waren vorzuschreiben. Sie entschloß sich, diese Vorschrift auf die allernotwendigsten Bedarfsgegenstände, wie Lebens-, Genuß-, Wasch- und Leuchtmittel, Kolonial- und Tabakwaren, Web-, Wirk-, Strickwaren, Garne sowie aus diesen Gegenständen hergestellte Erzeugnisse, Leder, Schuhe, Schuhzutaten, Hüte, Mützen und Regenschirme auszudehnen, ein Beginnen, in welchem sie namentlich bei den Gewerkschaften wirksame Förderung erfuhr. Nachdem sie die Zustimmung der Vollsitzung der Preisprüfungsstelle erhalten hatte, reichte sie einen entsprechenden Entwurf im August v. Js. der Regierung zur Genehmigung ein.

Der Handel, der sich schon bei früherer Gelegenheit gegen eine Ausdehnung der Verordnung ausgesprochen hatte, wurde bei der Regierung wegen des Erlasses dieser Verordnung vorstellig. Diesen Widerstand gab der Handel auch nach eingehender gemeinschaftlicher Beratung bei der Regierung nicht auf, was zur Folge hatte, daß sich die Genehmigung der Regierung hinzögerte.

Inzwischen hatte sich unter dem Druck der Teuerung und angesichts des unter dem Schutze der Besatzungsbehörden immer unverblümter auftretenden Schiebertums in der Arbeiterschaft eine steigende Erbitterung bemerkbar gemacht; die in dem offenen Briefe des Stadtverordneten Sollmann an den Oberbürgermeister seinen Niederschlag fand. Dieser Brief gab den Anlaß zu der Berufung der Stadtverordneten Bau, Maus und Erkes zu stellvertretenden Vorsitzenden der Preisprüfungsstelle mit der ausgesprochenen Aufgabe, als Vertreter der einflußreichsten Stadtverordneten-Fraktionen die Maßnahmen der Verwaltung gegen Wucher und Schiebertum zu stützen und durchführen zu helfen. Die Berufung der drei Herren, die fortab an allen Maßnahmen der Preisprüfungsstelle tätigsten Anteil nahmen, fand den lebhaftesten Widerhall bei der gesamten Bürgerschaft, namentlich auch bei dem Handel, dem sie als Vertreter oder ehemalige Angehörige persönlich nahe standen. Dies zeigte sich darin, daß die Handelskammer nach eingehenden Verhandlungen ihren früheren Widerstand gegen die Einführung des Belegzwanges aufgab, der damit durch Bekanntmachung vom 27. September 1919 allgemein durchgeführt werden konnte, nachdem inzwischen die Regierung auch die Genehmigung zu der am 26. September 1919 veröffentlichten Preisschilderverordnung erteilt hatte, die in ihren wesentlichen Bestimmungen trotz des anfänglichen Widerspruchs des Handels durch die am 6. Oktober 1919 veröffentlichte Verordnung auch auf den Obst- und Gemüsegroßhandel ausgedehnt wurde. Bei der Durchführung dieser Verordnungen glaubte die Preisprüfungsstelle aber dem Umstande Rechnung tragen zu müssen, daß die Geltung der Gesetze und das Ansehen der Behörde seit der Revolution bei der Bevölkerung allgemein gelitten hatte. Bevor sie deshalb zur Durchführung der Verordnungen schärfere Mittel anwandte, wies sie durch Plakate und durch die Presse eindringlichst auf die Folgen hin, die die Nichtbeachtung nach sich ziehen würde. Sie gewährte den Geschäften für die Anbringung der Preisschilder eine angemessene Frist mit dem Hinweis, daß nach Ablauf dieser Frist die Nichtanbringung der Preisschilder die sofortige Geschäftsschließung nach sich ziehen würde. Geschäfte, die im Besitze von Waren sich befanden, über die sie sich nicht durch ordnungsgemäße Belege ausweisen konnten, erhielten die Möglichkeit, diese Waren innerhalb einer bestimmten Frist der Preisprüfungsstelle anzuzeigen, um sich dadurch vor den angedrohten Folgen zu schützen. Nach Ablauf der gestellten Frist nahmen die drei stellvertretenden Vorsitzenden mit Hilfe der städtischen Polizei eine eingehende Revision der Geschäfte vor. Hierbei zeigte es sich, daß trotz der eindringlichen Warnungen eine große Anzahl Geschäfte in den Hauptstraßen und in den Vororten die Waren nicht oder nur zum kleinsten Teil mit Preisschildern versehen hatte. Um ihren Anordnungen Nachdruck zu verleihen, ließ die Preisprüfungsstelle die sofortige Schließung dieser Geschäfte auf dem allein möglichen Wege der Handelsuntersagung anordnen. Sie erreichte damit, daß sie mit einem Schlage ihren Anordnungen in der ganzen Stadt Geltung verschaffte. Mit Rücksicht darauf, daß diese Wirkungen durch das energische Einschreiten voll und ganz erzielt waren und die betroffenen Geschäfte sich, wie eine eingehende Revision ergab, außer diesem formalen Verstoß keine weiteren Verfehlungen hatten zuschulden kommen lassen, befürwortete die Preisprüfungsstelle nach kurzer Zeit bei der Regierung, bei welcher die geschlossenen Geschäfte Beschwerde eingelegt hatten, die Wiedereröffnung der Geschäfte, wie es auch von vornherein vorgesehen war. Die Preisprüfungsstelle hatte mit ihrem scharfen Vorgehen einen vollen Erfolg. In kürzester Frist waren die Preisschilder in allen Geschäften vorschriftsmäßig angebracht. Die Anbringung der Preisschilder hatte wiederum zur Folge, daß sich, vermutlich infolge der einsetzenden Konkurrenz, nach und nach eine Senkung der Preise bemerkbar machte. Soweit sich keine Senkung ergab, zeigten die Preise, die sich zuvor von Tag zu Tag ablösten, größere Stetigkeit. Jedenfalls war den Verbrauchern die Möglichkeit gegeben, sich an Hand der Preisschilder in den Schaufenstern die billigsten Geschäfte für den Einkauf auszusuchen, ein Erfolg, der von der Preisprüfungsstelle, wie gesagt, in erster Linie mitangestrebt war. Diese Wirkung veranlaßte auch die Preisprüfungsstelle zu dem Entschluß, die Preisschilderverordnung auf alle Gegenstände des notwendigen Lebensbedarfs auszudehnen. Zu diesem Zwecke arbeitete sie einen erweiterten Entwurf aus. Die Handelskammer, der sie den Entwurf Ende Oktober zur Beschleunigung des Verfahrens bei der Regierung vorher zur Stellungnahme vorlegte, sprach sich gegen die beabsichtigte Ausdehnung aus. Gleichwohl reichte die Preisprüfungsstelle den Entwurf entsprechend den aus den Kreisen der Verbraucher laut gewordenen dringlichen Wünschen der Regierung zur Genehmigung ein. Die Regierung beanstandete die Ausdehnung der Verordnung auf Gegenstände des notwendigen Lebensbedarfs schlechthin, wie es in dem Entwurf zum Ausdruck gebracht war. Die Preisprüfungsstelle legte daraufhin einen neuen Entwurf vor, in welchem die hauptsächlichsten für die Allgemeinheit in Frage kommenden Gegenstände des notwendigen Lebensbedarfs namentlich aufgeführt waren. Jedoch auch hiergegen gab der Handel seinen Widerstand nicht auf. Er setzte es durch, daß die Regierung der Preisprüfungsstelle nahelegte, den Kreis der Waren weiter zu beschränken und für gewisse Waren außerdem eine bestimmte Preisgrenze im Einvernehmen mit der Handelsvertretung einzuführen. Um die Verordnung nicht überhaupt zu Fall zu bringen, mußte die Preisprüfungsstelle nachgeben. Sie erzielte damit die Genehmigung der Regierung zu der am 21. Januar 1920 erlassenen neuen Preisschilderverordnung, die zwar mehr Warengattungen umfaßt als die frühere Verordnung vom 26. September 1919, die aber andererseits insofern weit einschränkender ist, als sie für eine Reihe von Waren die Preishöhe für die Anbringung der Preisschilder maßgebend sein läßt. In auffallendem Gegensatz hierzu konnten die Preisprüfungsstellen in Berlin, Ludwigshafen und anderen Städten eine viel weitergehende Preisschilderverordnung ohne Einführung einer Preisgrenze erlassen. Die auf dem Kompromiß mit dem Handel und der Regierung beruhende Kölner Verordnung befriedigte auch weder den Handel selbst noch die Preisprüfungsstelle noch die Verbraucher. Leider aber vermochte die Preisprüfungsstelle ihre weitergehenden und dem Volksempfinden mehr gerecht werdenden Absichten unter den gegebenen Verhältnissen nicht durchzusetzen. Neben dieser mehr verwaltungstechnischen Tätigkeit der Preisprüfungsstelle hatte inzwischen die Erfüllung der Hauptaufgabe, die systematische Bekämpfung des Wucher- und Schiebertums, in wirksamster Weise eingesetzt. Bei dem Umfange, den diese Auswüchse im Volks- und Wirtschaftsleben angenommen hatten, konnte die Tätigkeit der Preisprüfungsstelle in dieser Beziehung nur Erfolg versprechen, wenn es ihr gelang, alle Kräfte des Volkes zu dem einen Zwecke der Wucher- und Schieberbekämpfung zusammenzufassen. Sie mußte den Kampf auf breitester Grundlage organisieren. Ihr selbst fiel als der berufenen Stelle die Haupttätigkeit hierbei zu, sowohl in der Gründung der Organisation als auch in der Führung: in der Gründung, indem sie es in die Hand nehmen mußte, diese sich mitunter widerstreitenden Kräfte im Handel und in der Verbraucherschaft, in den Beamten- und in den Arbeiterkreisen, in den Behörden und den privaten Organisationen zu dem einen gemeinsamen Ziele zusammenzuschließen; in der Führung, indem sie die Zügel in der Hand halten, die gemeinsamen Richtlinien angeben und durch ihre eigene engere Tätigkeit nach allen Seiten anregend wirken mußte, um das Gesamte auf dasselbe Ziel einzustellen. So wenig, wie die Auswüchse sich aber nur auf dem wirtschaftlichen Gebiete der Preisprüfungsstelle bewegten, so wenig glaubte die Preisprüfungsstelle sich auch ihrerseits ausschließlich auf dieses Gebiet beschränken zu können. Ihr Ziel war, eine Gesundung des gesamten Volks- und Wirtschaftslebens herbeizuführen, und darum mußte sie alles das niederkämpfen, das dieser Gesundung entgegenstand, und alles das fördern, was ihr dienlich war. Soweit möglich, konnte sie sich ihrer eigenen Machtmittel bedienen, soweit nicht möglich, mußte sie die zuständigen Behörden und Stellen anrufen. So erscheint die vielseitige Tätigkeit der Preisprüfungsstelle in den verschiedensten Umrandungen, auf ihrem speziellen Gebiete und darüber hinaus, bekämpfend und aufbauend, anregend und selbstwirkend.

A. Die Tätigkeit der Preisprüfungsstelle im engeren wirtschaftlichen Rahmen.

Um ihre eigentliche Tätigkeit aufzunehmen, mußte sich die Preisprüfungsstelle zunächst das Material zur weiteren Verfolgung verschaffen. Dieses wurde ihr von allen Seiten wider Erwarten in einem Umfange zugetragen, daß sie es kaum bewältigen konnte. Angeregt durch das energische Auftreten der Preisprüfungsstelle drängte sich die Bürgerschaft sozusagen dazu, sie in der Aufdeckung von Wucher- und Schieberfällen auf jede Art und Weise zu unterstützen. Tagtäglich liefen hunderte von Anzeigen ein, in denen auf Schieber und Wucherer hingewiesen wurde, die im Stillen oder auch ganz öffentlich ihre Geschäfte trieben. Das Auffallendste war, daß die Anzeigen nicht mehr, wie bisher, größtenteils anonym einliefen, sondern daß sich die Anzeigenden nicht scheuten, auch ihrerseits mit Namen hervorzutreten, um auf diese Weise eine Erfolg versprechende Verfolgung zu ermöglichen. Wenn auch die eine oder andere Anzeige der näheren Nachprüfung nicht standhielt, so hat doch die weitaus größte Zahl der Anzeigen dazu beigetragen, daß dem einen oder anderen Schieber das Handwerk gelegt werden konnte.

Insbesondere beteiligten sich an den Anzeigen die Beamten-, Angestellten- und Arbeiterausschüsse der industriellen Werke. Um ihre Werksangehörigen über die vielfach recht knappen Rationen hinaus zu versorgen, waren die industriellen Werke während des Krieges fast allgemein dazu übergegangen, Lebensmittel für die Angestellten und Arbeiter einzukaufen. In der Regel handelte es sich um recht erhebliche Mengen; auch wurden von den Werken fast durchweg ziemlich hohe Preise angelegt, da auf andere Weise keine Ware zu erhalten war, die Arbeiterschaft aber auf auskömmlichere Versorgung drängte. Dem Schiebertum, das sich zum nicht geringen Teil schon während des Krieges mit diesen Geschäften befaßt hatte, lag nichts näher, als sich an die industriellen Werke heranzumachen, um in ihnen Abnehmer zu suchen. Der Preisprüfungsstelle war dieses bekannt. Sie trat deshalb durch Rundschreiben an die Beamten-, Angestellten- und Arbeiterausschüsse der industriellen Werke heran, um sie zu veranlassen, alle ihr bekannt werdenden verdächtigen Fälle sofort zur Anzeige zu bringen, damit die Verfolgung aufgenommen werden konnte. Diesem Ersuchen sind die Ausschüsse bereitwilligst und in dankenswerter Weise nachgekommen. Weiteres Material verschaffte sich die Preisprüfungsstelle aus den Zeitungen. Nachdem die Kölner Geschäfte für die eingehenden Waren nicht mehr aufnahmefähig waren, mußte sich der Handel andere Absatzgebiete suchen. Der reguläre Handel fand diese ohne weiteres durch seine Geschäftsbeziehungen aus den Jahren vor dem Kriege. Anders lagen die Verhältnisse bei dem neu entstandenen irregulären Handel. Er hatte kein Absatzgebiet im Rücken, weil er eben ganz neu in den Handelsverkehr eintrat. Da ohne Absatzgebiet aber kein Handel möglich war, so mußte dieses auf schnellstem Wege beschafft werden. Den Weg hierzu fand das Schiebertum in den Zeitungsanzeigen. Sowohl die Kölner, wie auch die auswärtigen Zeitungen waren tagtäglich voll von Lebensmittel- und anderen Warenangeboten. Eine besondere Art der Anzeigen war vielfach die, daß derselbe Aufgeber in der einen Annonce Waren anbot, in der anderen diese Waren zu kaufen suchte. Die Angebote waren in einem solchen Falle fast regelmäßig sogenannte Luftofferten: der Offerierende war überhaupt noch nicht im Besitze der Waren, die er anbot. Er suchte vielmehr zunächst günstige Offerten einzubringen und durch Anforderung entsprechender Akkreditive verbindlich zu machen, um sich dann die Ware, meistens mit dem Gelde, das der Käufer hinterlegt hatte, zu beschaffen. Gelang ihm dieses nicht, so hatte der Käufer das Nachsehen. Die Zahl derartiger Anzeigen in den Kölner Tageszeitungen belief sich auf täglich durchschnittlich über 200. Bei diesem Material und der endlosen Zahl der stets einlaufenden neuen privaten Anzeigen war es für die drei stellvertretenden Vorsitzenden der Preisprüfungsstelle, denen die spezielle Aufgabe der Wucher- und Schieberbekämpfung zugedacht worden war, schlechterdings ein Ding der Unmöglichkeit, die Verfolgung eines jeden Falles selbst in die Hand zu nehmen. Dies war auch von vornherein nicht von ihnen beabsichtigt. Sie vertraten vielmehr die Ansicht, daß, wenn sie in einigen krassen

Fällen besonders scharf eingriffen, die Wirkung auf die Gesamtheit nicht ausbleibe. Von allen Anzeigen, die einliefen, griffen sie persönlich deshalb nur diejenigen auf, die die eingerissenen Zustände am grellsten beleuchteten. Diesen Anzeigen gingen sie aber auch bis auf das Äußerste nach, gleichgültig, ob es sich um einfache oder vornehme Geschäfte, Großhandlungen oder Kleinhandlungen, Banken oder andere Geschäfte handelte. Ergaben sich Beanstandungen schwerwiegender Art, so regten sie bei der Handelserlaubnisstelle die sofortige Schließung der Geschäfte an.

Die Preisprüfungsstelle ließ es hierbei jedoch nicht allein bewenden. Wenn durch harte Strafen, wie es ihre Absicht war, allgemein abschreckend gewirkt werden sollte, so mußten die verhängten Strafen auch zur allgemeinen Kenntnis gebracht werden. Zu diesem Zwecke ließ die Preisprüfungsstelle die erfolgte Schließung und die Namen der Geschäfte in den Zeitungen an hervorragender Stelle und in auffälligem Druck mehrere Male hintereinander veröffentlichen. Die Namen derjenigen Geschäftsleute, die trotz des gegen sie ergangenen Handelsuntersagungsbeschlusses nach wiederholter Warnung ihre Handelstätigkeit weiterbetrieben hatten, wurden außerdem auf eine Schieberliste gesetzt, die an den Plakatsäulen angeschlagen wurde. Zugleich wurden alle Geschäftsleute unter Androhung der Handelsuntersagung gewarnt, mit diesen bekannt gegebenen Schiebern Geschäftsbeziehungen anzuknüpfen oder zu unterhalten, oder Bankgeschäfte irgend welcher Art einzugehen. Diese Maßnahme hatte zur Folge, daß diese Schieber geschäftlich kaltgestellt wurden, denn es fiel keinem Kaufmann ein, sich durch diese Leute der Gefahr der Handelsuntersagung auszusetzen. Insbesondere zogen sich auch die Banken, ohne die die Schieber ihre geschäftlichen Transaktionen nicht ausführen konnten, zurück. Sie nahmen von ihnen weder Depots an, noch gewährten sie ihnen Kredit. Selbst Akkreditive für sie wiesen sie zurück. Gerade durch die Annahme von Akkreditiven hatte eine Anzahl Banken, sowohl Großbanken wie auch Kleinbanken, dem Schiebertum in großem Umfange Vorschub geleistet. Als dieses aufhörte, war den Schiebern die Möglichkeit, sich geschäftlich zu betätigen, in der Hauptsache genommen. Soweit die Anzeigen nicht von den drei stellvertretenden Vorsitzenden der Preisprüfungsstelle aufgegriffen werden konnten, wurden sie der städtischen Polizeiinspektion zur Verfolgung übergeben. Die städtische Polizeiinspektion war schon zu Anfang des Krieges zur Überwachung der kriegswirtschaftlichen Maßnahmen gebildet worden. Sie hatte sich im Laufe der Jahre eine weitgehende Kenntnis der wirtschaftlichen Verhältnisse und eine Gewandtheit in der Verfolgung der kriegswirtschaftlichen Vergehen erworben. Aus diesem Grunde erschien sie als die besonders geeignete Stelle, um von der Preisprüfungsstelle mit der Überwachung des Wuchers und des Schiebertums betraut zu werden. Sie wurde zu diesem Zwecke beauftragt, die Geschäfte zu revidieren und im Verein mit der staatlichen Polizei, die Personenbahnhöfe und die Torstraßen zu überwachen. Auf die Güterbahnhöfe ließ die Preisprüfungsstelle ständige Polizeiwachen abkommandieren, welche im Benehmen mit den zuständigen Eisenbahnbeamten die ein- und ausgehenden Güter zu kontrollieren und verdächtige Waren anzuhalten hatten. Bei der riesigen Arbeitslast, die hierdurch der Polizei erwuchs, mußte diese erheblich verstärkt werden. Auf Anregung der Preisprüfungsstelle veranlaßte deshalb die Verwaltung in Verbindung mit einer Neuorganisation durch Aufteilung des Stadtgebietes in zehn Polizeikommissariate, die Vermehrung der Polizei um sechs Polizeikommissare und 36 Hilfsbeamte, so daß sich die städtische Polizei, Abteilung für kriegswirtschaftliche Maßnahmen, jetzt zusammensetzt aus einem Polizeiinspektor, zehn Polizeikommissaren, 29 Polizeibeamten und 90 Hilfspolizeibeamten. Entsprechend den wiederholt laut gewordenen Wünschen, die werktätige Bevölkerung durch Einstellung von Gewerkschaftsmitgliedern als Hilfspolizeibeamte an der Bekämpfung des Wucher- und Schiebertums zu beteiligen, wurden die neueingestellten Hilfsbeamten aus den Gewerkschaftskreisen möglichst nach dem Vorschlage der Gewerkschaften entnommen. Von den zurzeit vorhandenen Hilfspolizeibeamten gehören 35 dem Kartell der christlichen Gewerkschaften, 46 dem Gewerkschaftskartell und einer dem Ortsverband an. Obwohl diese Hilfspolizeibeamten zum größten Teil nicht ausgebildet waren, waren die Gesamterfolge der Polizeiinspektion doch überraschend. In der Zeit von Oktober 1919 bis Februar 1920 leitete sie gegen 12.364 Personen das Strafverfahren ein, hierunter gegen 6.553 Personen wegen Kettenhandels, gegen 2.848 Personen wegen Preistreiberei und gegen 78 wegen Handels mit Gold- und Silbermünzen. In der gleichen Zeit beschlagnahmte sie unter anderem außer 159 Stück lebendem Vieh (Kühe, Schweine) 143.410 Pfund und drei Waggon Fleisch und Speck, 18 Waggon Fleisch- und Wurstwaren, 171.576 Pfund Getreide und Mehl, 226.344 Pfund Kartoffeln, 47.400 Pfund Fische, 10.660 Pfund Käse, 94.000 Pfund kondensierte Milch, 121.350 Pfund Schokolade, 39.938 Pfund Zucker, 17.080 Packungen Saccharin, 13.778 Pfund Kaffee, 53.838 Liter Sprit, 32.285 Pfund Tabak, 54.659 Zigarren, 5.082.877 Zigaretten, 79.334 gefälschte Banderolen, 44.506 Liter Benzol, 53.860 Pfund Seife, 16.360 Pfund

Paraffin, 243.755 Kerzen, 200.000 Ziegelsteine, 40.544 Pfund Stahl und 5.000 Pfund Zinkblech, 200.000 Meter Feld-kabel, zehn Waggon Düngemittel, zwei Waggon eiserne Pflüge und Eisenhacken, 100 500 Büchsen Aspirin, sieben Kisten Opium, 38 864 Pfund Salmiakgeist, 30 000 Pfund Pottasche, 4.890 Ampullen und 13 Flaschen Salvarsan, 48 Barren Silber im Werte von 209 346,40 Mk., drei Sack und 618 ¾ Pfund Silber, 2.872.869,45 Mk. in bar, 35.770 österreichische Kronen, 3.420 Franken, Goldmünzen usw. Diese wenigen herausgegriffenen Zahlen geben ein oberflächliches Bild von dem Gesamtwerte der in der Zeit von Oktober 1919 bis Februar 1920 beschlagnahmten Waren. Immerhin sind diese Zahlen noch sehr gering gegen die Warenmengen, die auf Anordnung der Besatzungsbehörde nach der Beschlagnahme wieder freigegeben. werden mußten und hier nicht mitaufgeführt worden sind. Um nur einige Beispiele aufzuführen, mußten auf diese Weise in einem Falle 600 000 Liter Sprit im Werte von 12 Millionen Mark, in einem anderen Falle 18 Waggon Kaffee usw. wieder freigegeben werden. Diese Fälle lassen sich beliebig vermehren, ganz abgesehen von den Fällen, in denen die Preisprüfungsstelle von vornherein von der Beschlagnahme Abstand nahm, weil die Ware wegen Beteiligung eines Aus-länders doch wieder hätte freigegeben werden müssen. Die beschlagnahmten rationierten Waren wurden den kriegswirt-schaftlichen Abteilungen für die allgemeine Versorgung zugeführt. Die nicht rationierten Waren wurden zunächst den städtischen und privaten Krankenhäusern und Waisenhäusern angeboten. Wenn sie von diesen und anderen gemeinnüt-zigen Anstalten nicht verwand werden konnten, wurden sie freihändig verwertet. Der vielfachen Anregung, diese letzteren Waren auf Marken auszugeben, konnte nicht entsprochen werden, da die Mengen viel zu gering waren und die Waren sich auch nach der Art ihrer Beschaffenheit zu einer Verteilung, wenn auch an einen weniger großen Kreis, nicht eigneten. Diese letzten weniger erfreulichen Erfolge wiegten das Schiebertum in eine gewisse Sicherheit. Es trat in öffentlichen Lokalen und auf öffentlichen Plätzen immer dreister und ungenierter hervor. In Hotels und Restaurationen sowie in den Gassen am Heumarkt, in der Schreckenskammer an der Johannisstraße, in der Agrippastraße und anderen Straßen und Gassen ent-wickelten sich regelrechte Schieberbörsen. In den erstgenannten Schieberbörsen wurden zwischen ausländischen, ein-heimischen und Schiebern des unbesetzten Gebietes, die sich auf jede Weise in den Besitz von Pässen zu setzen wußten, die ausländischen Waren, in den letztgenannten mehr die gestohlenen Gegenstände verhandelt. Die anständige Kauf-mannschaft hielt sich von diesen Schieberbörsen fern. Die Inhaber der Wirtschaftsbetriebe gaben sich vergebens Mühe, sich der Ansammlung der Schieber in ihren Lokalen zu erwehren. Die Preisprüfungsstelle übernahm es deshalb, gegen diese Anstoß erregenden Zustände vorzugehen. Sie warnte zunächst durch öffentliche Bekanntmachungen in den Zeitun-gen und durch Plakate vor dem Besuch und dem Aufenthalt in derartigen Schieberbörsen, um sodann die Polizei zu be-auftragen, von Zeit zu Zeit Streifen in den Lokalen und Gassen vorzunehmen. Bei den Streifen am Heumarkt und in der Johannisstraße wurden sie von der staatlichen und britischen Polizei wirksam unterstützt. Jede Streife führte anfangs zur Festnahme von 200 Personen und mehr, die durch die mitgeführten Notizen des Schieberhandels überführt wurden. Durch die wiederholten Razzien gewitzigt, ließen die Schieber aber bald alle Aufzeichnungen, durch die sie hätten überführt wer-den können. verschwinden. Die späteren Razzien in den Wirtschaftslokalen hatten deshalb auch keinen nennenswerten Erfolg mehr. Die Schieber in den Gassen am Heumarkt konnten aber auch durch die wiederholten Razzien nicht völlig ver-scheucht werden. Auf Anregung der Preisprüfungsstelle stellte daher die staatliche Polizei ständige Wachen an den Gassen auf. Allerdings führte auch dieses nicht zu einer völligen Auflösung der Schieberbörsen, weshalb die Polizei auch fernerhin beauftragt ist, von Zeit zu Zeit Razzien in diesen Vierteln abzuhalten. Die Preisprüfungsstelle suchte bei der Verfolgung des Schiebertums naturgemäß engste Fühlung mit der Staatsanwaltschaft als der Strafverfolgungsbehörde. Es finden bis zur Zeit bei der Staatsanwaltschaft unter Teilnahme der Preisprüfungsstelle, der Eisenbahnverwaltung, der Oberzolldirektion, der staatlichen und städtischen Polizei und der Handelskammer, regelmäßige Besprechungen statt, die darauf hinausgehen, in der Schieber- und Wucherbekämpfung ein einheitliches Zusammenarbeiten zu ermöglichen. Der hier stattfindende Gedankenaustausch hat dazu beigetragen, daß vielfache Gegensätze, die die Schieber- und Wucherbe-kämpfung für die eine oder andere Stelle erschwerten, aus dem Wege geräumt wurden. Insbesondere fand die Preisprü-fungsstelle mit ihrer Anregung, für die Folge von der Haftentlassung der Schieber Abstand zu nehmen, bei der Staatsanwaltschaft volles Verständnis. In verschiedenen Fällen waren von der städtischen Polizei Schieber festgenommen worden, die es verstanden, durch Stellung von hoher Kaution wieder auf freien Fuß zu kommen. Wenn sie es nicht vorzogen, nach Wiedererlangung der Freiheit in das Ausland zu flüchten, so suchten sie auf alle Weise die Spuren ihrer Tätigkeit zu verwischen, um dadurch der Polizei die Verfolgung unmöglich zu machen. Leider haben sich auf diese Weise viele Schieber der Strafe entzogen, die ihnen sonst ohne Zweifel bevorgestanden hätte. Durch die Anregung der Preisprüfungsstelle ist einer Wiederholung solcher Fälle für die Zukunft vorgebeugt.

B. Die Tätigkeit der Preisprüfungsstelle im weiteren Rahmen

Um die Behörden in ihrer Gesamtheit für die Wucher- und Schieberbekämpfung zu interessieren, regte die Preisprüfungsstelle im Oktober 1919 eine Besprechung mit den Vertretern der einheimischen Behörden und der amtlichen Handelsvertretung an. Die Besprechung fand am 28. Oktober 1919 unter dem Vorsitz des Oberbürgermeisters statt. An der Besprechung nahmen neben den stellvertretenden Vorsitzenden der Preisprüfungsstelle Vertreter der Regierung, des Oberlandesgerichts, der Universität, der Eisenbahn, Oberzoll- und Oberpostdirektion, der Oberstaatsanwaltschaft, des Landgerichts, des Polizeipräsidiums, der Staatsanwaltschaft, der Handelskammer und der britischen Militärbehörde teil. Bei dieser Gelegenheit wurden eingehend die Ursachen des Wucher- und Schiebertums sowie die Mittel zu seiner Bekämpfung besprochen. In dem Rahmen, in welchem diese Besprechung stattfand, konnten nur die grundlegenden Fragen zur Erörterung gelangen. Das Ergebnis war, daß von allen Seiten die Notwendigkeit anerkannt wurde, die Preisprüfungsstelle zu unterstützen, soweit das Interesse der einzelnen Dienststellen es eben zuläßt. Diese grundsätzliche Stellungnahme war für die weitere Wirksamkeit der Preisprüfungsstelle von besonderem Vorteil. Die Preisprüfungsstelle erreichte dadurch, daß die Behörden und auch die privaten Organisationen auf ihre Anregungen hin sich teilweise unter Zurücksetzung der eigenen wirtschaftlichen Interessen zu Maßnahmen verstanden, die die Preisprüfungsstelle selbst nicht anordnen und nicht durchsetzen konnte.

In erster Linie ist hier die Kölner Presse zu erwähnen. Wie schon gesagt, war die Sicherung von Absatzgebieten für das Schiebertum eine Lebensfrage, die es auf dem Wege der verbotenen Zeitungsanzeigen, namentlich der Chiffreanzeigen, zu lösen versuchte. Die Verfolgung dieser Anzeigen durch die Preisprüfungsstelle führte zwar in den meisten Fällen zur Ergreifung des einzelnen Schiebers. Das Anzeigenunwesen als solches zu unterbinden war auch die schärfste Überwachung nicht in der Lage. Wenigstens ließen die zu hunderten eingeleiteten Strafverfahren keine merkbare Abnahme der verbotenen Zeitungsanzeigen erkennen. Wenn aber das Schiebertum als solches bekämpft werden sollte, so mußte ihm durch Entziehung der Absatzgebiete die Lebensfähigkeit genommen werden. Die Entziehung der Absatzgebiete aber war nur möglich, wenn dem Schiebertum der Anzeigenweg überhaupt gesperrt wurde. Zu diesem Zwecke trat die Preisprüfungsstelle mit den hiesigen Zeitungsverlegern und Redakteuren in Verbindung. In einer gemeinsamen Sitzung erklärten sich die Vertreter sämtlicher hiesigen Zeitungen bereit, für die Folge die Aufnahme aller verbotenen Anzeigen, namentlich aller Chiffreanzeigen abzulehnen. Sie machten aber darauf aufmerksam, daß die Durchführung dieser Zusage nur das hiesige Zeitungsgewerbe schädige, wenn nicht auch die auswärtigen Zeitungen, namentlich die Zeitungen der Nachbarstädte und des besetzten Gebietes, sich zu einem gleichen Vorgehen entschlössen. Dieser Befürchtung konnte sich die Preisprüfungsstelle nicht verschließen. Sie regte deshalb bei der Städtevereinigung der besetzten rheinischen Gebiete und dem Deutschen Städtetag gleiche Vereinbarungen zwischen den einzelnen Mitgliedsstädten und der örtlichen Presse an. Sie stellte insbesondere auch den zuständigen Ministerien wiederholt die Notwendigkeit vor, durch die nachgeordneten Behörden die bereits halb in Vergessenheit geratenen Verordnungen über das Verbot von Zeitungsanzeigen mit allem Nachdruck wieder zur Durchführung zu bringen. Leider hat die Preisprüfungsstelle hierbei nicht den Erfolg zu verzeichnen, den sie in dankenswerter Weise bei der Kölner Presse erzielen konnte. Namentlich in den Städten des unbesetzten Gebietes werden die Anzeigenverbote auch heute noch nicht mit der wünschenswerten Strenge gehandhabt. Wie durch das Anzeigenunwesen, so wurde das Schiebertum weiter durch den unkontrollierten Warenverkehr begünstigt. Die Wareneinfuhr hatte einen Umfang angenommen, daß die eingehenden Güter von der Preisprüfungsstelle kaum mehr in nennenswertem Umfange einer Nachkontrolle unterworfen werden konnten. Einer solchen stand auch schon die Überfüllung der Güterbahnhöfe entgegen, die eine möglichst schnelle Entladung der Waren notwendig machte. Anders lagen die Verhältnisse beim Versand der von dem einheimischen Schiebertum in Köln aufgekauften Waren. Der Versand der Waren war von der Gestellung der erforderlichen Wagen seitens der Eisenbahnverwaltung abhängig. Die Eisenbahnverwaltung konnte die Gestellung der Wagen oder die Annahme von Stückgütern davon abhängig machen, daß der Absender sich zuvor über seine Handelsberechtigung auswies. Diese Möglichkeit verwertete die Preisprüfungsstelle, um bei der Eisenbahnverwaltung anzuregen, im Wege einer Dienstanweisung die Güterabfertigungsstellen anzuweisen, vor Anstellung von Wagen oder vor Annahme von Stückgütern sich durch Einsichtnahme in den vorzulegenden Handelserlaubnisschein über die Berechtigung des Absenders zum Handel mit den betreffenden Gegenständen zu vergewissern. Die Eisenbahnverwaltung kam dieser Anregung in der entgegenkommendsten Weise nach. Selbstverständlich müßte sich eine derartige Kontrolle im Interesse des legitimen Handels auf zweifelhafte Fälle beschränken. Jedenfalls wurde das Schiebertum hierdurch in wirksamer Weise behindert, seine Waren nach auswärts abzusetzen, insbesondere, nachdem die Preisprüfungsstelle zu gleicher Zeit auch die Spediteure verpflichtet hatte, die Annahme von Stückgütern von der Vorlegung des Handelserlaubnisscheines abhängig zu machen. Neben dieser Versandkontrolle regte die Preisprüfungsstelle bei der Eisenbahnverwaltung auch eine schärfere Kontrolle des Durchgangsverkehrs an. Eine polizeiliche Kontrolle des Durchgangsverkehrs hätte kaum einen Erfolg versprechen können, da es den Polizeibeamten in den eisenbahntechnischen Fragen an der notwendigen Erfahrung fehlte. Auf den ausgedehnten Kölner Güterbahnhöfen konnten sich auch nur solche Beamte ausfinden, die mit den einschlägigen Verhältnissen genau vertraut waren. Diesem trug die Eisenbahnverwaltung Rechnung, indem sie auf Anregung der Preisprüfungsstelle aus erfahrenen Eisenbahnbeamten, denen nötigenfalls Polizeibeamte zur Unterstützung beigegeben wurden, eine Schieber-Überwachungsstelle nach Art der bereits seit längerem bestehenden Diebstahls-Überwachungsstelle einrichtete, die die Aufgabe hatte, alle verdächtigen ein- und ausgehenden Waren anzuhalten und eventuell zur Beschlagnahme zu bringen, was ihr auch in größerem Umfange gelungen ist. Diese schärfere Überwachung des Durchgangs- und Güterverkehrs hatte, wie nicht anders zu erwarten war, ein Abwandern des Versandverkehrs von der Bahn zur Post zur Folge. Tagtäglich konnte von den Postämtern beobachtet werden, wie die Pakete zu hunderten unter Nachnahme aufgegeben wurden. Infolge des Postgeheimnisses war der Postverwaltung die Möglichkeit genommen, den Inhalt dieser Pakete nachzuprüfen oder nachprüfen zu lassen. Auf der Post konnte die Preisprüfungsstelle deshalb keine Versandkontrolle einrichten, obschon es zweifelsfrei festzustehen scheint, daß ein großer Teil der Pakete von dem illegitimen Handel herrührte. Immerhin hat die Preisprüfungsstelle vor den hauptsächlichsten Postämtern den Nachnahmepaketverkehr von Zeit zu Zeit einer Revision durch die Polizei unterziehen lassen, um auf diese Weise das Schiebertum wenigstens in etwa zu beunruhigen. An dem Postgeheimnis scheiterten auch die Bemühungen der Preisprüfungsstelle, den Telegramm- und Telephonverkehr überwachen zu lassen. Gerade die Überwachung des Telephonverkehrs würde vermutlich nicht wenig zur Aufdeckung von Schieberfällen beigetragen haben; denn es ist ein offenes Geheimnis, daß gerade das Telephon von dem Schiebertum zu Geschäftszwecken besonders benutzt wird. Dagegen konnte die Postverwaltung ebenso wie die Eisenbahnverwaltung der Preisprüfungsstelle in der Verwertung unanbringlicher Güter entgegenkommen. Die unanbringlichen Güter wurden bisher von der Eisenbahn- und Postverwaltung im Allgemeinen öffentlich versteigert, sofern es sich nicht um rationierte Waren handelte, die gesetzlich dem Kommunalverbande angeboten werden mußten. Diese Versteigerungen wurden mit Vorliebe von den Schiebern aufgesucht, die mitunter die Waren zu recht geringen Preisen ansteigerten, um sie mit hohen Aufschlägen wieder weiterzuveräußern. Die Versteigerungen begünstigten auf diese Weise das Schiebertum in recht erheblichem Maße, zumal es sich bei den Versteigerungen der Eisenbahnverwaltung regelmäßig um recht ansehnliche Mengen handelte. Um für die Folge den Abfluß dieser Waren in den irregulären Handel zu verhindern, kam die Preisprüfungsstelle mit der Eisenbahn- und Postverwaltung darin überein, daß die nichtanbringlichen Güter vor Vornahme der Versteigerung der Stadtverwaltung zum Kauf angeboten werden sollten, die sie entweder für die Versorgung der Allgemeinheit mitverwenden oder, soweit eine solche Verwendungsmöglichkeit nicht besteht, dem legalen Handel zuführen sollte. Auf diese Weise konnte es erreicht werden, daß nichtanbringliche Güter dem Schieberhandel entzogen wurden. Im gleichen Sinne trat. die Preisprüfungsstelle wegen der zu versteigernden Heeresbestände an die Besatzungsbehörde heran. Die Militärbehörde erklärte sich zwar bereit, die Stadtverwaltung zur Abgabe von Angeboten zuzulassen. Sie konnte sich aber nicht dazu verstehen, der Stadtverwaltung die abzustoßenden Heeresbestände ohne Versteigerung gegen eine angemessene Taxe zu überlassen. Daß die abgestoßenen Heeresbestände fast durchweg in die Hände von Schiebern gelangt sind, ist in der Hauptsache auf diese Tatsache zurückzuführen. Als das Schiebertum sich durch die allseitige Verfolgung und wegen der Gefahr der Festnahme nicht mehr sicher fühlte, suchte es seine Tätigkeit an die neu errichtete Warenbörse zu verlegen. Erleichtert wurde ihm der Zutritt zu der Warenbörse durch den Umstand, daß der Börsenvorstand in dem Bestreben, den Börsenverkehr zu heben, den Besuch der Börse anfangs nur von der Lösung einer Eintrittskarte abhängig machte. So sehr die Preisprüfungsstelle auch die Entwicklung der Warenbörse begrüßte und so großes Interesse sie an dem Ausbau der Börse hatte, insofern diese dazu berufen erschien, dem warenbedürftigen Handel wieder die Möglichkeit zu vermitteln, seine Waren aus erster Hand aus dem Auslande ohne den Umweg über das Schiebertum aufzukaufen, so konnte sie es doch nicht zulassen, daß sich das Schiebertum auf diese Weise in den Großhandel eindrängte und sich auf der Börse der Überwachung durch die Polizei zu entziehen vermochte. Sie trat deshalb mit dem Börsenvorstand in Verbindung und setzte es durch, daß dieser den Zutritt zur Börse und die Erlaubnis zum Börsenhandel mit erlaubnispflichtigen Waren von dem Besitz der vorgeschriebenen Handelserlaubnis abhängig machte, eine Maßnahme, die dazu führte, daß das Schiebertum in kurzer Zeit aus dem Börsenhandel vertrieben war. Zu gleicher Zeit erwirkte die Preisprüfungsstelle von dem Börsenvorstand das Verbot des Spekulations- und Kettenhandels sowie die Einstellung der Preisnotierungen bei eingetretener Notmarktlage. Auf die Einstellungen der Preisnotierungen bei eingetretener Notmarktlage legte die Preisprüfungsstelle deshalb großen Wert, weil die durch die Notmarktlage hervorgerufenen Preissteigerungen sich unmittelbar in den Preisen des Kleinhandels abfärbten, indem sie auch die Preise des Kleinhandels anziehen lassen, ohne daß für den Kleinhandel eine wirtschaftliche Berechtigung für die Heraufsetzung der Preise vorliegt. Trotz aller dieser Maßnahmen fehlte es der Preisprüfungsstelle lange Zeit an jeder Handhabe, den ausländischen Schieber zu fassen. Unter dem Schutze der Besatzungsbehörde konnte der Angehörige der alliierten Mächte sich und seine Waren jedem Zugriffe entziehen. Die Preisprüfungsstelle versuchte in wiederholten Verhandlungen mit der Besatzungsbehörde, unterstützt durch die Regierung und die Staatsanwaltschaft, die Anwendbarkeit der deutschen Gesetze auch auf den Ausländer und seine Waren durchzusetzen. Lange Zeit blieben diese Verhandlungen völlig ergebnislos. Erst Ende 1919 ließ die Besatzungsbehörde sich bereitfinden, den alliierten Ausländer unter gewissen Kautelen den deutschen Vorschriften über die Handelserlaubnis und die ausländischen Schieberwaren dem Zugriffe der deutschen Behörde zu unterstellen. Seit dieser Zeit zeigte sich die Preisprüfungsstelle auch dem ausländischen Schieber gewachsen. Weitere Befugnisse gegen den ausländischen Schieber wurden der Preisprüfungsstelle durch den inzwischen in Kraft getretenen Friedensvertrag eingeräumt. Von einer völlig gleichen strafrechtlichen Behandlung der alliierten Angehörigen und der Inländer kann aber auch heute noch nicht gesprochen werden, insofern beispielsweise nach Art. 10 der Ordonnanzen zum Rheinlandabkommen die Hohe Kommission sich hinsichtlich der Ausländer bei Aburteilungen durch die deutschen Gerichte das Recht der Begnadigung der Strafumwandlung und der Verringerung der Strafe vorbehalten hat. Die Erfolge der Preisprüfungsstelle zogen von selbst eine Überlastung der Gerichte nach sich. Diese Überlastung hatte zur Folge, daß die Aburteilung einzelner Straffälle sich teilweise erheblich verzögerte. Eine derartige Hinauszögerung war zu leicht geeignet, bei der breiten Masse den Verdacht hervorzurufen, daß die Gerichte das Strafverfahren absichtlich verschleppten. Anderseits ist eine Strafe erfahrungsgemäß umso wirksamer, je schneller sie der Straftat auf dem Fuße folgt. Dies glaubte die Preisprüfungsstelle in Erwägung ziehen zu müssen, und sie strebte deshalb im Interesse der Rechtspflege vor allem eine Beschleunigung des Gerichtsverfahrens durch eine Vermehrung der Schöffengerichtsabteilungen und der Strafkammer an. Sie wirkte aber auch zugleich darauf hin, daß das Vorverfahren bei der städtischen Polizei mit besonderer Beschleunigung zum Abschluß gebracht wurde. In ihrem Bestreben um Vermehrung der Schöffengerichtsabteilungen und der Strafkammern fand sie bei den zuständigen Stellen das weitgehendste Entgegenkommen. Die Vermehrung ist, soweit sie erforderlich erschien, bereits durchgeführt. In der Zwischenzeit ist außerdem bei dem hiesigen Landgericht auf Grund der Verordnung vom 27. November 1914 das Wuchergericht eingerichtet, das bekanntlich auch auf eine Beschleunigung des Gerichtsverfahrens hinzielt.

C. Die Bekämpfung des Bestechungsunwesens

Neben dem Wucher- und Schiebertum trat als unerfreulichstes Ergebnis der heutigen Zeit das Bestechungsunwesen in die Erscheinung. Das Bestechungsunwesen ist mit dem Wucher- und Schiebertum auf das engste verknüpft. Es findet im letzteren zum großen Teil seinen Ursprung. Die Preisprüfungsstelle machte deshalb im Interesse der Gesundung des Volks- und Wirtschaftslebens auch hiergegen Front und verfolgte es in jeder Form, in der sie es antraf. Sie führte den Behörden und privaten Firmen die Notwendigkeit vor Augen, gegen Beamte, Angestellte und Arbeiter, die der Bestechung überführt werden, ebenso durch Einleitung des Strafverfahrens und im Wege der Entlassung vorzugehen wie gegen die des Wucher- und Schiebertums überführten. Sie wandte sich aber auch unmittelbar an die Beamten-, Angestellten- und Arbeiterausschüsse, um auch diese Organisationen für die Bekämpfung des Krebsschadens, der sich gerade in ihrer Mitte aufgetan hatte, zu gewinnen. Dank des guten Willens, den die Preisprüfungsstelle auf allen Seiten fand, gelang es ihr, alle Beteiligten davon zu überzeugen, daß nur der von ihr vorgeschlagene Weg zu geordneten Zuständen zurückführen könne. Die Behörden warnten durch Runderlasse vor den Folgen der Bestechung. Der Handel erklärte sich durch seine amtliche Handelsvertretung mit dem Vorgehen der Behörden solidarisch. Aber auch die Beamten-, Angestellten- und Arbeiterausschüsse machten ihren ganzen Einfluß auf die Mitglieder geltend, um der Bestechlichkeit einen sittlichen Damm entgegenzustellen. Die Preisprüfungsstelle glaubt erwarten zu können, daß dem Bestechungsunwesen auf diese Weise wirksamst entgegengetreten wird. Bei dieser Gelegenheit sei auch der vielen Klagen Erwähnung getan, die darüber laut geworden sind, daß einzelne Personen sich außer der Reihe in den Besitz von Telephonanschlüssen zu setzen gewußt haben. Wie nicht anders zu erwarten ist, wird diese Tatsache allgemein auf Bestechung der Postbeamten zurückgeführt. Die Preisprüfungsstelle ist deshalb auch den Ursachen dieser Erscheinung nachgegangen. Soweit sie bei der Postverwaltung feststellen konnte, werden die Telephonanschlüsse grundsätzlich der Reihe nach angelegt. Indes hat sich die britische Militärverwaltung das Verfügungsrecht über eine Anzahl Telephonanschlüsse vorbehalten. Diese Anschlüsse müssen auf Anordnung der britischen Militärbehörde auch außer der Reihe angelegt werden. Manche haben es nun verstanden, mit Hilfe der britischen Militärbehörden einen dieser Telephonanschlüsse außer der Reihe zu erhalten. In diesem Falle trifft aber die Postverwaltung keine Schuld, da sie sich den Anordnungen der britischen Militärbehörde fügen muß. Im übrigen hat die Postverwaltung zur Verhütung von Bestechungen bestimmt, daß alle Anträge auf Anlegung von Telephonanschlüssen zunächst der Oberpostdirektion zur Genehmigung eingereicht werden müssen. Nach erfolgter Genehmigung läßt die Oberpostdirektion selbst die Anschlüsse in der Reihenfolge des Eingangs anlegen. Sie läßt die Anlegung durch das Telegraphenamt sorgsam überwachen, so daß es so gut wie ausgeschlossen erscheint, daß jemand durch Bestechung von Postbeamten früher in den Besitz eines Telephons gelangen kann als ein anderer, der den Antrag vorher eingereicht hat.

D. Maßnahmen zur Verhütung des Warenausverkaufs, der Gold- und Silberausfuhr und Markspekulation.

Ein eigentümlicher Wechsel in dem Warenaustausch von und nach dem Auslande trat in der Mitte des vorigen Jahres ein. Während bis Juli / August 1919 die Einfuhr in das besetzte Gebiet die Ausfuhr deutscher Waren überstiegen hatte, überflügelte seit Herbst 1919 die Ausfuhr nach und nach die Einfuhr. Der Grund lag einmal darin, daß in der ersten Hälfte des Jahres 1919 wegen der großen Einkäufe und wahrscheinlich auch wegen der Kapitalflucht viel deutsches Geld in das Ausland gewandert war, das jetzt von den Ausländern wieder in deutschen Waren angelegt wurde. Der Grund lag aber auch ferner darin, daß in Deutschland die Inlandspreise während des Krieges im Verhältnis zu den Weltmarktpreisen künstlich niedergehalten waren, ein Zustand, der sich im Weltmarktverkehr nachgerade zu einem Mißverhältnis herausgebildet hatte, das noch dadurch gesteigert wurde, daß der Wert des deutschen Geldes im Auslande ständig fiel und der Ausländer damit die Möglichkeit erhielt, die deutschen Waren in Deutschland weit unter dem wahren Werte aufzukaufen. Dieser Aufkauf setzte allmählich ein, nahm aber bald einen Umfang an, daß man heutzutage schon von einem deutschen Ausverkauf sprechen kann. Es werden von den Ausländern nicht nur die Luxuswarengeschäfte, sondern die Geschäfte aller Art, namentlich die Kleinverkaufsgeschäfte systematisch ausgekauft. Der hierin liegenden Verschleuderung deutscher Waren glaubte die Preisprüfungsstelle entgegenwirken zu müssen. Sie trat zunächst an den Reichswirtschaftsminister heran, um vom Reiche geeignete Abwehrmaßregeln zu erwirken. Dieser Weg erschien schon aus dem Grunde als der allein mögliche, weil der Ausverkauf sich nicht nur auf Köln beschränkte, sondern sich auch auf das besetzte Gebiet, selbst das unbesetzte Gebiet ausdehnte. Da der Reichswirtschaftsminister außerstande war, dem Ausverkauf vorzubeugen, nahm es die Preisprüfungsstelle in die Hand, ihm wenigstens, soweit die Kölner Geschäfte in Frage kamen, entgegenzutreten. Auf Grund des Artikels 29 der Ordonnanzen zum Rheinlandabkommen gestattete sie den Geschäftsleuten, den nicht zur Besatzungsarmee gehörigen Ausländern höhere Preise in Rechnung zu stellen als den Inländern. Dieser Auslegung des Artikels 29 trat zwar die Besatzungsbehörde entgegen. Im Verein mit der Handelskammer setzte es die Preisprüfungsstelle jedoch durch, daß die Besatzungsbehörde gegen die Berechnung höherer Preise für die Ausländer dann keine Einwendungen erhob, wenn es sich um den Aufkauf von Waren handelt, die über den normalen Bedarf einer Haushaltung hinausgehen, gleichgültig, ob als Käufer eine Militärperson oder eine ausländische Zivilperson auftritt. Falls der Einkauf sich jedoch innerhalb des Bedarfs einer normalen Haushaltung hält, verlangt die Besatzungsbehörde in der Preisberechnung die Gleichstellung von Inländern und Ausländern. Hierdurch ist ohne Zweifel nicht jede Gefahr beseitigt, daß der Ausverkauf weiter vor sich geht. Indes erscheint den größten Auswüchsen hierdurch vorgebeugt zu sein, so daß man hoffen darf, daß es mit der Verschleuderung der deutschen Waren wenigstens in etwa aufhört. Eine Anzahl Geschäfte war währenddessen in einer Art Selbstschutz dazu übergegangen, die Warenpreise allgemein, also auch für die Inländer zu erhöhen, um auf diese Weise der Verschleuderung der Waren in das Ausland vorzubeugen.

Unterstützt wurden sie hierbei durch die Innungen, welche die Ansicht vertraten, daß ein derartiges Verfahren im Interesse der deutschen Volkswirtschaft notwendig und erlaubt sei. Die Innungen und Grossistenverbände vertraten daneben aber auch vielfach die Ansicht, daß der Kleinhandel an sich berechtigt sei, bei Lieferung neuer, aber teurerer Waren die Preise der früheren Sendungen auf den Preis der neuen Waren heraufzusetzen. Die Grossistenverbände machten den Kleinhandelsgeschäften eine derartige Heraufsetzung geradezu zur Pflicht, indem sie mit Einstellung weiterer Lieferungen drohten, wenn der Kleinhandel sich ihren Anordnungen nicht fügen sollte. Ein derartiges Verfahren mußte von der Preisprüfungsstelle als unzulässig angesehen werden. Der Kaufmann ist nicht berechtigt, zur Verhinderung des Ausverkaufs seine Preise auch für den Inländer beliebig heraufzusetzen oder die niedrigeren Preise der vorhandenen Waren den höheren Preisen neuer Sendungen anzugleichen. Wenn ein Kaufmann einen Einheitspreis für seine Waren einführen will, so muß er eben zu der Durchschnittspreisberechnung schreiten, die nach der Verordnung gegen Preistreiberei vom 8. Mai 1918 unter gewissen Voraussetzungen zulässig ist. Die Preisprüfungsstelle ließ es nicht daran fehlen, den Handel in diesem Sinne mündlich und durch die Presse aufzuklären. Sie hielt diese Aufklärung um so mehr für erforderlich, als der Kleinhandel im allgemeinen im guten Glauben und unter dem Druck der Verhältnisse handelte. Er mußte sich den Anordnungen der Grossistenverbände fügen, wenn er sein Geschäft überhaupt aufrecht erhalten wollte. Daneben ließ die Preisprüfungsstelle ihre warnende Stimme vernehmen, daß sie, wenn der Kleinhandel sich für die Folge ihren Anordnungen nicht fügen sollte, mit schärferen Maßnahmen, eventuell mit Handelsuntersagung vorgehen werde. Tatsächlich hat die Preisprüfungsstelle auch in mehreren Fällen die Handelsuntersagung aussprechen und das Strafverfahren einleiten müssen. Selbstverständlich schritt sie auch gegen die Grossistenverbände ein. Indes haben die Grossistenverbände ihren Sitz in der Regel nicht in Köln. Auch erstreckt sich ihr Einfluß nicht nur auf Köln, sondern auf das ganze Reich. Das Vorgehen vonseiten einer örtlichen Preisprüfungsstelle schien deshalb nicht den gewünschten Erfolg zu versprechen. Die Preisprüfungsstelle wandte sich daher verschiedentlich an den Reichswirtschaftsminister und stellte ihm geeignete Maßnahmen gegen derartige Grossistenverbände zur Erwägung anheim. Von Seiten des Reichswirtschaftsministeriums ist infolge davon in wiederholten Fällen gegen Grossistenverbände und Innungen, die den Kleinhandel zur willkürlichen Heraufsetzung der Preise verpflichtet hatten, eingeschritten worden.

Wie die Kleinhandelswaren, so wurden auch die Baustoffe in großen Mengen über die Grenze gebracht. Die Ausländer kauften vor allem das Bauholz auf. Durch diese Aufkäufe stiegen die Preise für Holz und Baustoffe ins Ungeheuerliche. Als Folge davon setzten Preistreibereien und Schiebungen in Holz und Baumaterialien in viel größerem Umfange ein, als das bisher beobachtet werden konnte. Es erschien deshalb notwendig, bei der Preisprüfungsstelle einen besonderen Ausschuß zu bilden, welchem die Überwachung des Verkehrs mit Baumaterialien obliegt. Diese Überwachung soll der Unterkommission für Baustoffe übertragen werden, die zu diesem Zweck neu gebildet ist. Einen besonderen Umfang hat auch der Aufkauf von Gold und Silbergeld durch Ausländer angenommen. Es ist bekannt, daß die Reichsbank zur Auffüllung ihrer Bestände an Edelmetall vor nicht langer Zeit dazu überging, Gold- und Silbergeld zu einem höheren Preise als dem Nennwerte aufzukaufen. Als Begleiterscheinung trat unmittelbar darauf auch der Aufkauf durch Privatpersonen ein. Als Aufkäufer kamen in der Regel Schieber in Frage, die aus dem Osten zugewandert waren. Für den Aufkauf bedienten sie sich wieder der Zeitungsanzeigen. Sie boten natürlich höhere Sätze als die Reichsbank zahlte. Obschon es auf der Hand lag, daß die Schieber das Geld in das Ausland verbringen würden, konnte die Preisprüfungsstelle gegen die Zeitungsanzeigen an sich nicht vorgehen, da nach Aufhebung der Verordnung über den Agiohandel mit Gold derartige Kaufgesuche an und für sich nicht verfolgbar waren. Die Preisprüfungsstelle trat deshalb an den Reichswirtschaftsminister heran. Sie setzte ihn von ihren

Beobachtungen in Kenntnis und bat um Abhilfemaßnahmen. Inzwischen ist ihren Anregungen entsprochen worden, indem durch die Verordnung über den Handel mit Gold, Silber und Platin vom 8. Februar 1920 der Aufkauf von Gold- und Silbergeld untersagt worden ist.

Die großen Schwankungen der deutschen Valuta ließen auch vielfach der Vermutung Ausdruck geben, daß die deutsche Mark von den Banken als Objekt für Schiebungs- und Spekulationszwecke mißbraucht werde. Die Preisprüfungsstelle machte es sich daher auch zur Aufgabe, den Erscheinungen auf dem Geldmarkte, die gerade in der letzten Zeit eine besonders stark steigende Tendenz zeigten, nachzugehen. Es würde zu weit führen, die Ursachen hier einzeln aufzuzählen, die die Kaufkraft der Mark beeinflussen und die Sprunghaftigkeit der Kursentwicklung bedingen. Es mag hier nur noch kurz mitgeteilt werden, daß, soweit die Prüfungsstelle es verfolgen konnte, die Valutaschwankungen, wenn sie überhaupt auf Bankmanöver zurückzuführen sind, ihren Grund nicht in Spekulationen an den deutschen Börsen, sondern höchstens in den Spekulationen an den ausländischen Märkten haben können. Denn die Bewertung unserer Valuta wird nicht von dem Inlande, sondern von den ausländischen Märkten, vornehmlich Amsterdam, Zürich, Kopenhagen und New-York bestimmt.

Diese kurz gefaßten Darstellungen dürften ein Gesamtbild von der Tätigkeit der Preisprüfungsstelle in den Jahren ihres Bestehens ergeben. Jedoch ist dabei zu berücksichtigen, daß diese Darstellung nur die weiten Umrisse der Tätigkeit aufnehmen konnte. Um das Bild in schärferen Zügen zu zeichnen, würde es noch eines ausführlicheren Eingehens auf Einzelheiten bedürfen, was über den Zweck dieser Abhandlung hinausführen würde. Aber ein Punkt muß auch im Rahmen dieses Vortrages noch kurz berührt werden. Man hört so häufig die Frage: ‚Wo bleibt die Preisprüfungsstelle?" Diese Frage liest man in der Presse; man hört sie in Versammlungen und findet sie in hunderten von Eingaben an die Preisprüfungsstelle wiederkehren. Die Frage hat ihren Grund darin, daß der Bürger sieht, wie auf vielen Gebieten sich Kräfte auswirken, die der gewöhnliche Bürgersmann als Wucher anspricht, gegen die einzuschreiten die Preisprüfungsstelle aber, auch wenn sie dieselben wahrnimmt oder selbst, wenn sie dagegen angegangen wird, sich nicht bereitfinden kann. Geht man den Ursachen nach, die die Preisprüfungsstelle zwingen, von einem Einschreiten abzusehen, so stößt man auf das Gebiet der Zuständigkeit. Die Verordnung gegen Preistreiberei vom 8. Mai 1918, die als maßgebend in Betracht kommt, stellt einen bestimmten Wucher unter Strafe, den Wucher bei Veräußerung von Gegenständen des täglichen Bedarfs. Daneben ist nur in einem einzigen Falle der Wucher für eine Werk- oder Dienstleistung strafbar, nämlich der Wucher für die Vermittlung von Geschäften über Gegenstände des täglichen Bedarfs. Was den Gesetzgeber veranlaßt hat, die Preistreiberei-Verordnung auf diese beiden Arten von Wucher zu beschränken, kann hier nicht untersucht werden. Die Preisprüfungsstelle selbst ist überzeugt davon, daß, wenn ihr ein weiteres Zuständigkeitsfeld eingeräumt worden wäre, sie viel nachhaltiger auf die Gesundung des Wirtschaftslebens hätte hinwirken können. Sie ist deshalb auch zu wiederholten Malen an den Reichswirtschaftsminister mit dem Antrage herangetreten, die Preistreibereiverordnung auf Werk- und Dienstleistungen allgemein oder wenigstens auf die hauptsächlichsten für die Allgemeinheit in Frage kommenden Arten von Werk- und Dienstleistungen auszudehnen. Seit längerem schweben auch bei dem Reichsministerium Erwägungen über eine entsprechende Ausdehnung der Preistreibereiverordnung. Zu einem Abschluß scheinen die Verhandlungen aber noch nicht gediehen zu sein, wenigstens sind Verlautbarungen darüber, daß das Reichsministerium den verschiedentlichen, ihm auch von anderen Seiten zugegangenen Anregungen entsprechen wird, noch nicht an die Öffentlichkeit gelangt. Es ist für die Preisprüfungsstelle daher immer noch dasselbe Bild. Auf den verschiedensten Gebieten der Werk- und Dienstleistungen wird in der Tat oder vermeintlich gewuchert. Der Bürger ruft die Preisprüfungsstelle an. Die Preisprüfungsstelle aber muß sich ablehnend verhalten, weil ihr die rechtliche Zuständigkeit fehlt. Man hat wohl von verschiedenen Seiten die Ansicht geäußert, die Preisprüfungsstelle dürfe sich durch einen solchen Rechtsmangel nicht abhalten lassen, einzuschreiten, wo es doch um das Wohl des Volksganzen gehe. Auf diesen Einwurf muß entgegnet werden, daß nur der rechtliche Weg zum Ziele führt, und daß jedes Abweichen vom rechtlichen Wege auf falsche Bahnen lenkt. Die Preisprüfungsstelle ist in jedem Falle von Wucher nur die Stelle, die die Verfolgung aufgreift. Die Wucherer zur Bestrafung führen können nur die Strafverfolgungsbehörden und Gerichte. Wie diese aber selbst unter dem Gesetze stehen, so können sie auch nur nach dem Gesetze eine Straftat verfolgen und aburteilen. Eine Verfolgung, die die Preisprüfungsstelle aufnimmt, müßte notwendigerweise im Sande verlaufen, wenn die Tat, derentwegen die Verfolgung aufgenommen worden ist, vom Gesetze nicht unter Strafe gestellt ist.

Die Verfolgung würde in einem solchen Falle nicht eine Bekämpfung des Wuchers bedeuten, sondern eine nutzlose Verschwendung an Zeit und Arbeitskraft. Es wäre damit der Sache mehr geschadet als gedient. So wenig Verständnis diese Rechtslage auch bei den weitesten Kreisen der Bevölkerung finden wird, die Preisprüfungsstelle wird noch häufig auf die Frage: „Wo bleibt die Preisprüfungsstelle?" die nicht gerade befriedigende Antwort geben müssen, daß sie wegen mangelnder Zuständigkeit keine Möglichkeit habe, gegen gerügte Mißstände einzuschreiten. Wenn der Preisprüfungsstelle trotz ihrer weitausholenden Tätigkeit nicht der Erfolg beschieden war, der von manchen Seiten erwartet wurde, so liegt dies neben der eben erörterten Frage auch noch an anderen Umständen, auf die die Preisprüfungsstelle keinen Einfluß hat. Zu diesen Umständen zählen in wirtschaftlicher Beziehung unter vielen anderen die offene Grenze im Westen, die Aushungerung Deutschlands während des Krieges, die Armut und Arbeitsunlust nach der Revolution; in sittlicher Beziehung die Verwechselung der Begriffe von Mein und Dein, die Sucht nach Reichtum, das Schwinden von Treu und Glauben und die Mißachtung von Recht und Gesetz. In den wirtschaftlichen Momenten ist zwar in mancher Beziehung bereits eine Besserung eingetreten. Die offene Grenze im Westen ist durch die Wiederaufrichtung der Zollgrenze geschlossen. Aber es hat lange gedauert, daß die Besatzungsbehörden sich auch dazu verstanden, die Erhebung des Goldzolles zuzulassen. Die Folge davon war, daß über die Grenze der alliierten Länder Waren nach Deutschland hereinströmten, die das deutsche Volk nicht notwendig gebrauchte, die aber ungeheure Summen in das Ausland zogen, was wieder bewirkte, daß der Stand unserer Valuta im Auslande ständig fiel und eine Verteuerung der lebenswichtigen Waren mit sich brachte. Noch vor kurzem erlebte die deutsche Valuta einen Sturz, der alles bisher Dagewesene übertraf und der die Preise mit einem Male um das Doppelte hinaufschnellen ließ. Die Ansätze zu einer allgemeinen Preissenkung, die zeitweilig beobachtet werden konnten, wurden dadurch wieder überholt, und wir stehen augenblicklich vor einer Preishöhe, wie wir sie auch in den schwierigsten Kriegsjahren kaum gekannt haben. Wenn die Arbeitslust, worauf verschiedene Anzeichen hindeuten, sich wieder heben sollte, so würde das deutsche Volk auch über diesen Berg hinwegkommen. Man muß sich vor Augen halten, daß nur produktive Arbeit Werte schafft und daß nur diese Werte die Möglichkeit geben, im wechselseitigen Austausch Waren aus dem Auslande zu erträglichen Preisen hereinzuschaffen. Von der Arbeitslust und der Beschaffung von Arbeitswerten hängt es deshalb ab, ob das deutsche Volk allmählich wieder zu normalen Ernährungsverhältnissen und normalen Preisen gelangt. Zur Anregung der Arbeitslust ist aber vor allem eine Stärkung der sittlichen Kräfte des Volkes erforderlich. Nur ein Volk, das Achtung vor dem Gesetz hat und das das Eigentum anderer achtet, gewinnt Freude an der Arbeit und an Schaffung von Werten. Diese sittlichen Kräfte des Volkes zu heben ist aber nicht so sehr Aufgabe des Staates und der Preisprüfungsstelle als der Religionsgemeinschaften. Die Preisprüfungsstelle hat es deshalb auch nicht unterlassen, an die Religionsgemeinschaften heranzutreten, damit diese ihren Einfluß in der Stärkung der sittlichen Kräfte des Volkes verschärft geltend machen möchten, wozu diese sich gern bereit erklärt haben. Wenn es gelingt, die sittlichen Kräfte des Volkes zu heben, so wird das deutsche Volk wieder bessere Tage erleben und es wird die viele Arbeit, die die Preisprüfungsstelle im Dienste der Allgemeinheit aufgewandt hat, nicht vergebens gewesen sein. Dies ist aber auch der einzigste Weg, der wieder zur Höhe führen kann, und dies sollten sich alle diejenigen vergegenwärtigen, die an dem Wiederaufbau Deutschlands ein Interesse haben und mithelfen wollen.

Die Preisprüfungsstelle hat der Vollsitzung diesen eingehenden Bericht gegeben, um den Mitgliedern, namentlich den neu berufenen einen tieferen Einblick in die vielseitige Tätigkeit zu vermitteln, insbesondere aber auch, weil gemäß einer Zuschrift des Regierungspräsidenten vom 20. Januar 1920 ein hiesiger Handelsverband sich beim Minister für Handel und Gewerbe über die Tätigkeit der Kölner Preisprüfungsstelle beschwert hat. Der Bericht dürfte den Mitgliedern die Möglichkeit geben, sich ein Bild darüber zu machen, ob eine solche Beschwerde ihre Berechtigung hat.

Es sollte nicht besser werden – ganz im Gegenteil. Ilse Wulff zog in ihrer 1924 vorgelegten Untersuchung eine ernüchternde Bilanz: „Da es (. . .) nicht gelang, an die Quellen der Preisgestaltung, an die Landwirtschaft und an die Fabrikanten heranzukommen, musste eine Überwachung der Preise im Handelsverkehr Stückwerk bleiben, und so hörte man häufig den Vorwurf, der sich sowohl auf diesen Umstand als auch auf die Zerrüttung unserer Wirtschaft überhaupt bezog, dass die behördliche Preispolitik, statt die Ursachen des Uebels anzugreifen, an „Symptomen laboriere". Hier wie überall muss festgestellt werden, dass gegenüber der Macht der Wirtschaftsverhältnisse durch behördliche Eingriffe zwar einzelne vorübergehende Wirkungen erzielt werden können, dass aber im Gesamtergebnis nicht allzu viel zu erreichen ist." (Wulff 1924: 155/156)

Der Boden für den Weg in die Hyperinflation war bereitet. Die Schieber und Spekulanten aller Ebenen der Gesellschaft hatten sich ans Gewinnen gewöhnt. Die Verlierer waren sich des Verlierens immer sicherer geworden. Ihre Not und Empörung hatte sich im „Kartoffelkrieg von Overath" Luft gemacht (vgl. S. 95-96).

Im städtischen Bericht über das Jahr 1923 heißt es zur Situation des Jahres 1923: „In wirtschaftlicher Hinsicht war das Berichtsjahr das schwerste seit dem Ausbruch des Weltkrieges. Was sich im Gefolge der Ruhrbesetzung und der ungeheuren Inflation an Schwierigkeiten im wirtschaftlichen Leben der Einzelnen wie Gesamtheit entgegenstellte, kann hier im Verwaltungsberichte nicht näher geschildert werden. Als im Sommer und Herbst 1923 mit dem Erlahmen des passiven Widerstandes die Devisenpreise (an der Papiermark gemessen) und damit die Kosten der Lebenshaltung in unerhörter Weise emporschnellten, während das Einkommen der breiten Volksmassen weit dahinter zurückblieb, entstanden schwere Unruhen; auch Plünderungen kamen vor. Durch die wirtschaftliche Absperrung infolge des Ruhrkampfes stieg die Arbeitslosigkeit in einer Weise an (im Herbste waren rund 130 000 arbeitslos), wie sie nicht einmal nach Kriegsschluß beobachtet worden war. Die Teuerung, und damit die Not, war Ende November am höchsten. Am 27. 11. 1923 stand der Multiplikator im Kleinhandel auf 1,70 Billionen, der Lebenshaltungsindex auf 2,65 Billionen. Die Teuerungszahl (d.h. der vierwöchige Bedarf einer Familie von vier Köpfen) war auf 345 Billionen P. M. gestiegen. Die Bauindexziffer stieg (am 4. 12. 1923) bis auf 4,00 Billionen. Dazu kam zeitweise ein äußerster Mangel an Zahlungsmitteln, so daß bei der sprunghaften Entwertung sogar Privatfirmen nur durch die Ausgabe von Notgeldscheinen ihre Arbeitskräfte entlohnen konnten." (Bericht 1924:2)

Die Kölnische Volkszeitung erläuterte uns in der Sonntagsausgabe vom 7. Oktober 1923 den Multiplikator. Sie zitierte dafür das Kölner Presseamt. Danach verstand man es zwar ein wenig besser, aber immer noch nicht ganz:

„Neuer Weg zur Errechnung der Einzelhandelspreise

Nach den Richtlinien der Reichsregierung vom 16. Dezember 1922 ist es dem Einzelhandel gestattet, sich die Geldentwertung von den Verbrauchern in voller Höhe vergüten zu lassen. Damit war die Frage, wer die Geldentwertung zu tragen hat, grundsätzlich geregelt. Der Streit, der gleichwohl andauerte und die Behörden (Staatsanwalt, Wucherpolizei, Preisprüfungsstelle) auf der einen und die Einzelhandelsorganisationen auf der anderen Seite unausgesetzt beschäftigte, drehte sich um die Art der Errechnung der Geldentwertung. Während die Behörden bei der Errechnung der Ausmaße der Geldentwertung lediglich die innere Kaufkraft der Papiermark gelten ließen, forderte der Einzelhandel die Einbeziehung der äußeren Kaufkraft der Papiermark in die Warenpreisberechnung."

Einige Einzelhändler gingen noch weiter und verlangten die Errechnung der Verkaufspreise an die durch Geldentwertung geschaffenen allgemeinen Verhältnisse als unerlässlich. Solange sich die Geldentwertung in langsamerem Zeitmaß vollzog, konnte und musste der Einzelhandel mit den oben genannten „Richtlinien" festgesetzten Bestimmungen auskommen. Mittlerweile hatten sich aber, wie jedermann bekannt ist, die Dinge dermaßen zugespitzt, dass mit einer Regelung, wie sie die „Richtlinien" darstellten, praktisch kaum noch etwas anzufangen war. Hinzu kam, dass die Preisschilderverordnung die Geschäftswelt zwang, ihre sich nunmehr täglich anderen Preise auszuzeichnen, was mit großen Unkosten verbunden war.

Als Folge dieser Entwicklung sahen wir, dass sich der Einzelhandel über die Auffassungen der Behörden hinwegsetzte und zu dem System der Grundzahl und des Multiplikators griff. In Köln hatte dieses System gleichfalls Eingang gefunden, und wer heute die Schaufenster musterte, der fand, dass die Errechnung der Kleinverkaufspreise fast allgemein auf der Grundlage eines vom Verein der Detaillisten herausgegebenen Multiplikators erfolgte. Die Preisprüfungsstelle hatte sich mit der Kalkulationsmethode zunächst nicht befreunden können. Wenn sie neuerdings zu einer anderen Auffassung gekommen war, so deshalb, weil die Voraussetzungen für die neue Methode zurzeit in weit höherem Maße gegeben waren als vor einigen Wochen, dann aber auch deshalb, weil sich inzwischen nicht nur die Privatwirtschaft, sondern auch die Reichsstellen (Eisenbahn, Post, Reichskohlenverband) immer mehr auf die reine Goldrechnung einstellten. Hinzu kam, dass die Besatzungsbehörde auf eine einheitliche Regelung der Warenpreisberechnung drängte.

Die Preisprüfungsbehörde hätte sich die Sache leicht machen und die Methode des Vereins der Detaillisten als für sich verbindlich erklären können. Das tat sie nicht. Sie versuchte vielmehr ein System zu erstellen, das die Vorzüge der bisherigen Berechnung mit den Wünschen der Verbraucher in Einklang brachte. Die Methode des Detaillisten des Detaillistenvereins hatte nach der Meinung weiter Kreise zwei Hauptfehler, die zu beseitigen waren. Zunächst war die Grundzahl zu bemängeln. Die Grundzahl des Detaillistenvereins brauchte an sich nicht falsch zu sein, sagte aber den Warenverkäufern so gut wie nichts. Die heutige Grundzahl schien dem Käufer willkürlich gegriffen, weshalb er sich keine klare Vorstellung von ihrem Wesen machen konnte. Jedenfalls war sie nur schwer nachzuprüfen. Der vom Detaillisten-verband angewandte Multiplikator setzte sich nach den Erklärungen der Führer des Verbandes zu gleichen Teilen aus dem Dollar, dem Goldzollaufgeld, dem Großhandelsindex, dem städtischen Lebenshaltungsindex und dem Transportarbeiterlohn-Index zusammen. Nach der Meinung der Strafverfolgungsbehörden war es unstatthaft, die Messziffer der Geldentwertung ganz oder teilweise auf die Goldbasis zu bringen. Zumindest musste der Versuch gemacht werden, die Goldparität dadurch zu beschränken, dass die innere Kaufkraft der Papiermark mehr in den Vordergrund gestellt wurde.

Die Vertreter der Preisprüfungsstelle, des Einzelhandels und der Verbraucher einigten sich daher auf eine Methode, die einmal der Grundzahl einen Begriff verleiht, der verständlich und durchsichtig war, zum andern dem Multiplikator eine Zusammensetzung gab, die alle Verhältnisse des Wirtschaftslebens in dem ihnen zukommenden Ausmaß berücksichtigte. Die Grundzahl stellte künftig der Wert der Ware am Tage der Bezahlung der Lieferantenrechnung dar, und zwar in Goldmark, zuzüglich der festgelegten Verdienstspanne. Die Ware wurde also nach dem Fakturenwert nebst Geschäftsunkosten und Gewinn ausgezeichnet. Schwierigkeiten machte solche Errechnung nicht, da die Warenrechnungen in neunzig von hundert Fällen in Goldmark ausgestellt waren. War in Papiermark fakturiert, so wurde der Rechnungsbetrag mit derjenigen Valuta dividiert, in der der Einzelhändler Gutschrift erhielt, wobei die letzte Friedensparität als Grundlage diente (Ein Dollar = 4,20 M, Ein engl. Pfund = 20,00 Mark, Ein Frank = 0,80 Mark, Ein Gulden = 1,70 M. usw.). Der sich hierbei ergebende Betrag war zuzüglich des gestatteten Gewinnaufschlages die Grundzahl.

Hinsichtlich des Multiplikators ist Folgendes zu sagen: Zunächst glaubte man, mit einem Multiplikator auskommen zu können, wie er letzthin in den Tageszeitungen erläutert wurde: als Großhandelsindex, angerechnet zu 20 Prozent, Lebenshaltungsindex zu 30 Prozent, Lohnindex zu 30 Prozent, Geldveränderungsindex zu 20 Prozent. Mit diesem Multiplikatorsystem sollte ein Versuch gemacht werden. Es ergab sich aber bei seiner praktischen Anwendung, dass es der tatsächlichen Geldentwertung nicht Rechnung trug und deshalb unbrauchbar war. Es ging selbstverständlich nicht an, von einem Kaufmann zu verlangen, dass er für eine Ware, die er nach der vollen Geldentwertung hatte einkaufen müssen, nur einen geringen Bruchteil der Geldentwertung zurückfordern durfte. Das wäre aber der Fall gewesen, wenn man das oben erwähnte Multiplikatorsystem schematisch durchgeführt hätte. Es galt also, einen Multiplikator zu finden, der allen Teilen, sowohl dem Handel als auch dem Verbraucher, gerecht wurde.

Nach dem Beschluss der letzten Vollversammlung der Preisprüfungsstelle setzte sich der Multiplikator nunmehr aus drei Faktoren zusammen: „Lebenshaltungsindex zu 25 Prozent, Lohnindex zu 25 Prozent, Geldveränderungsindex zu 50 Prozent. Der Lebenshaltungsindex wird errechnet auf Grundlage der Zahlen des Kölner statistischen Amtes. Als Lohnindex ist der Lohn eines städtischen Arbeiters maßgebend. Der Geldveränderungsindex wird von der besonderen Kommission, die den Multiplikator täglich bei der Preisprüfungsstelle ermittelt, festgestellt."

Notgeld der Stadt Köln in der Inflation

Anfang 1923 hatte mit monatlichen Preissteigerungen von über 50 Prozent die Hyperinflation begonnen (Taylor 2013: 209). Im Sommer 1923 wurden Banknoten in ausreichender Höhe Mangelware. Die Reichsbank kam bei aller Begeisterung dem Bedarf nicht nach. In den besetzten Gebieten wurde die dann praktizierte Notgeld-produktion besonders großzügig gehandhabt: „Die wilde ungenehmigte Notgeld-ausgabe über jedes Bedürfnis des Zahlungsverkehrs hinaus aus rein egoistischen Motiven gehört zu den dunkelsten Begleiterscheinungen der schweren Inflations-krise." (Reichsbank 1925: 125)

Die Lage in Köln war durch die britische Besatzung bestimmt, die die französischen Wünsche einer Abtrennung des Rheinlands – sei es als selbstständige Republik unter französischem Einfluss oder als eigenständiges Land innerhalb des Reiches – nicht wünschte. Schon im August 1919 hatte man Kölns Regierungspräsident Karl von Starck (1917-1919) und Oberbürgermeister Konrad Adenauer informiert, dass keine neuen Autoritäten ohne vorherige britische Bestätigung anerkannt würden. Auch auf dem Höhepunkt der separatistischen Aktivitäten im Jahre 1923 gelang es nicht, diese Bestrebungen erfolgreich in die „Insel der Seligen", in die britische Besatzungs-zone zu bringen (Edmonds 1987: 256/257).

Großzügige Produktion von Falschgeld unterstützte die Verbreitung von Papier-geld mit aufgedruckten Millionen- und bald Milliardenwerten zusätzlich. Im Juli 1921 wurde in Köln ein Großunternehmen für Falschgeld geschlossen, das zum Schluss mit elf Druckwerkstätten gearbeitet hatte (Ostwald 1931: 27). Die Arbeit wurde den Fälschern, wenn man die grob aus Aluminium gearbeiteten offiziellen Druckstöcke im Vergleich zu den komplex gearbeiteten Stahlstichen der alten Reichsmark-scheine betrachtet, auch leicht gemacht.

Im Sommer 1923 war das Drucken städtischen Geldes mit immer höheren Bank-noten am 1. Juli 1923 mit Scheinen zu 100 000 Mark gestartet. Am Tag darauf folgten Scheine zu 50 000 Mark, am 1. August 1923 Scheine zu 500 000 und zwei Millionen Mark, ergänzt am 4. August um einen Schein zu einer Million Mark, Scheine zu zehn Millio-nen folgten am 9. August, Scheine zu fünf und 50 Millionen am 15. August, ergänzt um einen Schein zu 20 Millionen am 24. August. Der Schein zu 100 Millionen kam mit Da-tum 10. September, zu zwei Milliarden am 12. September, zu 200 Millionen am 14. Sep-tember, zu einer Milliarde am 18. September, zu fünf Milliarden und zu 500 Millionen am 20. September, einmal mit blauer, einmal mit brauner Schrift. Der 22. September brachte den Schein zu 10 Milliarden, der 25. September den zu 20 Milliarden Mark.

Seit Oktober 1923 begannen die offiziellen Bemühungen, die Inflation zu beenden, sichtbar zu werden: Alle Scheine, die seit Oktober 1923 herauskamen, waren gültig in der gesamten Rheinprovinz, beginnend mit dem Schein zu 100 Milliarden, und galten nur noch bis zum 1. April 1924. Das hatte der „Interalliierte Hohe Ausschuss für die Rheinlande" mit Wirkung vom 1. Oktober 1923 verfügt (Schötz 1987: 54).

Der 25. Oktober 1923 brachte Scheine zu 50 und 500 Milliarden und den ersten Schein zu einer Billion. Der 26. Oktober 1923 brachte den Schein zu 200 Milliarden. Am 27. Oktober 1923 folgten Scheine zu 75 und 150 Milliarden, am 29. Oktober 1923 zu 250 Milliarden, am 31. Oktober 1923 zu 20 Billionen.

Mit dem 1. November 1923 kam eine neue Serie zu 100 Milliarden und zu ein, zwei, zehn und 100 Billionen heraus, ergänzt um 50 Billionen am 3. November 1923. Der 5. November 1923 sah ergänzend Scheine zu 250 Milliarden und zu zwei, fünf und 25 Billionen, 250 und 500 Milliardenscheine zusätzlich am 12. November, zehn Billionen am 15. November und fünf Billionen am 20. November 1923 – an jenem Tag, mit dem der Hyperinflation im Reich ein Ende gesetzt wurde. Inzwischen ist auch ein Kölner Druckstock für einen Schein zu 150 Billionen bekannt geworden, der aber nicht mehr in Druck ging (Kölner Stadt-Anzeiger vom 13. Februar 2017).

Die Billionenscheine blieben noch bis Anfang 1925 in Gebrauch. Manchen Exemplaren sieht man das auch an. Die hohen Scheine mit Billionenbeträgen sind daher heute selten und teuer, schließlich hatte eine Billion am Ende den Wert einer Rentenmark bzw. 4,2 Billionen entsprachen einem einzigen heißbegehrten Dollar. Der Schein über 100 Billionen Mark, wie er am 1. November 1923 von der Stadt in Auftrag gegeben wurde, stellte am Ende der Hyperinflation immer noch einen Gegenwert von fast 24 Dollar dar. Die Reichsbank folgte mit Scheinen im gleichen Wert erst mit Datum vom 15. Februar 1924 – nach Einführung der Rentenmark.

Am 17. Juli 1922 wurde vom Reichsfinanzministerium der Druck von Notgeld im Reich generell verboten. Vorübergehend war der Kurs des Dollars gefallen. Das hatte Hoffnungen geweckt. Dann streikte die Reichsdruckerei, und der Dollar stieg gleichzeitig auf 1000 Mark (Rittmann 1986: 77). Der Bedarf an Banknoten ließ sich aber, besonders im besetzten Rheinland, nicht unterdrücken. Die besetzten Gebiete mit Banknoten

zu versorgen, war schwierig. Platten und Druckpapier wurden von Berlin aus ange-
liefert (Reichsbank 1925: 123). Ein Gesetz vom 18. September 1923, als Rundschreiben
vom 26. September 1922 mitgeteilt, genehmigte daher wieder die Produktion,
allerdings erneut unter Hinterlegung des gedruckten Gesamtbetrages in bar oder
in Schatzwechseln bei der Reichsbank. Jetzt erschien in vorauseilendem Eifer am
20. September 1922 der erste Tausender der Stadt Köln.

Köln hatte in seiner durch die britische Besatzung erschwerten Lage ohne das
Rundschreiben abzuwarten, in Absprache mit der Reichsbank und der Regierung
schon vorher gehandelt. Bereits am 12. und 20. September 1922 waren neue
Scheine der Stadt Köln zu 100 und 500 Mark herausgebracht worden. Scheine zu
5000 und 10 000 Mark kamen am 1. Februar 1923 hinzu, wie Thomas van Eck verzeichnet hat.

Die rasante Fahrt der Hyperinflation beschleunigte sich in den nächsten Monaten
weiter. Wenn dann auch noch die Drucker streikten, war die Katastrophe da. Bruno
Matzerath (1868-1936), seit 1917 Nachfolger Konrad Adenauers als Erster Beigeordneter mit dem Titel „Bürgermeister", schilderte die Kölner Situation am 2. August 1923
im Rat: „Der katastrophale Sturz der Mark, den wir in den letzten Tagen erlebt haben,
hat die ganze Ernährungswirtschaft naturgemäß in außerordentliche Schwierigkeiten
gestürzt. (…) Sehr erschwerend ist in den letzten Tagen die Knappheit an Zahlungsmitteln hinzugekommen. Die bisherigen reichen naturgemäß bei der enormen
Entwertung der Mark nicht mehr aus. Der Zuzug neuer Zahlungsmittel durch die
Reichsbank ist aus Ihnen bekannten Gründen außerordentlich erschwert. Die Reichsbank und die Stadt mit ihrem Notgeld sind im Wesentlichen auf die Notenpresse
hier in Köln angewiesen. Diese ruht aber seit gestern infolge des Streiks der Drucker,
und es ist noch nicht gelungen den Streik zu beenden. (…) Inzwischen darf ich wohl
die Hoffnung aussprechen, daß Notscheine, die von einzelnen Firmen zu Lohn-
zahlungen verwendet werden, bei den Geschäften möglichst anstandslos in
Zahlung genommen werden."

Es war der Reichsbank nicht gelungen, das Drucken von Notgeld durch Behörden,
Institutionen, Banken oder Firmen in den besetzen Gebieten effektiv zu kontrollieren.

Im Reich rechnete die Reichsbank mit offiziell 17 Trillionen Mark nicht genehmigten Notgeldes, in den besetzten Gebieten dagegen gemäß rheinischer Großzü-
gigkeit mit der zehnfachen Summe, mit 170 Trillionen Mark. Das entspräche einem

Drittel der offiziell im nicht besetzten Reich umlaufenden Zahlungsmittel (Elster 1928: 202).

Die internen Zahlen der Reichsbank, die inzwischen bekannt geworden sind, sahen noch dramatischer aus: „Im letzten Inflationsjahr arbeiteten schließlich für die Reichsbank unmittelbar 85 Druckereien mit 1060 Maschinen, mittelbar durch die Reichsdruckerei 48 Druckereien mit 723 Maschinen, insgesamt also 133 Druckereien mit 1783 Maschinen, sowie 30 Papierfabriken mit 70 Papierbahnen in vollem Betrieb. 29 galvanoplastische Anstalten stellten 400 000 Druckplatten her und verarbeiteten dabei 1200 Tonnen Metall. Die Papierfabriken stellten 17,3 Millionen Kilogramm Papier her. Das entsprach einer Ladung von 1700 Eisenbahnwaggons. Daraus fertigten die Druckereinen 10,1 Milliarden Banknoten mit einem Gesamtwert von 3877 Trillionen Mark." (Koppatz 1988: 8)

Das lässt die Sünden Kölns und des Rheinlandes gegenüber denen der Reichsbank deutlich harmloser erscheinen. Köln hat insgesamt Notgeld in Höhe etwa 15 Trillionen drucken lassen, 9 Trillionen davon ohne Deckung. Ab dem 22. November 1923 durften die Filialen der Reichsbank kein Notgeld mehr annehmen und die Reichsbank verlangte, dass alles Notgeld in seinen Beständen von den Herausgebern wieder eingetauscht wird. Das löste (verständlicherweise) heftige Proteste besonders im besetzten Ruhrgebiet und im Rheinland aus. Hjalmar Schacht, seit 12. November 1923 Reichswährungskommissar, kam für die Erläuterung der Maßnahme sogar am 25. November 1923 nach Köln (Gaettens 1957: 268).

Zum 29. Februar 1924 wurde das Kölner Notgeld zum Eintauschen aufgerufen. Dafür hatte Köln 6 Millionen Goldmark und einen Kredit der Reichsbank in Höhe von 9 Millionen Goldmark zur Verfügung (Zunkel 1996: 242). Bei einem Kurs von einer Billion Mark zu einer Rentenmark sind daher nur die höchsten Scheine selten geworden. Die Kreissparkasse Köln feierte 1925 mit einem „Glückspfennig" für ihre Kunden in Köln-Mülheim die neue Währung der Reichsmark, die für wenige Jahre einen Aufschwung einleitete.

Eine kleine auf betont lokalpatriotische Motive
konzentrierte Auswahl nach dem Katalog von
Thomas van Eck (2000: 779) schildert die Entwicklung der für die Stadt Köln gedruckten
Banknoten seit August 1923:

Der erste Tausender: Stadt Köln Gutschein über
1000 Mark vom 20. September 1922
Unterschrift Oberbürgermeister Konrad Adenauer
185 x 110 mm, (van Eck 779,65).

Stadt Köln Gutschein über 500 000 Mark vom 1. August 1923.
Unterschrift OB Konrad Adenauer. Das Motiv mit dem Kölner
Dom wird sechs Wochen später mit 1000 multipliziert am
20. September 1923 wieder aufgenommen,
148 x 90 mm (van Eck 779,77).

Stadt Köln Gutschein über 500 000 000 Mark vom 20. September 1923.
Unterschrift OB Konrad Adenauer, 154 x 94 mm (van Eck 779,101).

Gutschein der Stadt Köln 50 Milliarden Mark vom 25. Oktober 1923. Mit der Darstellung des Bayenturms links und rechts der Altstadt mit Groß St. Martin, nur einseitig bedruckt, ist M. DuMont Schauberg eine besonders schöne lokalhistorisch wirksame Gestaltung gelungen. 150 x 95 mm .Dieser Schein kann allerdings nicht die Ursache der Anekdote gewesen sein: „Umlauffähig im ganzen Regierungsbezirk Köln" – also nicht in München – lautet wie bei allen Scheinen dieser Monate der Text auf dem Seitenstreifen (van Eck 779,108).

Stadt Köln Gutschein über 1 Billion Mark vom 25. Oktober 1923.
156 x 93 mm, einseitig bedruckt.
„Bürgermeister Johann von Reidt 1525": Das Medaillon greift auf Barthel Bruyns des Älteren,
Portrait des Bürgermeisters im Bode-Museum in Berlin zurück (van Eck 779,111).

Stadt Köln Gutschein über 250 Milliarden Mark vom 29. Oktober 1923, 149 x 90 mm einseitig bedruckt. Das Medaillon zeigt „Agrippina die Jüngere, die Gründerin d. Stadt Köln". Zur Unterscheidung von ihrer Mutter Agrippina wird sie – Mutter Neros und Ehefrau Kaiser Claudius – als die Jüngere bezeichnet. Am 6. November 16 oder 15 v. Chr. in Köln geboren, lässt sie 50 n. Chr. ihren Geburtsort mit den römischen Stadtrechten einer „Colonia" versehen.

Stadt Köln Gutschein über 100 Billionen Mark vom 1. November 1923, 139 x 90 mm. Der Schein zeigt ein Holzschnittpanorama der Stadt in einer der vielen Variationen wie sie Sebastian Münsters Kosmographie seit ihrem ersten Erscheinen im Jahre 1544 beigegeben wurden (Sievers 1997: 31 / van Eck 779,156).

Wieder wie in alten Zeiten: 1 Reichspfennig
im Aluminiumring Deutsches Reich 1925 G.
Vorderseite: „Wer den Pfennig nicht ehrt,
ist des Talers nicht wert."
Rückseite: „Kreissparkasse
der Landkreise Köln u. Mülheim"
Ø 40 mm

Privates Notgeld
der Hyperinflation in Köln

Die Geschichte mit dem Geldkoffer, die wir oben kennengelernt haben, spielte im Herbst 1923 auf dem Höhepunkt der Hyperinflation, als monatlich die Preise um mehr als 300 % stiegen. Das waren zugleich die wenigen Monate von August bis November 1923, in denen die Reichsregierung sich weigerte, die besetzten Gebiete weiter finanziell zu stützen. Eine Abtrennung der besetzten Gebiete vom Reich drohte (Schwarz 1986: 258-290). Im besetzten Rheinland waren seit 1918 Scheine des Provinzialverbandes, der Landesbank der Rheinprovinz, der Landwirtschaftskammer für die Rheinprovinz und der Eisenbahnverwaltungen in Elberfeld und Köln überregional im Umlauf (Meyer 1975: 5/6).

Anfang August 1923 standen in Köln gut einhundert Unternehmen und Institutionen vor der Notwendigkeit, wie das preußische Handelsministerium jetzt genehmigt hatte, zusätzlich zur Stadt Köln und den genannten Produzenten von Banknoten in der Rheinprovinz ihr eigenes Geld drucken zu müssen, um ihre Belegschaften, Bankkunden und Filialgeschäfte mit Bargeld zu versorgen (Schöpgens 2000: 11). Jedenfalls vermittelte die mitgedruckte Begründung auf einer Reihe von Scheinen großer Unternehmen diesen Eindruck, den der Geschäftsbericht der Handelskammer Köln für das Jahr 1923 in Rückblick betonte: „Industrie und Handel sahen sich daher gezwungen, zur Selbsthilfe zu greifen und privates Notgeld zu drucken, um die Arbeiterschaft ruhig zu halten. In Anerkennung der außerordentlichen Notlage der beteiligten Industrie- und Handelskreise unterstützte die Handelskammer im Verein mit den wirtschaftlichen Körperschaften und den beteiligten Behörden die zeitweilige Ausgabe von privatem Notgeld. Leider stellte sich aber infolge groben Mißbrauchs der Ausgabe von ungedeckten Geldzeichen durch manche Firmen eine Unsicherheit des Verkehrs ein, die ein entschiedenes Eingreifen der Handelskammer zugunsten einer beschleunigten Zurückziehung des Notgeldes zur unbedingten Notwendigkeit machte."

Die Tatsache, dass sich die Ausgabedaten und Gültigkeitsdauer des nichtstaatlichen Notgeldes auf einen engen Zeitraum konzentrierte, zeigte, dass mit September und Oktober offizielle Stellen wieder in der Lage waren, ausreichend Banknoten drucken zu lassen. Auch im Sommer 1923 sollte bei Scheinen mit nun immer größeren Beträgen eine entsprechende Summe auf einem gesperrten Konto bei der

Reichsbank nach entsprechender behördlicher Genehmigung gegenüberstehen. Sieht man die kleine Zahl derer, die Notkleingeld herausgaben und die deutlich höhere Zahl der Firmen und Institutionen (nicht nur) in Köln, die jetzt Scheine mit höheren Werten drucken ließen, durfte man ein wenig an der Erfüllung dieses Wunsches zweifeln. Der Kölner Spediteur-Verein betonte am 17. August 1923 zumindest: „Der Gegenwert dieses Gutscheins ist in voller Höhe bei der Deutschen Bank Filiale Köln eingezahlt worden." Die Aktion war offensichtlich als kurzfristige Notlösung gedacht. Nach dem 30. September verlor der Schein schon seine Gültigkeit.

Kölner Spediteur-Verein „Gutschein über 5 Millionen Mark" 17. August 1923, 140 x 91 mm „Der Gegenwert dieses Gutscheins ist in voller Höhe bei der Deutschen Bank Filiale Köln eingezahlt worden."

Nur wenige hatten erst einige Jahre zuvor bereits Kleingeldersatz drucken oder prägen lassen. In Köln gaben nun mehr als hundert Behörden, Unternehmen und Institutionen Notgeld und Ersatzgeld heraus (van Eck 2000). Die große Flut der Scheine von Kölner Auftraggebern begann im August 1923 und endete nach wenigen Wochen im November des gleichen Jahres. Ihre oft mitgedruckte Gültigkeit verloren sie wenige Wochen nach der Ausgabe, im Gegensatz zu den Scheinen der Stadt Köln, die bis zum 1. April 1924 galten.

Nur zwei der großen Industrieunternehmen, denen wir gleich begegnen, die „Deutz AG" und die „Humboldt Wedag", haben den großen Strukturwandel der Kölner Industrielandschaft Mitte des 20. Jahrhunderts knapp überlebt (Schäfke 2018: 521-538). In den Jahren nach Kriegsende hatte die „Gasmotorenfabrik Deutz" schon im November 1918 ihre Scheine zu fünf, zwanzig und fünfzig Mark drucken lassen. Ebenfalls in Deutz begann „van der Zypen & Charlier" 1918 mit Scheinen über eine, zwei und fünf Mark. Anfang 1919 folgte Felten & Guilleaume mit Scheinen über fünf, zehn, zwanzig und fünfzig Mark. Das gehörte aber noch zur Zeit des Kleingeldmangels, ausgelöst durch das Horten von Kupfer und Silber in Münzform.

Dann kamen drei Jahre Pause und eine völlig geänderte Situation, die wachsende und sich immer beschleunigende Inflation, die im August zur Hyperinflation wurde, in der die Preise im Monat um mehr als 300 % stiegen. Am 12. September 1922 begann die Serie der Scheine der „Rheinischen Aktiengesellschaft für Braunkohlenbergbau und Brikettfabrikation", die damit die Löhne der Arbeiter in den Tagebauten für Braunkohle auszahlte. Das waren noch Ausnahmen, wie auch der Schein der „Motorenfabrik Deutz" über 2.000 Mark vom 29. September 1922.

Erst ab Anfang August 1923 setzte dann die große Begeisterung für das Drucken von eigenem Geld ein. Wer von uns würde da nicht gerne mitmachen? Später wurden jedenfalls Vorwürfe laut, die Scheine wären nicht mit entsprechenden Guthaben bei der Reichsbank hinterlegt gewesen. Auslöser war die Hyperinflation, für deren Zahlen und Summen passende Scheine der Reichsbank in ausreichender Menge besonders für die besetzten Gebiete nicht zur Verfügung standen. Die großen Unternehmen hatten, als sich die amtliche Liefersituation für Geldscheine besserte, wieder auf offizielle Scheine zurückgegriffen. Das zeigte sich bei der Betrachtung der oft – nicht immer – angegebenen Dauer der Gültigkeit der Scheine. Die Notgeldscheine der Stadt Köln hatten bei den letzten Serien seit dem 20. Oktober 1923 eine Gültigkeit bis zum 1. April 1924. Eine fast ebenso große wie lange andauernde

Produktion von Notgeld hatte daneben nur die Reichbahndirektion Köln vom 11. August bis zum 18. November 1923 mit Werten von 500 000 Mark bis zu 10 Billionen Mark ohne Beschränkung der Gültigkeit betrieben.

Zu Beginn hatte man die Hoffnung, dass sich das Problem rasch beheben lassen würde. Die 1907 gegründete Vereinigung von Banken und Bankiers in Rheinland und Westfalen e. V. (der heutige Bankenverband Nordrhein-Westfalen e. V.) gab ihrem ersten Notgeldschein über zwei Millionen Reichsmark vom 10. August eine Gültigkeit von zehn Tagen bis zum 20. August 1923. Bei den als Ersatz und zum Umtausch gedruckten Scheinen zum gleichen Wert vom 17. August 1923 – eine Woche später – hatte man diese Hoffnung aufgegeben. Kein Enddatum der Gültigkeit wurde genannt. Am 24. August 1923 ergänzte man die Serie mit Scheinen zu fünf und zehn Millionen wieder ohne ein Enddatum der Gültigkeit.

Notgeldscheine der Vereinigung von Banken und Bankiers in Rheinland und Westfalen e. V. über zwei Millionen vom 10. August 1923, 155 x 102 mm (van Eck 831,1).

Notgeldscheine der Vereinigung von Banken und Bankiers in Rheinland
und Westfalen e. V. über zwei Millionen Mark vom 17. August 1923,
160 x 98 mm (van Eck 831,2).

Barmer Bank-Verein Hinsberg
Fischer & Comp.,
Unter Sachsenhausen 21-27,
entworfen von Carl Moritz (1863-1944),
(Raev 1976: 84),
Postkarte gelaufen am 27. August 1923.

Schaaffhausen'scher Bankverein und
Rheinisch-Westfälische Bodenkreditbank.
Postkarte gelaufen am 1. Februar 1909.
Architekt des Bankpalastes als „Tempel-
bank" des Schaaffhausen'schen Bankvereins, 1863 vollendet, war Hermann
Pflaume (1830-1901), (Raev 1976: 64).
Die Westdeutsche Bodenkreditanstalt Ko-
mödienstraße 24-26 war 1893 als erste
rheinische Hypothekenbank gegründet
worden. Die prunkvolle Architektur der
„Palazzobank" und die rechts abgehende
Kleine Neugasse sind dem Zweitem Weltkrieg und der Planung der Nord-Süd-Fahrt
zum Opfer gefallen (Raev 1976: 77/78).

Am 20. September 1923 verfügte die „Hohe Interalliierte Rheinlandkommission" mit der Ordonnanz 212, dass alles unter ihrer Aufsicht herausgegebene Notgeld die Vermerke „Umlauffähig in der ganzen Rheinprovinz" und „Gültig bis zum 1. April 1924" tragen solle (Schötz 1987: 54). Das hatte weder die Reichsbahndirektion Köln noch das Rheinische Braunkohlen-Syndikat in Köln beeindruckt.

Gutschein über 50 Milliarden Mark des Rheinischen Braunkohlen-Syndikats vom 25. Oktober 1923 einseitig bedruckt, 158 x 95 mm (van Eck 817,8).

Die Dauer der Gültigkeit der Firmenscheine wurde selten angegeben. Wenn sie angegeben wurde, dann war sie mit einem sehr nahen Datum, wenige Wochen entfernt, knappgehalten: bis zum 15. September, zum 30. September, zum 1. Oktober, zum 31. Oktober, zum 11. November, zum 25. November und maximal bis Jahresende 1923. Die Produktion von Firmengeld, das lässt sich daraus schließen, war für viele Unternehmen nur eine kurzfristige, vorübergehende Notmaßnahme, wie die Gottfried Hagen AG oder die J. Pohlig AG ausdrücklich formulierten: *„Dieser Gutschein ist von uns ausgegeben, um dem augenblicklichen Mangel an Bargeld abzuhelfen."*

Bei bald wieder ausreichender amtlicher und staatlicher Produktion wurde diese Aktivität von vielen Unternehmen noch vor Ende der Hyperinflation im November 1923 wieder eingestellt.

Rheinisch-Bergische Konsum-
Genossenschaft „Hoffnung" e. G. m. b. H. / Sitz Köln

1 000 000   GUTSCHEIN   1 000 000
über
1 MILLION MARK
der von unseren Mitgliedern
in unseren Läden in Zahlung genommen wird.
KÖLN-KALK, den 25. August 1923.
DER VORSTAND:

1 000 000   Dieser Gutschein verliert seine Gültigkeit 14 Tage
nach Aufkündigung in der Tagespresse.   1 000 000

SERIE B   NR. 734

Druck von Stühlen & Cie., Köln

„Rheinisch-Bergische Konsum-Genossenschaft Hoffnung": „Gutschein über 1 Million Mark der von unseren
Mitgliedern in unseren Läden in Zahlung genommen wird." vom 25. August 1923, 154 x 105 mm. Die Konsum-
Genossenschaft hatte sich damit ihre eigene unternehmensinterne Währung geschaffen (van Eck 857,3).

1 MILLION MARK

Auto-Werkstätte. Bäckerei. Maschinenhaus. Zentrallager Fleischerei.

Zentrale–Köln–Kalk Gesamtansicht.

Die „Rheinische-Bergische Konsumgenossenschaft Hoffnung" vor 1935.
Postkarte, versendet am 24. Mai 1935. Seit 1931 bekämpfte die NSDAP die Konsumvereine. Mit zusammen etwa 400 Verkaufsstellen von Solingen bis Koblenz waren die Konsumgenossenschaften „Hoffnung" und „Eintracht" lange eine Konkurrenz des Einzelhandels, der auch diesen zur Zusammenarbeit und den heutigen Supermarkt-ketten führte. Gegenüber der Darstellung auf dem „Gutschein" ist das Verwaltungsgebäude, dessen Rückseite rechts auf der Postkarte zu sehen ist, um ein Dachgeschoss aufgestockt worden. Unter der Herrschaft des Nationalsozialismus werden die Konsumgenossenschaften in die DAF – Deutsche Arbeitsfront – eingegliedert.

Konsumgenossenschaft „Eintracht" „Gutschein über 20 Milliarden Mark" vom 25. Oktober 1923, 129 x 88mm. Die 1902 in Köln-Mülheim gegründete Konsumgenossenschaft „Eintracht" ist mit 175 Verkaufsstellen im Jahre 1926 der etwa gleichgroße Gegenspieler der Konsumgenossenschaft „Hoffnung". Nach einer am 10. August 1923 herausgegebenen ersten Serie mit Millionenwerten folgt am 25. Oktober 1923 eine zweite Serie mit Milliardenwerten (van Eck 868,15).

Die einfachste Lösung für höhere Beträge bietet van der Zypen & Charlier mit Gutscheinen über 1 Mark (95 x 60 mm), und 2 Mark (110 x 66 mm), ursprünglich gültig bis 31. Januar 1919, mit Überdruck für 5 Millionen, 25 und 50 Milliarden Mark.

Die Waggon-Fabrik, gegründet von Ferdinand van der Zypen und Albert Charlier, beginnt 1846 mit der Produktion als Zulieferer der Eisenbahnunternehmen. 1959 wird mit Klöckner-Humboldt-Deutz fusioniert, 1967 wird die Produktion eingestellt (Buschmann 2018: 78/79, van Eck 847,7-9).

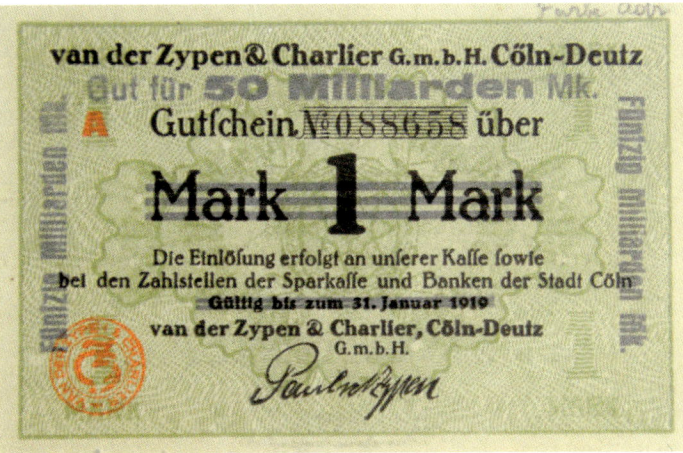

Felten & Guilleaume Carlswerk A.-G.
Köln-Mülheim Werkansicht, Postkarte

Felten & Guilleaume Carlswerk AG , Gutschein über 25 Milliarden Mark vom 25. Oktober 1923, 156 x 99 mm .
Die Anordnung des „Hohen Interalliierten Ausschusses für die Rheinlande" vom 1. Oktober 1923, dass sie die Ausgabe
von Notgeld genehmigen muss, wird nicht eingehalten. Es fehlen die vom „Interalliierten Hohen Ausschuss für die Rheinlande" verlangten Vermerke über die Gültigkeit bis zum 1. April 1924 und nur in der Rheinprovinz (van Eck 864,32).

Schon am 25. Juli 1923 – früh für Kölner Verhältnisse – beginnt Felten & Guilleaume mit dem Druck größerer Summen ab
500 000 Mark. Mit jeweils neuen Serien ab dem 1. August, ab dem 10. August, ab dem 15. August in Millionenbeträgen
zeigt sich nun die Hyperinflation. Mit Milliardenbeträgen wird ab dem 25. Oktober 1923 ohne Verfallsdatum das nächste
Stadium erreicht. Felten & Guilleaume Carlswerk AG 500 000 Mark, 25. Juli 1923, 156 x 93 mm (van Eck 864,14).

„Rhein- und See-Schiffahrts-Gesellschaft" 16. August 1923,
158 x 103 mm.
Als Hintergrund des Textes das 170 Meter lange „Siebengebirge", nach
Entwurf von Hans Verbeek 1909/1910 als Lagergebäude in Beton errichtet.
Mit seinen Giebelfronten, sieben zur Landseite, neun rheinseitig, sollte es als
„Danziger Lagerhaus" eine städtische Silhouette darstellen (van Eck 814,3).

J. POHLIG AKTIENGESELLSCHAFT, KÖLN-ZOLLSTOCK

M 2 000 000   PII 13026 ✳

GUTSCHEIN
über
ZWEI MILLION MARK

Dieser Gutschein ist von uns ausgegeben, um dem augenblicklichen Mangel an Bargeld abzuhelfen. Die Einlösung erfolgt an unserer Kasse nach Aufruf, spätestens bis zum 15. September 1923. Für die Einlösung des Gutscheins übernehmen wir volle Haftung.

KÖLN-ZOLLSTOCK, den 9. August 1923.

J. Pohlig Aktiengesellschaft

Julius Pohlig (1842-1916) führte das schon 1874 gegründete Unternehmen für Seilbahnbau und Transportanlagen 1890 nach Köln als J. Pohlig AG. 1903 verlässt er das Unternehmen. Sein Sohn gleichen Namens steigt in den Vorstand auf. Seine Unterschrift finden wir auf den Notgeldscheinen.

In Köln ist seit 1957 die Rheinseilbahn des Unternehmens aktiv. Auf dem Gelände des 1988 aufgegebenen Unternehmens in Köln-Zollstock steht heute die Zentrale der Gothaer Versicherungsbank. J. Pohlig AG, Köln-Zollstock.

Die „Gutscheine" über 500 000, eine und zwei Millionen Mark, 9. August 1923, 189 x 111 mm, zeigen typische Erzeugnisse des Unternehmens (van Eck 890,1-3).

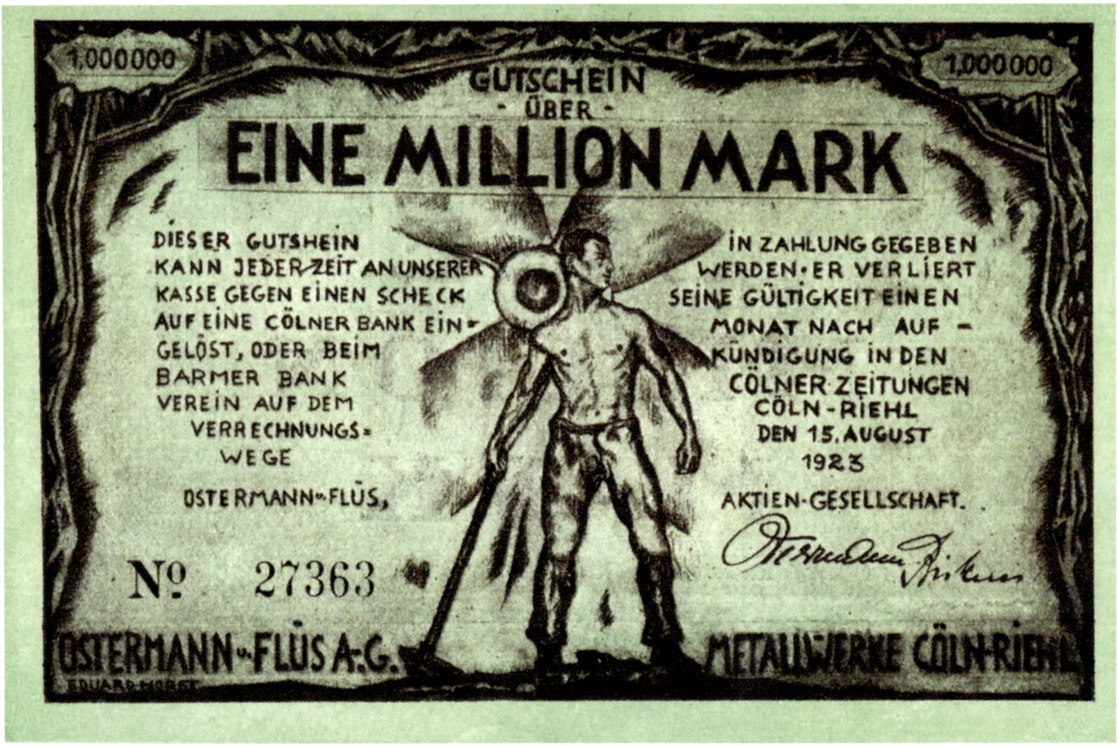

Das 1890 von Gustav Ostermann in Riehl gegründete Unternehmen hatte seit 1937 seinen Sitz in Ehrenfeld am Grünen Weg zwischen Lichtstraße und Melatengürtel.

Die Firma Ostermann-Flüs war 1922 in eine Aktiengesellschaft umgewandelt worden. Bis 1992 brachten in Bronze gegossene Schiffsschrauben mit einem Durchmesser von bis zu zehn Metern und 65 Tonnen Gewicht, die auf dem Geldschein gezeigt werden, der Firma Ostermann Erfolge. (rheinische-industriekultur.de) „Ostermann-Flüs AG. Cöln-Riehl", eine Million Mark, 15. August 1923, 153 x 98 mm (van Eck 884,2).

Kölnische Gummifäden-Fabrik
vormals Ferd. Kohlstadt & Co.
Köln-Deutz. № 3465 ✱

Zehn Milliarden
Mark

zahlt unsere Kasse in Köln-Deutz oder die Dresdner Bank in Köln, Unter Sachsenhausen 5/7, bis zum 11. November 1923 gegen Rückgabe dieses Gutscheines.

Köln-Deutz, **Kölnische Gummifäden-Fabrik**
25. Oktober 1923. vormals Ferd. Kohlstadt & Co.

Karl Glitscher, Köln-Mülheim.

Kölnische Gummifädenfabrik Köln-Deutz 10 Milliarden vom 25. Oktober 1923, 164 x 102 mm.
Die 1843 begonnene Produktion von Gummibändern und Hosenträgern aus Fäden, die aus großen Kautschuk-platten geschnitten wurden, war ein Erfolg. 1864 wurden neue Anlagen an der Deutz-Mülheimer Straße errichtet. Der Blick auf das bis 1972 bestehende Unternehmen an der Deutz-Mülheimer-Straße auf der Rückseite des Not-geldscheines zeigt ganz links den noch heute erhaltenen viergeschossigen Bau von Anfang des 20. Jahrhunderts an der Deutz-Mülheimer Straße 127 (Buschmann 2018: 76/77, van Eck 844,6).

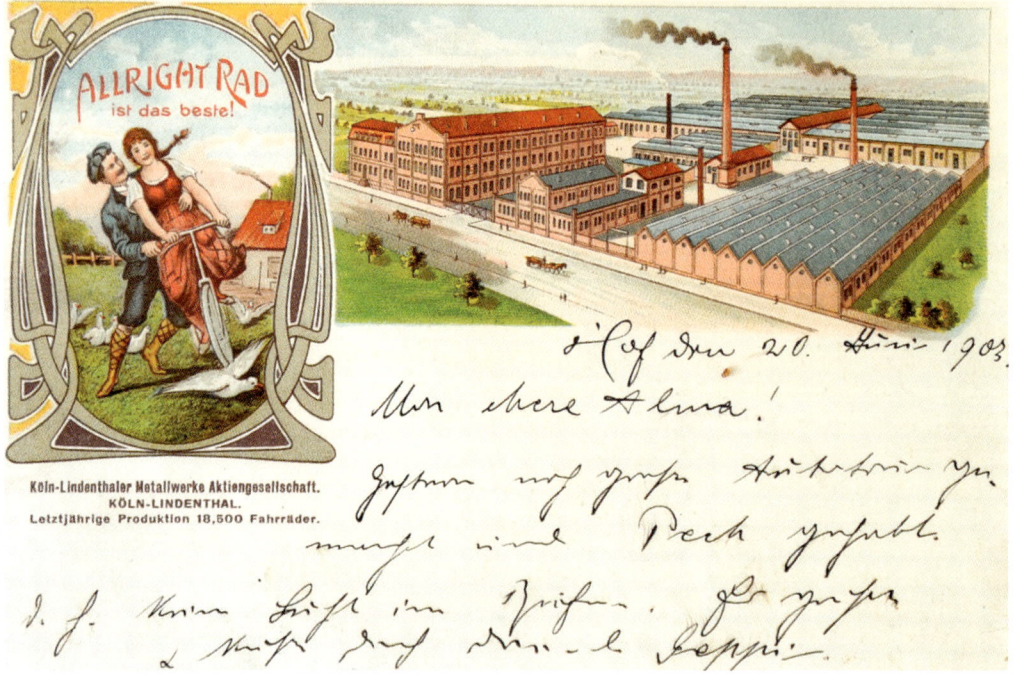

„Allright Rad ist das beste!" Köln-Lindenthaler Metallwerke AG. Die Postkarte zeigt die 1888 vom erfolgreichen Hochradrennfahrer Georg Sorge gegründete Fabrikanlage an der Neuenhöfer Allee. Nur das Verwaltungsgebäude Neuenhöfer Allee 92, ganz links in der Darstellung des Firmengeländes, steht heute noch. Bald wurden auch Motorräder und Automobile produziert. 1922 konnten die Cito-Werke in Köln-Klettenberg übernommen werden (Mikloweit 2002: 138-143).

„Köln-Lindenthaler Metallwerke AG", Gutschein über fünf Millionen Mark vom 15. August 1923, 120 x 80 mm, zusätzlich mit einem Prägestempel gesichert, (van Eck 863,5)

Gruss aus Kalk.

Maschinenbau - Anstalt „Humboldt", Kalk.
Mit Genehm. d. Maschb.-Anst. „Humboldt", n. i d. Besitz befindl. Original.

Maschinenbau-Anstalt „Humboldt", Kalk. Postkarte versandt am 8. August 1908, also noch vor der Eingemeindung von Kalk nach Köln im Jahre 1910. Die Anlagen der Maschinenbau-Anstalt, 1871 benannt nach dem großen und populären Naturforscher Alexander von Humboldt (1769-1859) prägen noch heute das Erscheinungsbild des Stadtteils Kalk (Buschmann 2018: 30/131).

„Maschinenbau-Anstalt Humboldt Köln-Kalk", Gutschein
vom 8. August 1923 über eine Million Mark, 141 x 84mm (van Eck 856,1).

Gruß aus Kalk. Postkarte, versandt am 6. Juli 1903 vor der Eingemeindung im Jahre 1910. Die dichte Gruppierung der Schornsteine links der Kalker Kirche gehören zur 1858 gegründeten „Chemischen Fabrik Vorster & Grüneberg", seit 1892 nur noch „Chemische Fabrik Kalk". Nach langsamem Niedergang wird das Werk 1994 geschlossen. Heute zeugt neben einigen Maschinenresten nur noch der Wasserturm vom einstigen Unternehmen (Buschmann 2018: 30/131). Hier stehen das Wissenschaftsmuseum „Odysseum", das Polizeipräsidium, die Einkaufslandschaft „Köln Arcaden" und ein Parkhaus. Weiten Raum nimmt der Bürgerpark Kalk ein (van Eck 785,4).

„Chemische Fabrik Kalk". Gutschein über eine Million Mark vom 9. August 1923, 142 x 94 mm, „Gegen Rückgabe dieses Gutscheins zahlt unsere Hauptkasse in Köln, Stolkgasse 3-11, den Gegenwert in Reichskassenscheinen oder Barscheck bis zum 1. Oktober 1923."
Reichskassenscheine waren längst wertlos und mit einem Barscheck hatte man nur Anspruch auf offizielles Notgeld, das in der Hyperinflation rasant an Wert verlor.

Gasmotorenfabrik Deutz. Postkarte versandt am 11. Dezember 1912. Durch die Mitte der Fabrikgebäude zieht sich die Deutz-Mülheimer Straße. Hinter der im Vordergrund verlaufenden Bahnlinie sehen wir links die Werkstatt für Kleinmotoren, rechts den Kleinmotorenbau und den Großmotorenbau. Jenseits der Deutz-Mülheimer Straße der Mittelmotorenbau und links an der Straße das Verwaltungsgebäude.

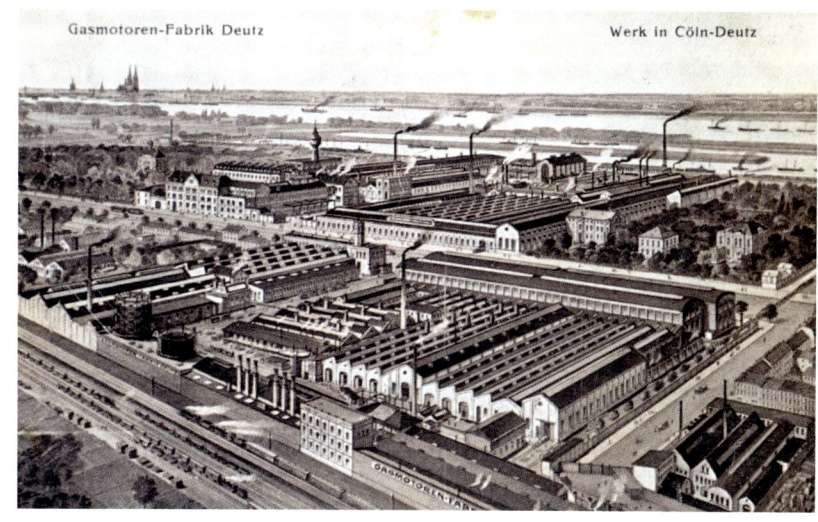

Erst heute beginnt die Bedeutung einer Kölner Erfindung, des Otto-Motors, die seit 1931 mit einem Denkmal für Nicolaus August Otto (1832–1891) und Eugen Langen (1833–1895) vor dem Deutzer Bahnhof gepriesen wird, langsam zu verblassen. Der Handlungsreisende für ein Kölner Handelsunternehmen Nicolaus August Otto gab 1862 seinen Beruf auf, um sich ganz der Entwicklung eines Motors widmen zu können. Am Gereonswall 61 entstand schließlich sein erstes Erfolgsmodell. 1867 bei der Weltausstellung in Paris preisgekrönt, seit 1868 in Serienproduktion, machte sein Motor das gemeinsam mit Eugen Langen 1864 gegründete Unternehmen zum Erfolg. Aber erst die Entwicklung des Viertaktmotors mit Fremdzündung seit 1876 brachte die einzige Kölner Erfindung, die bis heute die Welt bewegt – in vielfachem Sinne. Eugen Langen, der Sohn des reichen Kölner Zuckerfabrikanten Johann Jakob Langen wurde zum ebenso erfolgreichen Kaufmann wie Ingenieur. Sein bis heute berühmtestes Projekt ist die Wuppertaler Schwebebahn gebaut bei van der Zypen & Charlier (van Eck 842,4).

„Motorenfabrik Deutz"-Gutschein über Zwei Million Mark vom 11. August 1923, 140 x 90 mm: „Dieser Gutschein ist von uns ausgegeben, um dem augenblicklichen Mangel an Bargeld abzuhelfen. Die Einlösung erfolgt an unserer Kasse, sobald der Mangel an Zahlungsmitteln beseitigt ist, spätestens bis 1. November 1923." Seit 1922 ist die Gasmotoren-Fabrik Deutz nach einer Fusion in Motorenfabrik Deutz umbenannt worden. Weitere Scheine vom 26. Oktober 1923 haben keine beschränkte Gültigkeit.

GOTTFRIED HAGEN, KÖLN-KALK

Weitere Fabriken in Mechernich (Eifel) u. Merxem bei Antwerpen

Ca. 1000 Arbeiter   ::   1200 HP Dampfkraft   ::   Gegründet 1827

„Ansicht der Firma Gottfried Hagen", Köln-Kalk, Postkarte vor 1922. In diesem Jahr wurde das Familienunternehmen in eine Aktiengesellschaft umgewandelt. Auf der Postkarte sind auch die an der Rolshovener Straße erhaltenen Bauten, der rechts unten im Bild sichtbare Fabrikbau in zwei Etagen und das links dahinter liegende Sozialgebäude. Ein Anfang des 18. Jahrhunderts in der Altstadt gegründeter Metallhandel der Familie baut 1890 ein Akkumulatorenwerk südlich der Stadt Kalk. 1983 wird das Werk geschlossen, Grund und Boden mit hoher Bleibelastung werden entgiftet (Buschmann 2018: 131 / 132).

„Gottfried Hagen AG". Zwei Millionen Mark vom 15. August 1923. „Dieser Gutschein ist ausgegeben, um dem augenblicklichen Mangel an Bargeld abzuhelfen. Die Einlösung dieses Gutscheins erfolgt bei Vorlegung an unserer Kassa in Reichsbanknoten oder Barscheck, doch muß solche bis zum 31. Dezember 1923 erfolgt sein."
131 x 91 mm (van Eck 854,1)

Konrad Adenauer macht Schulden

„(. . .) mit starker Hand und – tut es not – mit großen Mitteln" verspricht Konrad Adenauer in seiner Antrittsrede als Oberbürgermeister am 18. Oktober 1917, *„eifrig darauf zu achten, daß Cöln seine stolze Stellung im deutschen und internationalen Wirtschaftsleben wieder erhält und weiter ausbaut."* (Frielingsdorf 2002: 30)

Zwei Grundlagen einer erfolgreichen Entwicklung Kölns konnte Konrad Adenauer bereits Anfang 1919 festmachen: Am 5. Januar 1919 wurde die Handelshochschule zur Universität umgewandelt, der Vertrag zwischen Preußen und der Stadt folgte am 27. Mai 1919, trotz der Verpflichtung, alle Kosten selbst zu tragen (Edelmann 2019: 73).

Im gleichen Jahr wurden die Planungen für den Grüngürtel im aufgehobenen Rayongebiet der preußischen Festung Köln beschlossen. Auch der Hafenausbau im Kölner Norden und die Kölner Messe kamen auf die Tagesordnung. Und Konrad Adenauer griff für diese Projekte tief in die offenen Taschen des Kreditwesens.

Die sozialen Probleme: Hunger, Arbeitslosigkeit und Wohnungsnot wurden von der Stadt nicht vergessen. Notküchen waren aktiv, Arbeitslose wurden zu Arbeiten im Niehler Hafen oder zu Erdarbeiten für die Sportanlagen im Grüngürtel eingesetzt.

Oberbürgermeister Konrad Adenauer berichtete am 29. November 1923 im Rat, dass die Stadt für den Ausbau des Hafens in Niehl und andere öffentliche Aufgaben rund 8000 Notstandsarbeiter beschäftigte. Auch wären 33 Küchen in Betrieb, von denen täglich 15 000 bis 20 000 Essen zu den Selbstkosten und an Erwerbslose mit 50 Prozent Rabatt ausgegeben werden.

Selbst notleidende Künstler wurden unterstützt. Max Ernst konnte seine bahnbrechende Mappe von Lithographien *„Fiat modes pereat ars"* – es werde Mode, die Kunst vergehe – sogar damit bewerben: *„ . . . die Blätter wurden im Auftrag der Stadt Köln gezeichnet. Es ist dies der erste uns bekannte Fall, in dem eine Stadtverwaltung als Auftraggeberin eines dadaistischen Kunstwerks dasteht. Köln marschiert demnach."* (Fischer 1990: 32). Der Rat hatte 200 000 Mark zur Unterstützung zur Verfügung gestellt. Dafür wurde am 19. Mai 1919 die *„Arbeitsgemeinschaft Kölner Künstler"* gegründet. Die Unterstützung für Max Ernst endete, als bei einer Inspektion beim Ehepaar Max Ernst und Dr. Louise Strauß-Ernst die Beschäftigung eines Dienstmädchens festgestellt wurde (Krempel 2000: 218).

Sozialer Wohnungsbau wurde nicht von der Stadt selbst umgesetzt, aber unterstützt und gefördert. „Alles in allem konnte sich aber der Kölner soziale Wohnungsbau mit dem der sozialdemokratisch regierten Kommunen messen und sich am Ende gar als leistungsfähiger erweisen." (Guder 1996: 82)

Die Stadt Köln hat wie andere Kommunen, wie große Investoren und kleine Hausbesitzer die Inflation der Nachkriegszeit bis 1924 dazu genutzt, ihre in Reichsmark gemachten Schulden abzubauen. Und sie hat ebenso gerne neue kurzfristige Kredite aufgenommen und diese nach Ablauf des Kredits mit Leichtigkeit mit frischem Notgeld, möglichst mit selbstgedrucktem, zurückgezahlt.

Am Anfang stand ein Kredit über 100 Millionen Mark, am 16. April 1920 vom Rat beschlossen, am 22. Mai 1920 vom Minister des Inneren und der Finanzen genehmigt. Er wurde schließlich am 1. Oktober 1920 von Oberbürgermeister Konrad Adenauer unterzeichnet.

Anleihe 1920

Rheinprovinz **4%** Regierungsbezirk Köln

Schuldverschreibung

der Stadt Köln

Anleihe 1920 Nr. **02743** über Buchstabe **A**

Zwanzigtausend Mark Reichswährung.

Ausgefertigt auf Grund der Genehmigung der Minister des Innern und der Finanzen vom 22. Mai 1920 (Deutscher Reichs- und Preußischer Staatsanzeiger vom 16. Juni 1920).

In Gemäßheit des von dem Bezirksausschusse des Regierungsbezirks Köln genehmigten Beschlusses der Stadtverordnetenversammlung vom 27. November 1919 / 16. April 1920 wegen Aufnahme einer Anleihe von einhundert Millionen Mark bekennt sich der unterzeichnete Oberbürgermeister namens der Stadt Köln durch diese, für jeden Inhaber gültige Schuldverschreibung zu einer seitens des Gläubigers unkündbaren Darlehnsschuld von **Zwanzigtausend Mark,** welche mit 4% jährlich zu verzinsen ist.

Die Tilgung der Schuld erfolgt von dem Rechnungsjahre ab, in dem die Anleihe oder die einzelnen Anleiheteilbeträge ausgegeben werden, durch Ankauf oder Auslosung der Schuldverschreibungen aus einem Tilgungsstocke, welchem jährlich wenigstens 2% des Anleihekapitals sowie die durch die fortschreitende Tilgung ersparten Zinsen zuzuführen sind. Die Stadt wird jedoch die Tilgung in den ersten zehn Jahren nicht ausführen, sondern statt dessen die innerhalb der ersten Jahre fälligen jährlichen Tilgungsgrundraten nebst deren Zinsen in Höhe des Anleihezinsfußes und nebst Zinseszinsen zu einem besonderen, unter der Aufsicht des Regierungspräsidenten in Köln unterworfenen Fonds ansammeln, der am 1 Oktober 1930 in voller Höhe zum Ankauf oder zur Auslosung von Schuldverschreibungen oder zur Verstärkung der von dann ab einsetzenden regelmäßigen Tilgung zu verwenden ist.

Nach Ablauf der ersten zehn Jahre geschehen die Auslosungen im Monat Juni jedes Jahres. Der Stadt bleibt jedoch das Recht vorbehalten, vom 1. Oktober 1930 ab den Tilgungsstock zu verstärken oder auch sämtliche noch im Umlauf befindlichen Schuldverschreibungen auf einmal zu kündigen. Die durch die verstärkte Tilgung ersparten Zinsen wachsen ebenfalls dem Tilgungsstocke zu. Die ausgelosten sowie die gekündigten Schuldverschreibungen werden unter Bezeichnung ihrer Buchstaben, Nummern und Beträge sowie des Termins, an welchem die Rückzahlung erfolgen soll, öffentlich bekanntgemacht. Diese Bekanntmachung erfolgt drei Monate vor dem Zahlungstermin im Deutschen Reichs- und Preußischen Staatsanzeiger, im Amtsblatte der Regierung zu Köln, in zwei in Köln erscheinenden Zeitungen und in je einer in Berlin und Frankfurt a. Main erscheinenden Zeitung. Geht eines der vorbezeichneten Blätter ein, so wird an dessen Stelle vom Oberbürgermeister mit Genehmigung des Regierungspräsidenten zu Köln ein anderes Blatt bestimmt.

Wird die Tilgung durch Ankauf von Schuldverschreibungen bewirkt, so wird dies unter Angabe des Betrages der angekauften Schuldverschreibungen alsbald nach dem Ankauf in oben bezeichneter Weise bekanntgemacht.

Bis zu dem Tage, an welchem hiernach das Kapital zu entrichten ist, wird es in halbjährlichen Terminen am 1. April und am 1. Oktober, von heute an gerechnet, mit 4% jährlich verzinst.

Die Auszahlung der Zinsen und des Kapitals erfolgt gegen Rückgabe der fällig gewordenen Zinsscheine bezw. dieser Schuldverschreibung bei der Stadthauptkasse in Köln und den bekanntzumachenden sonstigen Zahlstellen, und zwar auch in der nach dem Eintritte des Fälligkeitstermins folgenden Zeit. Mit der zur Empfangnahme des Kapitals eingereichten Schuldverschreibung sind auch die dazu gehörigen Zinsscheine der späteren Fälligkeitstermine zurückzuliefern. Für die fehlenden Zinsscheine wird deren Betrag vom Kapital abgezogen.

Der Anspruch aus dieser Schuldverschreibung erlischt mit dem Ablaufe von 30 Jahren nach dem Rückzahlungstermine, wenn nicht die Schuldverschreibung vor dem Ablaufe der 30 Jahre der Stadtverwaltung zur Einlösung vorgelegt wird. Erfolgt die Vorlegung, so verjährt der Anspruch in zwei Jahren vom Ende der Vorlegungsfrist an. Der Vorlegung steht die gerichtliche Geltendmachung des Anspruchs aus der Urkunde gleich.

Bei den Zinsscheinen beträgt die Vorlegungsfrist vier Jahre. Sie beginnt für Zinsscheine mit dem Schlusse des Jahres, in welchem die für die Zahlung bestimmte Zeit eintritt.

Das Aufgebot und die Kraftloserklärung abhanden gekommener oder vernichteter Schuldverschreibungen erfolgt nach Vorschrift der §§ 1004 ff. der Zivilprozeßordnung.

Zinsscheine können weder aufgeboten noch für kraftlos erklärt werden; doch wird dem bisherigen Inhaber von Zinsscheinen, welcher den Verlust vor dem Ablaufe der vierjährigen Vorlegungsfrist bei der städtischen Verwaltung anzeigt, nach Ablauf der Frist der Betrag der angemeldeten Zinsscheine gegen Quittung ausgezahlt werden. Der Anspruch ist ausgeschlossen, wenn der abhanden gekommene Schein der städtischen Verwaltung zur Einlösung vorgelegt oder der Anspruch aus dem Scheine gerichtlich geltend gemacht ist, es sei denn, daß die Vorlegung oder die gerichtliche Geltendmachung nach dem Ablaufe der Frist erfolgt ist. Der Anspruch verjährt in vier Jahren.

Mit dieser Schuldverschreibung sind halbjährliche Zinsscheine bis zum 1. Oktober 1930 ausgegeben; die ferneren Zinsscheine werden für zehnjährige Zeiträume ausgegeben werden. Die Ausgabe einer neuen Reihe von Zinsscheinen erfolgt bei der Stadthauptkasse in Köln gegen Ablieferung des der älteren Zinsscheinreihe beigedruckten Erneuerungsscheines, sofern nicht der Inhaber der Schuldverschreibung bei der städtischen Verwaltung der Ausgabe widersprochen hat. In diesem Falle sowie beim Verluste eines Erneuerungsscheines werden die Zinsscheine dem Inhaber der Schuldverschreibung ausgehändigt, wenn er die Schuldverschreibung vorlegt.

Zur Sicherheit für hierdurch eingegangenen Verpflichtungen haftet die Stadt mit ihrem Vermögen und mit ihrer Steuerkraft. Dessen zur Urkunde habe ich diese Ausfertigung unter meiner Unterschrift erteilt.

Köln, den 1. Oktober 1920.

Der Oberbürgermeister:

Adenauer

Ausgefertigt: *Hans*

(**Eigenhändige** Unterschrift des damit von dem Oberbürgermeister beauftragten Kontrollbeamten.)

20000 Mark

ZUR NACHRICHT.

1. Von der Stadt Köln ist ein Stadtschuldbuchamt eingerichtet worden. Inhaber von Schuldverschreibungen der Stadt Köln und der früheren Stadt Mülheim können sich durch Eintragung in das Stadtschuldbuch gegen die Gefahr schützen, durch Verlust oder wesentliche Beschädigung der Schuldverschreibungen oder Zinsscheine das Forderungsrecht einzubüßen. — Auch sind die Inhaber der Schuldverschreibungen der Kontrolle hinsichtlich der Auslosung der Schuldverschreibungen enthoben, da das Stadtschuldbuchamt dies besorgt. — Die Auszahlung der Zinsen erfolgt vom 21. des dem Fälligkeitstermin vorangehenden Monats ab nach Wunsch durch die Post, an der Stadthauptkasse, an die Städtische Sparkasse zu Köln, durch ein Bankhaus oder durch Reichsbank-Girokonto. Die Gläubiger behalten selbstverständlich die jederzeitige freie Verfügung über ihre Forderungen. — Anträge sind an das Stadtschuldbuchamt zu Köln, Rathaus, zu richten, woselbst auch weitere Auskunft erteilt wird. — Die mitwirkenden Beamten sind zu strengster Geheimhaltung über den Inhalt des Stadtschuldbuches verpflichtet. — Die amtlichen Mitteilungen über die Einrichtung des Stadtschuldbuches werden vom Stadtschuldbuchamt unentgeltlich verabfolgt.
2. Inhaber von Schuldverschreibungen der Stadt Köln und der früheren Stadt Mülheim, welche von einer etwaigen Auslosung benachrichtigt zu werden wünschen, wollen dem Stadtschuldbuchamt ihre genaue Adresse nebst Datum und Nummer der Schuldverschreibung mitteilen.

Anleihe 1920 zu vier Prozent Zinsen: Der letzte Zinsschein über 400 Mark wäre am 1. Oktober 1930 ausgezahlt worden. Im abgebildeten Fall ist der letzte Zinsschein am 1. Oktober 1924 eingelöst worden. Nach dem Aufwertungsgesetz vom 16. Juli 1925 – gemeint ist das Gegenteil – bleibt ein Wert von 10 Reichsmark. Die Zinsscheine mit den Nummern eins bis acht sind eingelöst worden.

Den Umgang mit Anleihen waren Oberbürgermeister und Rat gewohnt. Der Weg zur Genehmigung durch die Aufsichtsbehörden war nicht einfach und verlangte einen langen Atem. 1908 und erneut 1912 hatte Konrad Adenauer unter Oberbürgermeister Max Wallraf die Diskussionen miterlebt.

In der Stadtverordneten-Versammlung wurde am 21. März 1912 eine Anleihe über 79 Millionen beschlossen – eine wie schon 1908 zielgerichtete Entwicklungspolitik: Beteiligungen am Braunkohlenbergbau, an Nahverkehrsunternehmen, Investitionen in Brückenbau, in die städtischen Straßenbahnen, ein Lagerhaus im Hafengebiet, Schulbauten, eine Badeanstalt, eine Tuberkuloseanstalt, in die „Lindenburg" (die aktuellen Unikliniken), in Friedhöfe und schließlich mit der Hälfte des Finanzvolumens in Tiefbauplanungen, in die eigene Grundstücksverwaltung und in Vergabe von Hypotheken für die Projekte von Kölner Bürgern.

Dass eine halbe Million der neuen Anleihe „zur teilweisen Deckung des Mindererlöses" der letzten Anleihe von 1908 den Abschluss bildete, wies darauf hin, dass die Anleihen nicht auf größte Begeisterung am Kapitalmarkt stießen. Sie wurde abschnittsweise verkauft. Am 1. September 1918 wurde die 111. Abteilung kurz vor Kriegsende verkauft. Ein Erfolg für die Stadt, nicht für die Käufer.

Rechte Seite: Schuldverschreibung der Stadt Köln vom 1. September 1918, die 111. Abteilung der Anleihe von 1912.

1000   1000

Anleihe 1912
III. Abteilung

Rheinprovinz   Regierungsbezirk Cöln

Schuldverschreibung
der Stadt Cöln

Anleihe 1912   Nr. 50891 ✳   Buchstabe B
III. Abteilung

über

Eintaufend Mark Reichswährung

Ausgefertigt, auf Grund der mit Allerhöchster Ermächtigung erteilten Genehmigung der Minister für Landwirtschaft, Domänen und Forsten, des Innern und der Finanzen vom 26. Juni 1912 (Deutscher Reichs- und Königlich Preußischer Staatsanzeiger vom 5. August 1912).

4%   4%

Gemäßheit des von dem Bezirksausschuß des Regierungsbezirks Cöln genehmigten Beschlusses der Stadtverordneten-Versammlung vom 21. März 1912 wegen Aufnahme einer Anleihe von Neunundsiebzig Millionen Mark bekennt sich der Oberbürgermeister namens der Stadt Cöln durch diese für jeden Inhaber gültige Schuldverschreibung zu einer seitens des Gläubigers unkündbaren Darlehnsschuld von Eintaufend Mark, welche mit 4 Prozent jährlich zu verzinsen ist.

[body text columns — legal terms of the bond]

CÖLN, den 1. September 1918.

Der Oberbürgermeister:

Adenauer

Ausgefertigt:

Reichwein

SIEGEL DER STADT CÖLN

1000   1000

J. P. BACHEM, CÖLN. 58111

ERNEUERUNGSSCHEIN

Rheinprovinz.   Regierungsbezirk Cöln.

für die Zinsscheinreihe Nr. II zur Schuldverschreibung der Stadt Cöln, Anleihe 1912, III. Abteilung

Buchstabe B   **über Eintausend Mark**   Nr 50891

Der Inhaber dieses Scheines empfängt gegen dessen Rückgabe zu der obigen Schuldverschreibung die II. Reihe von Zinsscheinen für die Jahre vom 1. September 1928 bis 31. August 1938 nebst Erneuerungsschein bei der Stadthauptkasse in Cöln, sofern nicht der Inhaber der Schuldverschreibung der Ausgabe bei der städtischen Verwaltung widersprochen hat. In diesem Falle, sowie beim Verluste dieses Scheines werden die neuen Zinsscheine nebst Erneuerungsschein dem Inhaber der Schuldverschreibung ausgehändigt, wenn er die Schuldverschreibung vorlegt.

Cöln, den 1. September 1918.   Der Oberbürgermeister: 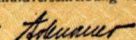 Adenauer

J. P. BACHEM, CÖLN

---

20. Zinsschein, I. Reihe
Rheinprovinz. — Regierungsbezirk Cöln.
zu der Schuldverschreibung der Stadt Cöln
Anleihe 1912 III. Abteilung Buchstabe B
über Eintausend Mark zu 4% Zinsen
über **20** Mark.
Cöln 1912. III. — 20 **C** — Nr 50891 — **20.00**
Der Inhaber dieses Zinsscheines empfängt gegen dessen Rückgabe in der Zeit vom 1. September 1928 ab die Zinsen der vorbenannten Schuldverschreibung für das Halbjahr vom 1. März bis 31. August 1928 mit zwanzig Mark bei der Stadthauptkasse in Cöln oder bei den bekannt gemachten sonstigen Zahlstellen.
Der Oberbürgermeister: Adenauer
Cöln, den 1. September 1918.
Fällig: 1. Sept. 1928.
Ungültig, wenn durchlocht.

19. Zinsschein, I. Reihe
Rheinprovinz. — Regierungsbezirk Cöln.
zu der Schuldverschreibung der Stadt Cöln
Anleihe 1912 III. Abteilung Buchstabe B
über Eintausend Mark zu 4% Zinsen
über **20** Mark.
Cöln 1912. III. — 19 **F** — Nr 50891 — **20.00**
Der Inhaber dieses Zinsscheines empfängt gegen dessen Rückgabe in der Zeit vom 1. März 1928 ab die Zinsen der vorbenannten Schuldverschreibung für das Halbjahr vom 1. September 1927 bis 29. Februar 1928 mit zwanzig Mark bei der Stadthauptkasse in Cöln oder bei den bekannt gemachten sonstigen Zahlstellen.
Der Oberbürgermeister: Adenauer
Cöln, den 1. September 1918.
Fällig: 1. März 1928.
Ungültig, wenn durchlocht.

18. Zinsschein, I. Reihe
Rheinprovinz. — Regierungsbezirk Cöln.
zu der Schuldverschreibung der Stadt Cöln
Anleihe 1912 III. Abteilung Buchstabe B
über Eintausend Mark zu 4% Zinsen
über **20** Mark.
Cöln 1912. III. — 18 **E** — Nr 50891 — **20.00**
Der Inhaber dieses Zinsscheines empfängt gegen dessen Rückgabe in der Zeit vom 1. September 1927 ab die Zinsen der vorbenannten Schuldverschreibung für das Halbjahr vom 1. März bis 31. August 1927 mit zwanzig Mark bei der Stadthauptkasse in Cöln oder bei den bekannt gemachten sonstigen Zahlstellen.
Der Oberbürgermeister: Adenauer
Cöln, den 1. September 1918.
Fällig: 1. Sept. 1927.
Ungültig, wenn durchlocht.

17. Zinsschein, I. Reihe
Rheinprovinz. — Regierungsbezirk Cöln.
zu der Schuldverschreibung der Stadt Cöln
Anleihe 1912 III. Abteilung Buchstabe B
über Eintausend Mark zu 4% Zinsen
über **20** Mark.
Cöln 1912. III. — 17 **D** — Nr 50891 — **20.00**
Der Inhaber dieses Zinsscheines empfängt gegen dessen Rückgabe in der Zeit vom 1. März 1927 ab die Zinsen der vorbenannten Schuldverschreibung für das Halbjahr vom 1. September 1926 bis 28. Februar 1927 mit zwanzig Mark bei der Stadthauptkasse in Cöln oder bei den bekannt gemachten sonstigen Zahlstellen.
Der Oberbürgermeister: Adenauer
Cöln, den 1. September 1918.
Fällig: 1. März 1927.
Ungültig, wenn durchlocht.

16. Zinsschein, I. Reihe
Rheinprovinz. — Regierungsbezirk Cöln.
zu der Schuldverschreibung der Stadt Cöln
Anleihe 1912 III. Abteilung Buchstabe B
über Eintausend Mark zu 4% Zinsen
über **20** Mark.
Cöln 1912. III. — 16 **C** — Nr 50891 — **20.00**
Der Inhaber dieses Zinsscheines empfängt gegen dessen Rückgabe in der Zeit vom 1. September 1926 ab die Zinsen der vorbenannten Schuldverschreibung für das Halbjahr vom 1. März bis 31. August 1926 mit zwanzig Mark bei der Stadthauptkasse in Cöln oder bei den bekannt gemachten sonstigen Zahlstellen.
Der Oberbürgermeister: Adenauer
Cöln, den 1. September 1918.
Fällig: 1. Sept. 1926.
Ungültig, wenn durchlocht.

15. Zinsschein, I. Reihe
Rheinprovinz. — Regierungsbezirk Cöln.
zu der Schuldverschreibung der Stadt Cöln
Anleihe 1912 III. Abteilung Buchstabe B
über Eintausend Mark zu 4% Zinsen
über **20** Mark.
Cöln 1912. III. — 15 **B** — Nr 50891 — **20.00**
Der Inhaber dieses Zinsscheines empfängt gegen dessen Rückgabe in der Zeit vom 1. März 1926 ab die Zinsen der vorbenannten Schuldverschreibung für das Halbjahr vom 1. September 1925 bis 28. Februar 1926 mit zwanzig Mark bei der Stadthauptkasse in Cöln oder bei den bekannt gemachten sonstigen Zahlstellen.
Der Oberbürgermeister: Adenauer
Cöln, den 1. September 1918.
Fällig: 1. März 1926.
Ungültig, wenn durchlocht.

14. Zinsschein, I. Reihe
Rheinprovinz. — Regierungsbezirk Cöln.
zu der Schuldverschreibung der Stadt Cöln
Anleihe 1912 III. Abteilung Buchstabe B
über Eintausend Mark zu 4% Zinsen
über **20** Mark.
Cöln 1912. III. — 14 **A** — Nr 50891 — **20.00**
Der Inhaber dieses Zinsscheines empfängt gegen dessen Rückgabe in der Zeit vom 1. September 1925 ab die Zinsen der vorbenannten Schuldverschreibung für das Halbjahr vom 1. März bis 31. August 1925 mit zwanzig Mark bei der Stadthauptkasse in Cöln oder bei den bekannt gemachten sonstigen Zahlstellen.
Der Oberbürgermeister: Adenauer
Cöln, den 1. September 1918.
Fällig: 1. Sept. 1925.
Ungültig, wenn durchlocht.

13. Zinsschein, I. Reihe
Rheinprovinz. — Regierungsbezirk Cöln.
zu der Schuldverschreibung der Stadt Cöln
Anleihe 1912 III. Abteilung Buchstabe B
über Eintausend Mark zu 4% Zinsen
über **20** Mark.
Cöln 1912. III. — 13 **Z** — Nr 50891 — **20.00**
Der Inhaber dieses Zinsscheines empfängt gegen dessen Rückgabe in der Zeit vom 1. März 1925 ab die Zinsen der vorbenannten Schuldverschreibung für das Halbjahr vom 1. September 1924 bis 28. Februar 1925 mit zwanzig Mark bei der Stadthauptkasse in Cöln oder bei den bekannt gemachten sonstigen Zahlstellen.
Der Oberbürgermeister: Adenauer
Cöln, den 1. September 1918.
Fällig: 1. März 1925.
Ungültig, wenn durchlocht.

12. Zinsschein, I. Reihe
Rheinprovinz. — Regierungsbezirk Cöln.
zu der Schuldverschreibung der Stadt Cöln
Anleihe 1912 III. Abteilung Buchstabe B
über Eintausend Mark zu 4% Zinsen
über **20** Mark.
Cöln 1912. III. — 12 **Y** — Nr 50891 — **20.00**
Der Inhaber dieses Zinsscheines empfängt gegen dessen Rückgabe in der Zeit vom 1. September 1924 ab die Zinsen der vorbenannten Schuldverschreibung für das Halbjahr vom 1. März bis 31. August 1924 mit zwanzig Mark bei der Stadthauptkasse in Cöln oder bei den bekannt gemachten sonstigen Zahlstellen.
Der Oberbürgermeister: Adenauer
Cöln, den 1. September 1918.
Fällig: 1. Sept. 1924.
Ungültig, wenn durchlocht.

Nur der erste Zinsschein vom 1. März 1924 ist eingelöst worden. Nach dem Reichsgesetz vom 16. Juli 1925 über die Ablösung öffentlicher Anleihen, gerne auch im Gegensatz zum Ergebnis als Aufwertungsgesetz bezeichnet, hatte sie nur noch einen Wert von 25 Reichsmark.

Die Zeitschrift „Die Stimme vom Rhein. Freie Monatsschrift für deutsches Leben", 1922/1923, in Köln erschienen, sucht mit dieser Spendenbescheinigung vom 15. Oktober 1922 über fünfzig Mark, bald überdruckt mit „Tausend Mark", Unterstützung. 140 x 93 mm.

Die Abbildung der Hohenzollernbrücke als Ausdruck der Anbindung ans Reich wird vom Spruch auf der Rückseite betont: „Wer, wenn das Vaterland bedroht ist, einen anderen Gedanken als dessen Rettung fühlt, ist nicht wert, in einem freien Staate zu leben. Friedrich Maximilian v. Klinger."
(van Eck 832)

Für die Finanzierung der Messebauten und anderer Vorhaben hatte die Stadt Köln in der Ratssitzung vom 18. Juli 1922, als die Inflation schon zu erkennen war, unter Oberbürgermeister Konrad Adenauer beschlossen, sich für *„Hafen-, Bahn-, Kanal-, Ausstellungs- und Messebauten und zur Erweiterung der Elektrizitätswerke"* eine Anleihe genehmigen zu lassen. Aus 600 Millionen Mark (Henning 1976: Anm. 47) wurden in der Außerordentlichen Sitzung der Stadtverordneten-Versammlung 5. Januar 1923 dann bereits 3 Milliarden: *„Die Versammlung beschließt die Nachsuchung der Genehmigung zur Aufnahme einer Anleihe von 3 000 000 000 M zur Ausführung von Hafen- und Industriegeländeanlagen, von Bahn, Kanal-, Ausstellungs- und Messebauten und zur Erweiterung der Elektrizitätswerke."*

Die rasch umgesetzten Investitionen minderten die Arbeitslosigkeit und geben vielfach noch heute der Wirtschaft Kölns ihre Strukturen. Angesichts einer Inflation, die immer schneller Fahrt aufnahm, war die Summe leicht zurückzuzahlen.

Am 1. Februar 1923 war ein Schein über 10 000 Mark der höchste zur Verfügung stehende Wert. Am 18. September des gleichen Jahres 1923 hätte Konrad Adenauer die Schulden mit drei Scheinen zu 1 Milliarde aus der eigenen städtischen Produktion zurückzahlen können. Das eigene Notgeld setzte man auch ein, um spekulativ Devisen zu erwerben, deren Kurs ja regelmäßig weiter stieg. Das Notgeld der rheinischen Kommunen, die im besetzten Rheinland fast ohne Aufsicht handeln konnten, wurde schließlich zu einer der Quellen der Hyperinflation (Zunkel 1996: 229-232).

1926 wurden dann – laut Verwaltungsbericht 1926 – zur Ablösung der alten städtischen Schulden in Mark vor und in der Inflationszeit Ablösungsanleihen als Schuldverschreibungen in Höhe von (nur) sieben Millionen Reichsmark aufgelegt. Die minimalen Summen – für 1000 Mark wurden entsprechend dem Reichsgesetz vom 16. Juli 1925 nur 25 Reichsmark angerechnet – wurden dann in kleinen Anteilen ausgelost. Eine Verzinsung konnte erst nach „Erlöschen der Reparationsverpflichtungen" gefordert werden.

Anleihe 1923

Rheinprovinz

8%

Regierungsbezirk Köln

Schuldverschreibung

der Stadt Köln

Anleihe 1923   Nr. **89715** über   Buchstabe **C**

Zwanzigtausend Mark Reichswährung.

Ausgefertigt auf Grund der Genehmigung der Minister des Innern und der Finanzen vom 22. Februar 1923 (Deutscher Reichs- und Preußischer Staatsanzeiger vom 16. März 1923).

In Gemäßheit des von dem Bezirksausschuß des Regierungsbezirks Köln genehmigten Beschlusses der Stadtverordnetenversammlung vom 8. Februar 1923 wegen Aufnahme einer Anleihe von drei Milliarden Mark bekennt sich der unterzeichnete Oberbürgermeister namens der Stadt Köln durch diese, für jeden Inhaber gültige Schuldverschreibung zu einer seitens des Gläubigers unkündbaren Darlehnsschuld von **Zwanzigtausend Mark**, welche mit 8% jährlich zu verzinsen ist.

Die Tilgung der Schuld erfolgt vom Beginn des auf die Ausgabe der Anleihe oder der einzelnen Anleiheteilbeträge folgenden Rechnungsjahre ab durch Ankauf oder Auslosung der Schuldverschreibungen aus einem Tilgungsstock, welchem jährlich wenigstens 3½% des Anleihekapitals sowie die durch die fortschreitende Tilgung ersparten Zinsen zuzuführen sind. Die Tilgung wird jedoch die Tilgung in den ersten zehn Jahren nicht ausführen, sondern statt dessen die innerhalb der ersten zehn Jahre fälligen jährlichen Tilgungsgrundraten nebst durch eine fortschreitende Tilgung zu ersparenden Zinsen zu einer besonderen, der Aufsicht des Regierungspräsidenten in Köln unterworfenen Rücklage ansammeln, die am 1. Januar 1933 in voller Höhe zum Ankauf oder zur Auslosung von Schuldverschreibungen oder zur Verstärkung der von dann ab einsetzenden regelmäßigen Tilgung zu verwenden ist.

Nach Ablauf der ersten zehn Jahre geschieht die Auslosungen im Monat September jeden Jahres. Der Stadt bleibt jedoch das Recht vorbehalten, vom 1. Januar 1933 ab den Tilgungsstock zu verstärken oder auch sämtliche noch im Umlauf befindlichen Schuldverschreibungen auf einmal zu kündigen. Die durch die verstärkte Tilgung ersparten Zinsen wachsen ebenfalls dem Tilgungsstock zu. Die ausgelosten sowie die gekündigten Schuldverschreibungen werden unter Bezeichnung ihrer Buchstaben, Nummern und Beträge sowie des Termins, an welchem die Rückzahlung erfolgen soll, öffentlich bekanntgemacht. Diese Bekanntmachung erfolgt drei Monate vor dem Zahlungstermin im Deutschen Reichs- und Preußischen Staatsanzeiger, im Amtsblatt der Regierung zu Köln, in zwei in Köln erscheinenden Zeitungen und in je einer in Berlin und Frankfurt a. Main erscheinenden Zeitung. Geht eines der vorbezeichneten Blätter ein, so wird an dessen Stelle vom Oberbürgermeister mit Genehmigung des Regierungspräsidenten in Köln ein anderes Blatt bestimmt.

Wird die Tilgung durch Ankauf von Schuldverschreibung bewirkt, so wird dies unter Angabe des Betrages der angekauften Schuldverschreibungen alsbald nach dem Ankauf in der obenbezeichneten Weise bekanntgemacht.

Bis zu dem Tage, an welchem hiernach das Kapital zu entrichten ist, wird es in halbjährlichen Terminen am 2. Januar und am 1. Juli, vom 1. Januar 1923 an gerechnet, mit 8% jährlich verzinst. Die Auszahlung der Zinsen und des Kapitals erfolgt gegen

Rückgabe der fällig gewordenen Zinsscheine bzw. dieser Schuldverschreibung bei der Stadthauptkasse in Köln und den bekanntzumachenden sonstigen Zahlstellen, und zwar auch in der nach dem Eintritt des Fälligkeitstermins folgenden Zeit. Mit der zur Empfangnahme des Kapitals eingereichten Schuldverschreibung sind auch die dazu gehörigen Zinsscheine der späteren Fälligkeitstermine zurückzuliefern. Für die fehlenden Zinsscheine wird deren Betrag vom Kapital abgezogen.

Der Anspruch aus dieser Schuldverschreibung erlischt mit dem Ablauf von dreißig Jahren nach dem Rückzahlungstermin, wenn nicht die Schuldverschreibung vor der Stadtverwaltung zur Einlösung vorgelegt wird. Erfolgt die Vorlegung, so verjährt der Anspruch in zwei Jahren vom Ende der Vorlegungsfrist. Der Vorlegung steht die gerichtliche Geltendmachung des Anspruchs aus der Urkunde gleich.

Bei den Zinsscheinen beträgt die Vorlegungsfrist vier Jahre. Sie beginnt für Zinsscheine mit dem Schluß des Jahres, in welchem die für die Zahlung bestimmte Zeit eintritt.

Das Aufgebot und die Kraftloserklärung abhanden gekommener oder vernichteter Schuldverschreibungen erfolgt nach Vorschrift der §§ 1004 ff. bei der Zivilprozeßordnung.

Zinsscheine können weder aufgeboten noch für kraftlos erklärt werden, doch wird dem bisherigen Inhaber von Zinsscheinen, welcher den Verlust vor dem Ablauf der vierjährigen Vorlegungsfrist bei der städtischen Verwaltung anzeigt, nach Ablauf der Frist der Betrag der angemeldeten Zinsscheine gegen Quittung ausgezahlt werden. Der Anspruch ist ausgeschlossen, wenn der abhanden gekommene Schein der städtischen Verwaltung zur Einlösung vorgelegt oder der Anspruch aus dem Schein gerichtlich geltend gemacht worden ist, es sei denn, daß die Vorlegung oder die gerichtliche Geltendmachung nach dem Ablauf der Frist erfolgt ist. Der Anspruch verjährt in vier Jahren.

Mit dieser Schuldverschreibung sind halbjährliche Zinsscheine bis zum 31. Dezember 1932 ausgegeben; die ferneren Zinsscheine werden für die Zeit bis 31. Dezember 1938 ausgegeben. Die Ausgabe der neuen Reihe von Zinsscheinen erfolgt bei der Stadthauptkasse in Köln gegen Ablieferung der ältern Zinsscheinreihe beigedruckten Erneuerungsscheines, sofern nicht der Inhaber der Schuldverschreibung bei der städtischen Verwaltung der Ausgabe widersprochen hat. In diesem Falle sowie beim Verlust des Erneuerungsscheines werden die Zinsscheine dem Inhaber der Schuldverschreibung ausgehändigt, wenn er die Schuldverschreibung vorlegt.

Zur Sicherheit für hierdurch eingegangenen Verpflichtungen haftet die Stadt mit ihrem Vermögen und mit ihrer Steuerkraft. Dessen zur Urkunde habe ich diese Ausfertigung unter meiner Unterschrift erteilt.

Köln, den 20. März 1923.

Der Oberbürgermeister

Adenauer

Ausgefertigt *Brecht*

20 000 Mark

Rheinprovinz. Regierungsbezirk Köln.

Erneuerungsschein

für die Zinsscheinreihe Nr. II zur Schuldverschreibung der Stadt Köln, Anleihe 1923

Buchstabe C **über Zwanzigtausend Mark** Nr. 89715

Der Inhaber dieses Scheins empfängt gegen dessen Rückgabe zu der obigen Schuldverschreibung die II. Reihe von Zinsscheinen für die Jahre vom 1. Januar 1933 bis 31. Dezember 1938 bei der Stadthauptkasse in Köln, sofern nicht der Inhaber der Schuldverschreibung der Ausgabe bei der städtischen Verwaltung widersprochen hat. In diesem Falle sowie beim Verlust dieses Scheins werden die neuen Zinsscheine nebst Erneuerungsschein dem Inhaber der Schuldverschreibung ausgehändigt, wenn er die Schuldverschreibung vorlegt.

Köln, den 20. März 1923.

Der Oberbürgermeister

M. DuMont Schauberg, Köln 23 7879.

Ungültig, wenn durchlocht.

Rheinprovinz. Regierungsbezirk Köln.
20. Zinsschein I. Reihe
zu der Schuldverschreibung der Stadt Köln
Anleihe 1923, Buchstabe C
über Zwanzigtausend Mark zu acht Prozent Zinsen
über **800** Mark.
20 U Nr. 89715
Der Inhaber dieses Zinsscheins empfängt gegen dessen Rückgabe in der Zeit vom 2. Januar 1933 ab die Zinsen der vorbenannten Schuldverschreibung für das Halbjahr vom 1. Juli 1932 bis 31 Dezember 1932 mit **Achthundert Mark** bei der Stadthauptkasse in Köln oder bei den bekanntgemachten sonstigen Zahlstellen.
Köln, den 20. März 1923.
Der Oberbürgermeister
Köln 1923
Mark 800
Fällig: 2. Januar 1933

Ungültig, wenn durchlocht.

Rheinprovinz. Regierungsbezirk Köln.
19. Zinsschein I. Reihe
zu der Schuldverschreibung der Stadt Köln
Anleihe 1923, Buchstabe C
über Zwanzigtausend Mark zu acht Prozent Zinsen
über **800** Mark.
19 T Nr. 89715
Der Inhaber dieses Zinsscheins empfängt gegen dessen Rückgabe in der Zeit vom 1. Juli 1932 ab die Zinsen der vorbenannten Schuldverschreibung für das Halbjahr vom 1. Januar 1932 bis 30. Juni 1932 mit **Achthundert Mark** bei der Stadthauptkasse in Köln oder bei den bekanntgemachten sonstigen Zahlstellen.
Köln, den 20. März 1923.
Der Oberbürgermeister
Köln 1923
Mark 800
Fällig: 1. Juli 1932

Ungültig, wenn durchlocht.

Rheinprovinz. Regierungsbezirk Köln.
18. Zinsschein I. Reihe
zu der Schuldverschreibung der Stadt Köln
Anleihe 1923, Buchstabe C
über Zwanzigtausend Mark zu acht Prozent Zinsen
über **800** Mark.
18 S Nr. 89715
Der Inhaber dieses Zinsscheins empfängt gegen dessen Rückgabe in der Zeit vom 2. Januar 1932 ab die Zinsen der vorbenannten Schuldverschreibung für das Halbjahr vom 1. Juli 1931 bis 31. Dezember 1931 mit **Achthundert Mark** bei der Stadthauptkasse in Köln oder bei den bekanntgemachten sonstigen Zahlstellen.
Köln, den 20. März 1923.
Der Oberbürgermeister
Köln 1923
Mark 800
Fällig: 2. Januar 1932

Ungültig, wenn durchlocht.

Rheinprovinz. Regierungsbezirk Köln.
17. Zinsschein I. Reihe
zu der Schuldverschreibung der Stadt Köln
Anleihe 1923, Buchstabe C
über Zwanzigtausend Mark zu acht Prozent Zinsen
über **800** Mark.
17 R Nr. 89715
Der Inhaber dieses Zinsscheins empfängt gegen dessen Rückgabe in der Zeit vom 1. Juli 1931 ab die Zinsen der vorbenannten Schuldverschreibung für das Halbjahr vom 1. Januar 1931 bis 30. Juni 1931 mit **Achthundert Mark** bei der Stadthauptkasse in Köln oder bei den bekanntgemachten sonstigen Zahlstellen.
Köln, den 20. März 1923.
Der Oberbürgermeister
Köln 1923
Mark 800
Fällig: 1. Juli 1931

Ungültig, wenn durchlocht.

Rheinprovinz. Regierungsbezirk Köln.
16. Zinsschein I. Reihe
zu der Schuldverschreibung der Stadt Köln
Anleihe 1923, Buchstabe C
über Zwanzigtausend Mark zu acht Prozent Zinsen
über **800** Mark.
16 Q Nr. 89715
Der Inhaber dieses Zinsscheins empfängt gegen dessen Rückgabe in der Zeit vom 2. Januar 1931 ab die Zinsen der vorbenannten Schuldverschreibung für das Halbjahr vom 1. Juli 1930 bis 31. Dezember 1930 mit **Achthundert Mark** bei der Stadthauptkasse in Köln oder bei den bekanntgemachten sonstigen Zahlstellen.
Köln, den 20. März 1923.
Der Oberbürgermeister
Köln 1923
Mark 800
Fällig: 2. Januar 1931

Ungültig, wenn durchlocht.

Rheinprovinz. Regierungsbezirk Köln.
15. Zinsschein I. Reihe
zu der Schuldverschreibung der Stadt Köln
Anleihe 1923, Buchstabe C
über Zwanzigtausend Mark zu acht Prozent Zinsen
über **800** Mark.
15 P Nr. 89715
Der Inhaber dieses Zinsscheins empfängt gegen dessen Rückgabe in der Zeit vom 1. Juli 1930 ab die Zinsen der vorbenannten Schuldverschreibung für das Halbjahr vom 1. Januar 1930 bis 30. Juni 1930 mit **Achthundert Mark** bei der Stadthauptkasse in Köln oder bei den bekanntgemachten sonstigen Zahlstellen.
Köln, den 20. März 1923.
Der Oberbürgermeister
Köln 1923
Mark 800
Fällig: 1. Juli 1930

Ungültig, wenn durchlocht.

Rheinprovinz. Regierungsbezirk Köln.
14. Zinsschein I. Reihe
zu der Schuldverschreibung der Stadt Köln
Anleihe 1923, Buchstabe C
über Zwanzigtausend Mark zu acht Prozent Zinsen
über **800** Mark.
14 O Nr. 89715
Der Inhaber dieses Zinsscheins empfängt gegen dessen Rückgabe in der Zeit vom 2. Januar 1930 ab die Zinsen der vorbenannten Schuldverschreibung für das Halbjahr vom 1. Juli 1929 bis 31. Dezember 1929 mit **Achthundert Mark** bei der Stadthauptkasse in Köln oder bei den bekanntgemachten sonstigen Zahlstellen.
Köln, den 20. März 1923.
Der Oberbürgermeister
Köln 1923
Mark 800
Fällig: 2. Januar 1930

Ungültig, wenn durchlocht.

Rheinprovinz. Regierungsbezirk Köln.
13. Zinsschein I. Reihe
zu der Schuldverschreibung der Stadt Köln
Anleihe 1923, Buchstabe C
über Zwanzigtausend Mark zu acht Prozent Zinsen
über **800** Mark.
13 N Nr. 89715
Der Inhaber dieses Zinsscheins empfängt gegen dessen Rückgabe in der Zeit vom 1. Juli 1929 ab die Zinsen der vorbenannten Schuldverschreibung für das Halbjahr vom 1. Januar 1929 bis 30. Juni 1929 mit **Achthundert Mark** bei der Stadthauptkasse in Köln oder bei den bekanntgemachten sonstigen Zahlstellen.
Köln, den 20. März 1923.
Der Oberbürgermeister
Köln 1923
Mark 800
Fällig: 1. Juli 1929

Ungültig, wenn durchlocht.

Rheinprovinz. Regierungsbezirk Köln.
12. Zinsschein I. Reihe
zu der Schuldverschreibung der Stadt Köln
Anleihe 1923, Buchstabe C
über Zwanzigtausend Mark zu acht Prozent Zinsen
über **800** Mark.
12 M Nr. 89715
Der Inhaber dieses Zinsscheins empfängt gegen dessen Rückgabe in der Zeit vom 2. Januar 1929 ab die Zinsen der vorbenannten Schuldverschreibung für das Halbjahr vom 1. Juli 1928 bis 31. Dezember 1928 mit **Achthundert Mark** bei der Stadthauptkasse in Köln oder bei den bekanntgemachten sonstigen Zahlstellen.
Köln, den 20. März 1923.
Der Oberbürgermeister
Köln 1923
Mark 800
Fällig: 2. Januar 1929

Ungültig, wenn durchlocht.

Rheinprovinz. Regierungsbezirk Köln.
11. Zinsschein I. Reihe
zu der Schuldverschreibung der Stadt Köln
Anleihe 1923, Buchstabe C
über Zwanzigtausend Mark zu acht Prozent Zinsen
über **800** Mark.
11 L Nr. 89715
Der Inhaber dieses Zinsscheins empfängt gegen dessen Rückgabe in der Zeit vom 1. Juli 1928 ab die Zinsen der vorbenannten Schuldverschreibung für das Halbjahr vom 1. Januar 1928 bis 30. Juni 1928 mit **Achthundert Mark** bei der Stadthauptkasse in Köln oder bei den bekanntgemachten sonstigen Zahlstellen.
Köln, den 20. März 1923.
Der Oberbürgermeister
Köln 1923
Mark 800
Fällig: 1. Juli 1928

Das große Nullsummenspiel: Anleihe 1923 zu 8% Zinsen 20.000 Mark von einer Anleihe über 3 Milliarden Mark. : Der letzte Zinsschein über 800 Mark wäre am 2. Januar 1929 ausgezahlt worden. Im abgebildeten Fall ist nur der erste Zinsschein am 1. Juli 1923 eingelöst worden.

Ablöſungsanleihe
der Stadt Köln

Buchſtabe G   Nr. 00846

Schuldverſchreibung
über

Eintauſend Reichsmark.

Ausgefertigt auf Grund der Genehmigung der Herren Minister des Innern
und der Finanzen vom 3. März 1927 (Deutscher Reichs- und Preußischer
Staatsanzeiger vom 30. März 1927).

Der unterzeichnete Oberbürgermeister bekennt sich namens der Stadt Köln
durch diese, für jeden Inhaber gültige Schuldverschreibung zu einer seitens
des Gläubigers unkündbaren Darlehnsschuld im Betrage von

Eintauſend Reichsmark.

Eine Verzinsung der Ablösungsanleihe kann bis zum Erlöschen der Repara-
tionsverpflichtungen nicht gefordert werden. Der Beginn und die Höhe der
Verzinsung werden durch das Preußische Staatsministerium bestimmt werden.
Für den Fall der Verzinsung bleibt vorbehalten, dem Inhaber dieser Schuld-
verschreibung gegen deren Rückgabe eine solche gleichen Nennwertes mit
Zinsscheinen und Erneuerungsschein auszuhändigen.
Die Tilgung der Ablösungsanleihe ist auf besonders gewährte, selbständig
veräußerliche Auslosungsrechte beschränkt und wird durch Ziehung oder
Einlösung dieser Rechte vollzogen. — Über diese Rechte werden besondere
Auslosungsscheine ausgegeben. — Im übrigen kann eine Tilgung der Ablösungsanleihe nur nach Bestimmung des Preußischen Staatsministeriums
verlangt werden. (§ 44 des Reichsgesetzes über die Ablösung öffentlicher Anleihen.)
Für die Sicherheit des Kapitals und der Zinsen haftet die Stadt Köln mit ihrem
gesamten gegenwärtigen und zukünftigen Vermögen und mit ihrer Steuerkraft.

KÖLN, den 15. April 1927.

Der Oberbürgermeister:

[Unterschrift]

SIEGEL DER STADT KÖLN

Ablösungsanleihe der Stadt Köln/Schuldverschreibung über Eintausend Reichsmark vom 15. April 1927
und der zugehörige Auslosungsschein. Das entspricht 400 000 Mark als ursprüngliche Anleihe vor der
Einführung der Reichsmark.

Buchstabe G   Nr. 00846

Auslosungsschein

zur Ablösungsanleihe
der Stadt Köln

über ein Auslosungsrecht im Betrage von

Eintausend Reichsmark.

Ausgefertigt auf Grund der Genehmigung der Herren Minister des Innern und der Finanzen vom 3. März 1927 (Deutscher Reichs- und Preußischer Staatsanzeiger vom 30. März 1927).

Der Inhaber dieses Auslosungsscheines ist berechtigt, an der Tilgung der Ablösungsanleihe der STADT KÖLN nach Maßgabe des § 42 des Gesetzes über die Ablösung öffentlicher Anleihen vom 16. Juli 1925 teilzunehmen. Die Ablösungsanleihe wird bis zur Höhe des Gesamtbetrages der ausgegebenen Auslosungsrechte getilgt. Die Tilgung wird, vom Jahre 1926 ab gerechnet, planmäßig in 30 Jahren durchgeführt. Die Stadt Köln ist aber zur Verstärkung der Auslosungen berechtigt. Die Tilgung wird durch Ziehung von Auslosungsrechten und durch deren Einlösung vollzogen. Die Ziehung findet alljährlich im Oktober statt, erstmals alsbald nach erfolgter Ausgabe der Auslosungsscheine. Die gezogenen Nummern der Auslosungsrechte werden im Deutschen Reichs- und Preußischen Staatsanzeiger, im Amtsblatt der Regierung in Köln, in zwei in Köln erscheinenden Zeitungen und in je einer in Berlin und in Frankfurt a. M. erscheinenden Zeitung bekanntgegeben. Dieser Auslosungsschein wird dem Inhaber an dem auf die Ziehung der obenstehenden Nummer folgenden 31. Dezember mit dem Fünffachen seines Nennbetrages, d. h. mit

5000 Reichsmark — Fünftausend Reichsmark

nebst 5% Zinsen für das Jahr vom 1. Januar 1926 bis zum Ende des bei der Ziehung laufenden Kalenderjahres eingelöst. Die Einlösung erfolgt nur gegen Aushändigung dieses Auslosungsscheines und Übergabe einer oder mehrerer Schuldverschreibungen der Ablösungsanleihe über zusammen 1000 Reichsmark. Die Zahlung erfolgt durch die Stadthauptkasse in Köln oder durch Vermittlung der bekanntzugebenden Zahlstellen. Der Anspruch auf die Zahlung des Auslosungsbetrages erlischt, wenn der Auslosungsschein nicht binnen 30 Jahren nach dem Tage der Fälligkeit zur Zahlung vorgelegt wird. Auf diesen Auslosungsschein finden die Vorschriften über Schuldverschreibungen auf den Inhaber Anwendung.

KÖLN, den 15. April 1927.

Der Oberbürgermeister:

SIEGEL DER STADT KÖLN

Wenn dem Besitzer das Losglück hold ist – in diesem Fall offensichtlich nicht – dann erhält er 5000 Reichsmark nebst fünf Prozent Zinsen für das Jahr 1926.

KÖLN a. Rhein. Gebäude der Kölner Messe.

„Adenauers Pferdeställe" – Die Messehallen etwa 1924, Postkarte. Sie stehen auf dem Gelände der bei Kriegsbeginn 1914 geschlossenen Werkbundausstellung, die Konrad Adenauer nach Köln geholt hatte. Das Konzept der schnell, teils unter Nutzung des Kredits von 3 000 000 Mark von Anfang 1923 errichteten Hallen hatte Stadtbaudirektor Hans Verbeek (1873-1954) entworfen. Am 21. Juni 1922 war der Grundstein gelegt, am 11. Mai 1924 wurde die Frühjahrsmesse eröffnet. Mit über einer Million Besuchern war im folgenden Jahr die Jahrtausendausstellung der Rheinlande 1925 in diesen Hallen unter englische Besatzungsherrschaft ein patriotischer und finanzieller Erfolg. 1925 wechselte Hans Verbeek ins Amt des Stadtkonservators. Das vernichtende Urteil im Kölner Spott über die schlichte Architektur der Messehallen als „Adenauers Pferdeställe" muss Konrad Adenauer verletzt und beeindruckt haben. Er lässt umbauen.

Werbung für die
„Jahrtausend-Ausstellung
der Rheinlande Köln
1925 Mai bis August".

Köln, 21. März 1926, Besuch des Reichspräsidenten von Hindenburg - mit Oberbürgermeister K. Adenauer

Postkarte. In den Messehallen wird nach Abzug der englischen Besatzung mit
einem Besuch von Reichspräsident Paul von Hindenburg am 21. März 1926
die offizielle Befreiungsfeier zelebriert. Oberbürgermeister Konrad Adenauer
begleitet das Staatsoberhaupt im offenen Wagen vor patriotisch uniformier-
tem und gestimmtem Publikum. Konrad Adenauer hat Revolution, Inflation
und Besatzungszeit als erfolgreicher Politiker überstanden.

Das Messegelände nach 1928, Postkarte. Adolf Abel (1882-1968), Schüler von Paul Bonatz, von 1925 bis 1930 Kölns Stadtbaudirektor als Nachfolger von Hans Verbeek, fasst die Messehallen mit einer expressionistischen Backsteinarchitektur ein. Er fügt als Ergänzungen den Messeturm, die Rheinhallen, das Staatenhaus und eine Grünanlage hinzu. Mit der PRESSA werden die Bauten zum international beachteten Erfolg mit etwa drei Millionen Besuchern. Danach spricht niemand mehr von „Adenauers Pferdeställen." Heute nutzt RTL die Bauten.

Nach der Einführung der Reichsmark und der (angeblichen) „Aufwertung" einiger alter Verbindlichkeiten blieben für den Haushalt der Stadt Köln wenig beängstigende 40 Millionen Mark Schulden – wenig, wenn man dies den drei Milliarden Mark der Anleihe von 1922 gegenüberstellt. Von Schulden weitgehend befreit, griff man mit Begeisterung nach neuen Krediten, gerne aus dem Ausland, die eine Kreditsperre der Reichsbank aber zu verhindern suchte. Neue Auslandskredite waren im Reich seit dem 1. November 1924 an die Genehmigung des Reichsfinanzministers gebunden (Zunkel 1996: 250).

Das Reich und damit der Reichsfinanzminister standen angesichts der Reparationsforderungen und der inneren Kriegsfolgekosten – von der Neuausrichtung der Industrie bis zu den Renten der Kriegsversehrten und Witwenrenten – vor kaum übersehbaren und nicht finanzierbaren Belastungen. Die bisher städtische Einziehung der Einkommensteuer wurde vom Reich übernommen. Die Möglichkeit, Zuschläge je nach städtischer Finanzlage zu erheben, entfiel. Der kommunale Anteil an der Einkommensteuer sank von etwa 40 Prozent auf 37 bis 38 Prozent. Nur die Realsteuern wie Gewerbe-, Betriebs- und Grundsteuer blieben den Städten.

Die Reichsbank versuchte unter Hjalmar Schacht, mit einer Kreditsperre einen erneuten Weg in die Inflation zu verhindern. Schon Anfang des Jahres 1920 hatten deutsche Kommunalanleihen, mit hohen Zinsen versehen, erstmals kurzfristig angelegtes amerikanisches Geld angezogen (Taylor 2013: 154). Das Ende der Inflation machte die allgemeine Lage nicht einfacher. „Die nach der Durchführung der Markfestigung von der Reichsbank bewirkte Krediteinengung führte wie überall, so auch in Köln eine große Wirtschaftskrise herbei, die sich u. a. in umfangreicher Arbeitslosigkeit auswirkte." (Adressbuch Köln und Umgebung 1925)

Mit dem Dawes-Plan vom 16. August 1924, der die Reparationen neu regelte, keimte wieder Hoffnung auf. Sein Motto: „business, not politics" öffnete nun den Weg für neue Möglichkeiten für Auslandskredite. US-amerikanische Banken haben von nun an, angelockt von hohen Zinsen, bis 1928 gut 3000 Milliarden Dollar als kurzfristige Kredite nach Deutschland gegeben. Damit verfügte das Reich über genügend Devisen, um mit der Hälfte davon Reparationen an Frankreich und Großbritannien zu zahlen und die andere Hälfte in die Wirtschaft zu investieren. Die zusätzlichen eigenen Kredite der Kommunen brachten mehr Devisen ins Reich, als der Regierung lieb waren. Kanzler Gustav Stresemann fühlte sich in seinen Reparationsverhandlungen gestört und reagierte verärgert auf das Verhalten des Kölner Oberbürgermeisters (Pünder 1968: 294).

Der Investitionsbedarf der Kommunen führte schließlich zum Konflikt mit den Interessen des Reichs. Hjalmar Schacht, Präsident der Reichsbank, griff in einer berühmt gewordenen „Bochumer Rede" am 18. November 1927 die Kommunen heftig an: „Ich stelle hier fest, daß wir ohne die Luxusausgaben der Städte nicht eine einzige kommunale Auslandsanleihe aufzunehmen brauchten." Zu den Luxusausgaben zählten für ihn „Stadien, Schwimmbäder, Grünanlagen, Messegebäude, Hotels, Flugplätze und Museen". Nicht nur in Köln sah man darin einen persönlichen Angriff auf Oberbürgermeister Konrad Adenauer, dessen selbstständiges Vorgehen Hjalmar Schacht ein besonderes Ärgernis war (Upmeier 1973: 167/168). 1928 folgte dennoch eine Anleihe über 1,15 Millionen Pfund – etwa 23 Millionen Mark, bei einer Verzinsung von 6 Prozent wieder auf 25 Jahre bis 1953 angelegt.

£500   £500

CITY OF COLOGNE

SIX PER CENT. STERLING LOAN OF 1928
FOR £1,150,000

1,400 BONDS OF £500 EACH NUMBERED FROM A0001 CONSECUTIVELY UPWARDS
AND 4,500 BONDS OF £100 EACH NUMBERED FROM B0001 CONSECUTIVELY UPWARDS.
ISSUED PURSUANT TO A RESOLUTION OF THE CITY COUNCIL PASSED ON THE 20ᵗʰ SEPTEMBER 1928 WITH THE APPROVAL OF THE
FEDERAL ADVISORY COUNCIL OF THE GERMAN REPUBLIC (BERATUNGSSTELLE) AND SECURED BY THE GENERAL BOND BELOW REFERRED TO.

The City of Cologne will on the 1ˢᵗ day of October 1953 or on such earlier day as the principal moneys hereby secured shall become payable according to the tenor of the General Bond hereafter mentioned pay to the Bearer of this Bond at the office of Higginson & Co. in London the sum of **FIVE HUNDRED POUNDS** and will in the meantime and until the said sum shall be fully paid off pay interest thereon or on so much of the said sum as shall for the time being remain outstanding at the rate of 6 per cent per annum by half yearly payments on the 1ˢᵗ day of April and the 1ˢᵗ day of October in each year at the office above mentioned on presentation and surrender of the annexed coupons corresponding to such payments. All payments of principal and interest will be made free from all present and future German taxes charges stamp duties or other deductions whatsoever whether imposed by the German Government or by any German Departmental or Municipal Body or by any other German authority.

This Bond is one of a series of Bonds of like tenor and effect for sums amounting in the aggregate to £1,150,000 Sterling all of which shall rank pari passu without preference or priority one over another and the Bearer of this Bond and the Bearers of the other Bonds of the same series are entitled pari passu to the benefit of the General Bond dated the 1ˢᵗ day of October 1928 a copy of which is endorsed hereon.

In Witness whereof this Bond has been sealed with the Seal of the City and signed with the facsimile signature of the Oberbürgermeister and countersigned by the duly authorised representative of the City this 1ˢᵗ day of October 1928.

CITY OF COLOGNE

OBERBÜRGERMEISTER.

COUNTERSIGNED

DULY AUTHORISED REPRESENTATIVE.

Countersigned for Identification
For PHILIP HILL, HIGGINSON & Cº LIMITED
FISCAL AGENTS

COUNTERSIGNED

DULY AUTHORISED REPRESENTATIVE.

THIS BOND IS SUBJECT TO THE TERMS OF A SETTLEMENT RESULTING FROM AN OFFER MADE BY THE CITY OF COLOGNE IN PURSUANCE OF THE PROVISIONS OF ANNEX I TO THE AGREEMENT ON GERMAN EXTERNAL DEBTS DATED THE TWENTY SEVENTH DAY OF FEBRUARY 1953 MADE BETWEEN THE GOVERNMENTS OF THE FRENCH REPUBLIC, THE UNITED KINGDOM OF GREAT BRITAIN AND NORTHERN IRELAND, THE UNITED STATES OF AMERICA AND OTHER CREDITOR COUNTRIES OF THE ONE PART AND THE GOVERNMENT OF THE FEDERAL REPUBLIC OF GERMANY OF THE OTHER PART. REFERENCE IS MADE TO THE SAID OFFER FOR ITS FULL CONTENT AND EFFECT. THE MAIN FEATURES OF WHICH ARE REPRODUCED BELOW, NAMELY:
1. INTEREST ON THIS BOND REPRESENTED BY COUPONS BEARING THE DATE 1ST APRIL 1953 AND SUBSEQUENTLY WILL BE PAYABLE AT THE RATE OF 4½ PER ANNUM.
2. THE BONDS OF THIS ISSUE (OF A TOTAL NOMINAL AMOUNT AS OF 1ST APRIL 1953 OF £798,980 INCLUDING FUNDING BONDS FOR £269,280 RANKING PARI PASSU THEREWITH) WILL BE SUBJECT TO AMORTISATION BY THE OPERATION OF A HALF YEARLY ACCUMULATIVE SINKING FUND COMMENCING AS FROM 1st APRIL 1958 AT THE RATE OF 1% PER ANNUM UP TO 31st MARCH 1963 AND AT THE RATE OF 2% PER ANNUM THEREAFTER.
3. UNLESS EARLIER REDEEMED, THIS BOND WILL BECOME PAYABLE ON 1ST OCTOBER 1973.
4. THE PRINCIPAL MONEYS HEREBY SECURED AND THE INTEREST THEREON WILL BE PAYABLE AT THE OFFICE OF PHILIP HILL, HIGGINSON & CO. LIMITED IN LONDON.
5. IN ALL OTHER RESPECTS THE ORIGINAL TERMS STATED IN THIS BOND WILL BE MAINTAINED.

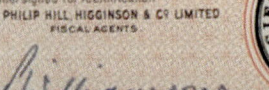

Ausländische Kredite flossen bis Ende 1929 in Höhe von etwa 21 Milliarden ins Reich, 4 Milliarden davon, meist langfristig konzipiert, in die öffentliche Hand. Köln beantragte bei der Beratungsstelle, die nach langen Diskussionen zwischen Ländern und Reich 1925 in Berlin eingerichtet wurde, nach dem Ende der britischen Besatzung 1926 einen Kredit von 15 Millionen Dollar. Nur 10 Millionen Dollar – etwa 42 Millionen Mark - wurden der Stadt für Investitionen, besonders für den Hafenausbau in Niehl genehmigt. Die Laufzeit betrug 25 Jahre bei einer Verzinsung mit 7% (Dietrich-Troeltsch 1973 / Henning 1976: 125-133).

Dann aber nahm der Aktienmarkt in den USA so rasante Fahrt auf, dass neue amerikanische Kredite ausblieben, mit denen die alten abgelöst werden könnten. Die Investoren wechselten auf den Aktienmarkt im eigenen Land, der noch bessere Erträge versprach, bevor der „Schwarze Donnerstag", der 24. Oktober 1929 den Abgrund öffnete. Die Rezession kam mit dem Ausbleiben der Kredite nach Deutschland und wurde durch das Platzen der amerikanischen Aktienblase verstärkt. Die Wirtschaftskrise trieb schließlich Deutschlands Politik und Politiker in den Abgrund (Ahamed 2010: 360ff).

In der Weltwirtschaftskrise gingen seit dem 25. Oktober 1929, dem „Schwarzen Freitag", die Kölner Einnahmen aus Steuern und den städtischen Betrieben von fast 350 Millionen Reichsmark dramatisch um fast ein Drittel auf knappe 210 Millionen zurück. Die Zahl der Arbeitslosen verdoppelte sich von 1928 bis 1932 auf über 100 000. Trotz rigoroser Sparhaushalte musste die Stadt am 13. Juli 1931 verkünden, dass sie ihre Zahlungsverpflichtungen nicht mehr erfüllen könne. Der Schuldendienst wurde angesichts von über 300 Millionen Reichsmark städtische Schulden eingeschränkt. Bis auf laufende Unterhaltungsmaßnahmen wurden alle Bauarbeiten gestoppt. Auch im Haushalt von 1932 blieb trotz allen Sparens eine Lücke von über 30 Millionen Reichsmark (Henning 1976: 147).

Prof. Dr. Dr. Oskar Türk (1893-1978), Kölns Stadtkämmerer von 1936 bis zum Kriegsende 1945, erst unter nationalsozialistischer Diktatur, dann mit erfolgreicher Nachkriegskarriere in der FDP (Schäfke 2018: 139), hat sich 1938, mit der „Finanzstruktur der Stadtgemeinde Köln" beschäftigt. Über die von Konrad Adenauer gemachten Schulden klagte er nicht. Die Kursgewinne der Reichsmark seit 1931 verminderten die Zinslasten der städtischen Schulden: „Von den Schulden der Stadt Köln fielen hierunter im Jahre 1931 die England-Anleihe und zwei kurzfristige £-Kredite, sowie die Amerika-Anleihe und später verschiedene Kredite auf Schwedenkronen und

Schweizerfranken." (Türk 1938:13) Er klagte darüber, dass das Reich auf diese Kursgewinne zugriff.

Der Zweite Weltkrieg hat die Zahlungen der Zinsen und Rückzahlungen der Kredite unterbrochen. Nach dem Londoner Schuldenabkommen von 1952 wurden die Zahlungen wieder aufgenommen. Die letzten wurden 1983 eingelöst. In der Zeit ständig wachsender Haushaltseinnahmen hat Köln das Anleihemodell noch mehrfach in DM aufgegriffen. 1968 gab die Stadt beispielsweise für eine Anleihe von 100 Millionen DM wieder Inhaberschuldverschreibungen zu 6,5 Prozent Zinsen heraus.

1 Glückspfennig 1928 im Aluminiumring.
Vorderseite: „Glückspfennig Köln A./R."
Rückseite Kölner Dom.
Der Aluminiumring auf der Vorderseite „Andenken von der Internationalen Presse Ausstellung". Auf der Rückseite „1928 Gruss vom deutschen Rhein" und Liste der teilnehmenden Länder.
Ø 40 mm

Literatur

Ahamed, Liaquat: Die Herren des Geldes. Wie vier Bankiers die Weltwirtschaftskrise auslösten und die Welt in den Bankrott trieben. München 2010

Alexander, Beatrix: Der Kölner Bauer. Köln 1987

Allen, Henry T.: Mein Rheinland-Tagebuch. Berlin 1923

Arnold, Paul, Küthmann, Harald, Steinhilber, Dirk (Hg.) Großer Deutscher Münzkatalog von 1800 bis heute. Augsburg 17. Auflage 2013

Beck, Hanno/Prinz, Aloys: Von Mordsteuern, Karussellgeschäften und Millionärsoasen. Berlin 2010

Beines, Johannes Ralf: Des Bauernfängers reiche Beute. In. Mario Kramp (Hg.): 125 Jahre Kölnisches Stadtmuseum. 125 mal gekauft – geschenkt – gestiftet. Köln 2013 S. 81

Beines, Johannes Ralf und Beatrix Alexander: Der Kölsche Boor en Iser. Stationen eines Kriegsstandbilds. In: Petra Hesse / Mario Kramp / Ulrich Soénius (Hg.): Köln 1914. Metropole im Westen. Köln 2014 S. 160-163

Bericht über den Stand und die Verwaltung der Gemeinde-Angelegenheiten der Stadt Köln für das Rechnungsjahr 1923. Köln 1924

Bernhard, Inga: „Liebestätigkeit und Volkswohl". Kriegsfürsorge und Versorgung. In: Petra Hesse/Mario Kramp/Ulrich Soénius (Hg.): Köln 1914. Metropole im Westen. Köln 2014 S. 198-205

Billstein, Heinrich: Bericht über die Tätigkeit der Preisprüfungsstelle für den Stadtkreis Köln. Köln 1920

Binder, Gerhard: „Hyper-Inflation" in Germany 1923. Postal History and List of Rates from 1906-1923. Berlin 2003
Böhm, Hermann (Hg.): Heinrich Müller-Erkelenz. Gedenkblatt zum 50. Geburtstag. Köln 1928

Bohnen, Uli: Das Gesetz der Welt ist die Änderung der Welt. Die rheinische Gruppe progressiver Künstler (1918-1933). Berlin 1976

Bremer, Clemens: Kölns rechtsrheinische Großindustrie, von ihren Anfängen bis zur Gegenwart. Würzburg 1934

Bresciani-Turroni, Costantino: The Economics of Inflation – A Study of Currency Depreciation in Post-War Germany. London 1937

Brinkmann, Max: Kleiner Knigge für Schieber. Berlin 1921

Brunn, Gerhard (Hg.): Sozial-Demokratie in Köln. Ein Beitrag zur Stadt- und Parteiengeschichte. Köln 1986

Bruns, Alfred / Stoess, Christian: Das Notgeld des kurkölnischen Sauerlandes. Schmallenberg 1982

Büsch, Otto/Feldman, Gerald D. (Hg.): Historische Prozesse der deutschen Inflation 1914 bis 1924. Berlin 1978

Burghardt, Anton: Soziologie des Geldes und der Inflation. Wien u. a. 1977

Buschmann, Walter/Hennies, Matthias/Kierdorf, Alexander: Via Industrialis. Entdeckungsreise Kölner Industriekultur. Essen 2018

Cardauns, Helma: Riehler Straße 13. Aus einer Kölner Kindheit. Köln 1985

Cardauns, Helma: Eine Kölner Kindheit. Köln 1991

Czada, Peter: Ursachen und Folgen der großen Inflation. In: Winkel, Harald (Hg.): Finanz- und wirtschaftspolitische Fragen der Zwischenkriegszeit. Berlin 1973 S. 9-43

Deres, Thomas: Der Kölner Rat. Biographisches Lexikon. Bd. I 1794-1919 Köln 2001
Deutsche Bundesbank (Hg.): Deutsches Geld- und Bankwesen 1876.1975.

Diederich, Toni: Revolutionen in Köln. 1074-1918. Köln 1973

Dietmar, Carl/Jung, Werner: Köln. Die große Stadtgeschichte. Essen 2016

Dietrich, Gerhard: Museum für Angewandte Kunst Köln. Chronik 1888-1988. Museum und Stadt im Spiegel der Presse. Köln 1988

Dietrich-Troeltsch, Hermann: Die Errichtung der Beratungsstelle für Auslandskredite und ihre Funktionsweise.
In: Hansmeyer, Karl-Heinrich (Hg.): Kommunale Finanzpolitik in der Weimarer Republik. Stuttgart u. a. 1973 S. 174-186

Doegen, Wilhelm: Kriegsgefangene Völker Band 1 Der Kriegsgefangenen Haltung und Schicksal in Deutschland. Berlin 1921

Dux, Holger A./Müller, Thomas: Vom "Loch im Westen" zur „Sündigen Grenze". Schmuggel als regionales Massenphänomen in der Zwischen- und Nach-kriegszeit,
In: Kroll, Myriam/Müller, Thomas (Hg.): Mokka Türc & Marihuana. Schmuggel an der Aachener Grenze: Aachen 2016 S. 50-79

Edelmann, Heidrun: Die Adenauers und die Universität zu Köln. Wien/Köln/Weimar 2019

Edmonds, James: The Occupation of the Rhineland. London 1987

Ellenbürger, Judith/Gregor, Felix T. (Hg.): Bild. Medium. Geld. Bildkulturen und Medienreflexionen des Monetären. Paderborn 2018

Elsas, M. J.: Umriss einer Geschichte der Preise und Löhne in Deutschland.
Zweiter Band Teil B Ergänzungsband Zusammenfassung und Schlussfolgerungen. Leiden 1949

Elster, Karl: Von der Mark zur Reichsmark. Die Geschichte der deutschen Währung in den Jahren 1914-1924. Jena 1928

Engelmann, Bernt: Die goldenen Jahre. Die Sage von Deutschlands glücklicher Kaiserzeit. München ²1971

Erdmann, Karl Dietrich: Adenauer in der Rheinlandpolitik nach dem Ersten Weltkrieg. Stuttgart 1966

Esser, Franz Martin: Die Gruppe „Kölner Progressive" und ihr künstlerisches Umfeld (1920-1933). Köln 2008

Eulenburg, Franz: Die sozialen Wirkungen der Währungsverhältnisse. In: Jahrbücher für National-ökonomie und Statistik 67(1924) S. 748-795

Faust, Manfred: Krieg, Revolution, Spaltung. Die Kölner Sozialdemokratie 1914-1920. In: Gerhard Brunn (Hg.): Sozial-Demokratie in Köln. Ein Beitrag zur Stadt- und Parteiengeschichte. Köln 1986 S. 83-104

Faust, Manfred: Sozialer Burgfrieden im Ersten Weltkrieg. Sozialistische und christliche Arbeiterbewegung in Köln. Essen 1992

Feldman, Gerald D.: The Great Disorder. Politics, Economics, and Society in the German Inflation, 1914-1924. New York u. a. ²1996

Fengler, Heinz: Entwicklung der Münztechnik. Berlin 1982

Fischer, Alfred: „Es werde Mode, die Kunst vergehe" Zu „Fiat modes pereat ars" von Max Ernst. In: Max Ernst. Druckgraphische Werke und illustrierte Bücher. Köln 1990 S. 26-46

Fischer, Wolfgang Chr.: (Hg.): German Hyperinflation 1922/23. A Law and Economics Approach. Lohmar 2010

Flamant, Maurice: Die Inflation. Stuttgart 1974
Fraquelli, Sybille: Im Schatten des Domes: Architektur der Neugotik in Köln 1815-1914. Köln 2008

Frenzel, Max: Notmünzen der amtlichen Kriegsgefangenenlager, der Österreichischen- und Ungarischen Kriegsgefangenenlager, der Privaten Kriegsgefangenenlager (Zechen-Gruben- Industriewerke) Augsburg 1983

Frielingsdorf, Volker: Auf den Spuren Konrad Adenauers durch Köln. Basel 2000

Frielingsdorf, Volker: Konrad Adenauers Wirtschaftspolitik als Kölner Oberbürgermeister (1917-1933). Basel 2002

Fröhlich, Peter: Es war ein langer Weg. Erinnerungen eines alten Kölners. Köln 1976

Fuchs, Peter (Hg.): Chronik zur Geschichte der Stadt Köln. Band 2 Von 1400 bis zur Gegenwart. Köln ²1993

Funck, Walter: Die Notmünzen der deutschen Städte, Gemeinde, Kreise, Länder etc., achte Auflage Regenstauf 2012

Gaettens, Richard: Inflationen. Das Drama der Geldentwertungen vom Altertum bis zur Gegenwart. München ²1957

Galbraith, John Kenneth: Inflation: Ein Katechismus für Präsidenten. In: Huffschmid, Jörg/ Kade, Gerhard/Ipsen, Dirk: Die Krise und die Grenzen der bürgerlichen Ökonomie. Köln 1975 S. 41-48

Geiger, Anton: Das deutsche Großnotgeld 1918-1921. Katalog aller Notgeldscheine im Nennwert 1 bis 100 Mark. Regenstauf ³2010

Geschäftsberichte der Handelskammer zu Köln am Rhein für das Jahr 1923 /1924

Gömmel, Rainer / Pohl, Hans (Hg.): Deutsche Börsengeschichte. Frankfurt 1992

Grabowski, Hans-Ludwig: Deutsche Kleingeldscheine (Amtliche Verkehrsausgaben) 1916-1922 2 Bde. Regenstauf 2004

Grabowski, Hans-Ludwig: Notgeld der besonderen Art. Geldscheine aus Stoff, Leder und sonstigen ungewöhnlichen Materialien. Regenstauf 2005

Grabowski, Hans-Ludwig: Die deutschen Banknoten ab 1871. Regenstauf 2017

Graeffner, Ernst/Herrmann, Max: Preiswucher. Schleichhandel und verbotene Ausfuhr. Berlin ²1921

Grosch, Günter +, überarbeitet von Rita Wagner: Als alle Kölner Billionäre wurden. Notgeld und Inflation 1917-1923. In: Rita Wagner (Hg.): Konrad der Grosse. Die Adenauerzeit in Köln 1917-1933. Mainz 2017, S. 42-45

Grzebeta, Sven: Ethik und Ästhetik der Börse. Paderborn 2014

Guder, Jens: Wohnungsbau in Köln 1918-1923. In: Geschichte in Köln 40(1996) S. 61-84

Habedank, Heinz: Die Reichsbank in der Weimarer Republik: zur Rolle der Zentralbank in der Politik des deutschen Imperialismus 1919-1933. Berlin 1981

Hammer, Peter: Metall und Münze. Leipzig/Stuttgart 1992

Hansmeyer, Karl-Heinrich: Geldentwertung und Kommunalpolitik – Die Erfahrung aus der Großen Inflation. In: Haller, Heinz/Recktenwald, Horst-Claus (Hg.): Finanz- und Geldpolitik im Umbruch. Mainz 1969 S. 445-463

Hansmeyer, Karl-Heinrich (Hg.): Kommunale Finanzpolitik in der Weimarer Republik. Stuttgart u. a. 1973

Haymann, Florian / Kötz, Stefan / Müseler, Wilhelm (Hg.): Runde Geschichte. Europa in 99 Münz-Episoden. Oppenheim 2020
Heider, Andreas: Der sogenannte Kartoffelkrieg in Overath 1923. In: Rheinisch-bergischer Kalender. Heimatjahrbuch für das Bergische Land. Bergisch-Gladbach 1981,
S. 66-76

Helten, Josef: Die Kölner Börse. Von 1553-1927. Köln 1928

Henning, Friedrich-Wilhelm: Finanzpolitische Vorstellungen und Maßnahmen Konrad Adenauers während seiner Kölner Zeit (1906-1933). In: Hugo Stehkämper (Hg.): Konrad Adenauer. Oberbürgermeister von Köln. Köln 1976 S. 123-153

Henning, Friedrich Wilhelm: Die Industrie- und Handelskammer zu Köln und ihr Wirtschaftsraum im Ersten Weltkrieg und in der Weimarer Republik.
In: Klara van Eyll (Hg.): Die Geschichte der unternehmerischen Selbstverwaltung in Köln 1914-1997. Köln 1997 S. 7-117

Herrmann, Walther: Wirtschaftsgeschichte der Stadt Köln 1914 bis 1970. In: Kellenbenz, Hermann (Hg.): Zwei Jahrtausende Kölner Wirtschaft. Bd. 2 Köln 1975 S. 359-473

Herzogenrath; Wulf: Vom Dadamax zum Grüngürtel. Köln ²1975

Hillen, Christian/Rothenhöfer, Peter/Soénius, Ulrich S.: Kleine illustrierte Wirtschaftsgeschichte der Stadt Köln. Köln 2013

Hinz, Uta: Gefangen im Großen Krieg. Kriegsgefangenschaft in Deutschland 1914-1921. Essen 2006

Hönig, Fritz: Sprichwörter und Redensarten in Kölnischer Mundart. Köln 1895

Hoffstein, Anke: Das Volkshaus der Arbeiterbewegung in Deutschland. Gemeinschaftsbauten zwischen Alltag und Utopie. Köln u. a. 2017

Holtfrerich, Carl-Ludwig: Die deutsche Inflation 1914-1923. Ursachen und Folgen in internationaler Perspektive. Berlin/New York 1980

Hundert Jahre Kölner Bank von 1867. Köln 1967

Issing, Otmar: Einführung in die Geldtheorie. 13. Auflage München 2003

Jolmes, Lothar: Geschichte der Unternehmungen der deutschen Rheinschiffahrt. Köln 1960

Jutzi, W. : 50 Jahre Carlswerk 1874-1924. Köln 1924

Kamp, Isabella: Wirtschaftstopographie des rechtsrheinischen Köln. Köln 1931

Karau, Klaus: Ergänzungen zum Papier-Notgeld der deutschen Hochinflation 1923. Nekargröningen 1975

Kellenbenz, Hermann / van Eyll, Klara: Die Geschichte der unternehmerischen Selbstverwaltung in Köln 1979-1914. Köln 1972

Kellenbenz, Hermann (Hg.): Zwei Jahrtausende Kölner Wirtschaft. 2 Bde. Köln 1975

Keller, Arnold: Das wertbeständige Notgeld (Gold-notgeld) 1923/1924) Berlin ²1954

Keller, Arnold: Das Notgeld der deutschen Inflation 1923. 2 Bde. München ²1975

Keller, Arnold: Das Deutsche Notgeld 1914. München ³1976

Keller, Arnold: Das Deutsche Notgeld. Das Notgeld besonderer Art. München 1977

Keller, Arnold: Das Deutsche Notgeld. Das Notgeld der Gefangenenlager 1914-1918. Leipzig 1990

Kelter, Ernst: Geschichte der obrigkeitlichen Preisregelung. Jena 1935

Kemp, Klaus: Regiebahn. Reparationen, Besetzung, Ruhrkampf, Reichsbahn. Die Eisenbahnen im Rheinland und im Ruhrgebiet 1918-1930. Freiburg 2016

Kerstingjohänner, Helmut: Die deutsche Inflation 1919-1923: Politik und Ökonomie. Frankfurt 2004

Keynes, John Maynard: Die wirtschaftlichen Folgen des Friedensvertrages. München und Leipzig 1920

Kierdorf, Alexander: Die Kölnische Maschinenbau-Actiengesellschaft und der frühe Eisenbau im Rheinland. In: Stahlbau 84(2015) S. 347-357

Kirsch, Patricia: Köln ohne Geld. 101 großartige Dinge, die Du in Köln kostenlos erleben kannst. Köln 2018

Klein-Meynen, Dieter/Meynen, Henriette/Kierdorf, Alexander: Kölner Wirtschaftsarchitektur von der Gründerzeit bis zum Wiederaufbau. Köln 1996

Klersch, Josef 125 Jahre Sparkasse der Stadt Köln 1826-1951. Köln 1951

Klose, Dietrich O. A.: Die Mark – ein deutsches Schicksal. Die Geschichte der Mark bis 1945. München 2002

Klüßendorf, Niklot: Das Geld mit Sachwerten umgehen. Finanzstrategien in der deutschen Inflation von 1922/24.
In: Andreas Hedwig (Hg.): Finanzpolitik und Schuldenkrisen 16.-20. Jahrhundert. Marburg 2014 S.113-147

Klüßendorf, Niklot: Numismatik und Geldgeschichte. Basiswissen für Mittealter und Neuzeit. Peine 2015

Klüßendorf, Niklot: Das Notgeld der Stadt Melsungen seit 1917: „Behelf" und „Ware" als zwei Seiten der Medaille. Marburg 2016

Köhler, Henning: Adenauer und die Rheinische Republik: der erste Anlauf 1918-1924. Opladen 1986

Köhler, Henning: Preußen und die Rheinlandbesetzung 1918-1930. In: Koops, Tilman / Vogt, Martin: Das Rheinland in zwei Nachkriegszeiten 1919-1930 und 1945-1949. Koblenz 1995 S. 39-55

Kocka, Jürgen: Klassengesellschaft im Krieg. Deutsche Sozialgeschichte 1914-1918. Göttingen ²1978

Kölner Kriegs-Bürgerbuch 1914 bis 1921. Köln 1914 - 1921

König, Johann-Günter / Peters, Manfred (Hg.): Die Börse. Aktien und Akteure. Frankfurt 2002

Koppatz, Jürgen: Geldscheine des Deutschen Reiches. 2. Bearbeitete und ergänzte Auflage. Berlin 1988

Kopper, Christopher: Hjalmar Schacht. Aufstieg und Fall von Hitlers mächtigstem Bankier. München 2006

Kramp, Mario: 1914: Vom Traum zum Alptraum. Köln und der Beginn des Bombenkriegs in Europa. Köln 2014

Krempel, Ulrich (Hg.): Strauß-Ernst, Louise: Nomadengut. Hannover ²2000

Krix, Benno: Zwischen Schießplatz und Autobahn. Ein Beitrag zur Geschichte von Wahnheide. In: Rechtsrheinisches Köln 32(2007) S. 87-253

Kroha, Tyll: Notgeld aus dem Kölner Raum: 1917-1923. Köln 1981

Kroha, Tyll (Hg.): Großes Lexikon der Numismatik. Gütersloh 1997

Krohn, Claus-Dieter: Die große Inflation in Deutschland 1918-1923. Köln 1977

Krumeich, Gerd (Hg.): Der Schatten des Weltkriegs: die Ruhrbesetzung 1923. Essen 2004

Kuczynski, Jürgen: Die Geschichte der Arbeiter in Deutschland von 1800 bis in die Gegenwart. Berlin 1947

Kugler, Lieselotte u. a. (Hg.): Die Sprache des Geldes. Ausstellung im Museum für Kommunikation Berlin. Leipzig 2009

Kunz, Andreas: Civil Servants and the Politics of Inflation in Germany. Berlin / New York 1986

Kuske, Bruno: Die Großstadt Köln als wirtschaftlicher und sozialer Körper. Ein Beitrag zur allgemeinen Großstadtforschung. Köln 1928

Leverkus, Erich: Freier Tausch und fauler Zauber. Vom Geld und seiner Geschichte. Frankfurt 1990

Lewejohann, Stefan: Kriegsgefangene in Köln. Das Kriegsgefangenenlager in Wahn und die Kriegslazarette. In: Petra Hesse / Mario Kramp / Ulrich Soénius (Hg.): Köln 1914. Metropole im Westen. Köln 2014 S. 213-219

Limburger, Iris: Die Rheinlandbesetzung nach dem Ersten Weltkrieg. In: Geschichte in Köln 57(2010) S. 93-118

Marsh, David: Der Euro. Die geheime Geschichte der neuen Währung. Hamburg 2009

Mauser, Alfons: Eine Werksgeschichte. 50 Jahre Mauser KG Köln 1896-1946. Köln 1946

Mayhew, Nicholas: Sterling. The History of a Currency. New York u. a. 2000

Meding, Henner R.: Die Herstellung von Münzen. Von der Handfertigung im Mittelalter zu den modernen Fertigungsverfahren. Frankfurt 2006

Menzel, Peter: Deutsche Notmünzen und sonstige Geldersatzmarken 1840-1990. Gütersloh 1993 (Eine vermehrte digitale Edition ist 2018 in Berlin erschienen.)

Mergel, Thomas: Köln im Kaiserreich 1871-1918. Köln 2018

Metzmacher, Helmut: Der Novemberumsturz in der Rheinprovinz 1918. In: Annalen des Historischen Vereins für den Niederrhein 168/169(1967) S. 135-265

Meurer, Elfriede: 100 Jahre Telefon in Köln 1881-1981. Köln 1982

Meyer, Hans: Das Papiernotgeld der Rheinprovinz. Berlin ²1975

Meynen, Henriette: Köln: Kalk und Humboldt-Gremberg. Köln 1990

Mikloweit, Immo: 125 Jahre Automobiles aus Köln. Autos, Motorräder & Flugzeuge. Köln 2002

Millowitsch, Willy: Heiter währt am längsten. Die Bühne meines Lebens. Wien 1988

Müller, Manfred: Das wertbeständige Notgeld der deutschen Inflation 1923/24. Regenstauf 2011

Müller, Manfred: Das Notgeld der deutschen Inflation von August 1922 bis Juni 1923. Regenstauf ³2010

Müller, Manfred/Geiger, Anton/Grabowski, Hans-Ludwig: Das Papiergeld der deutschen Eisenbahnen und der Reichspost. Regenstauf ²2016

Müller, Wilhelm: Pferdebahn und Brückenhäuschen. Kindheit und Jugend in Köln vor 100 Jahren. Köln 1970

Nau, Elisabeth: Seit Jahrtausenden begehrt. Die Geschichte des Geldes. Stuttgart 1959

Nau, Elisabeth: Epochen der Geldgeschichte. Stuttgart 1972

Neuhaus, Georg: Lebenshaltungskosten, Gehälter und Löhne von Februar 1920 bis September 1923. Köln 1923

North, Michael (Hg.): Von Aktie bis Zoll. Ein historisches Lexikon des Geldes. München 1995

North, Michael: Kleine Geschichte des Geldes. Vom Mittelalter bis heute. München 2009

Nußbaum, Hans: Die Rheinisch-Bergische Konsum-Genossenschaft Hoffnung in Köln. Eine wirtschaftshistorische Monographie. Köln 1934

Oepen-Domschky, Gabriele: „Köln im Ersten Weltkrieg" : Ein Manuskript von Heinrich Reuther. In: Deres, Thomas / Oepen, Joachim / Wunsch, Stefan (Hg.): Köln im Kaiserreich. Studien zum Werden einer modernen Großstadt. Köln 2010 S. 131-155

Oltmer, Jochen: Unentbehrliche Arbeitskräfte. Kriegsgefangene in Deutschland 1914-1918. In: Ders (Hg.): Kriegsgefangene im Europa des Ersten Weltkriegs. Paderborn 2008 S. 67-96

Ostwald, Hans: Sittengeschichte der Inflation. Berlin 1931

Paul, Axel T.: Theorie des Geldes zur Einführung. Hamburg 2017

Pawley, Margaret: The Watch on the Rhine. The Military Occupation of the Rheinland, 1918-1930. London 2007

Pfotenhauer, Angela: Köln: Der Gürzenich und Alt St. Alban. Köln 1993

Pick, Albert: Papiergeld. Braunschweig 1967

Pick, Albert: Briefmarkengeld. Braunschweig 1970

Pick, Albert: Papiergeld-Lexikon. München 1978

Prange, Gustav: Das deutsche Kriegsnotgeld. Eine kulturgeschichtliche Beschreibung. 2 Bde. Görlitz [2]1921/22

Prößler, Robert: Das Erzstift Köln in der Zeit des Erzbischofs Konrad von Hochstaden. Organisatorische und wirtschaftliche Grundlagen in den Jahren 1238-1261. Köln 1997

Pünder, Hermann: Von Preußen nach Europa. Lebenserinnerungen. Stuttgart 1968

Pünder, Hermann: Konrad Adenauer, Meister der Selbstverwaltung. In: Der Städtetag 20 (1968) S. 291-295

Raev, Svetlozar: Bankgebäude in Köln von 1850 bis 1914: ein Beitrag zur Zeichenfunktion von Architektur. Aachen 1974

Ramhorst, Friedrich: Die Entstehung der Deutschen Rentenbank. Berlin 1924

Reichsbank (Hg.): Die Reichsbank 1901-1925. Berlin 1925

Reinhardt, Simone: Die Reichsbank in der Weimarer Republik. Frankfurt 2000

Rheindorf, Hermann: Filmreise in das alte Köln 2. Köln 2018

Das Rheinlandabkommen und die Ordonnanzen der Interalliierten Rheinlandkommission in Coblenz (Nr. 1-257 in französisch und deutsch) Berlin 1924

Rittmann, Herbert: Auf Heller und Pfennig. Die faszinierende Geschichte des Geldes und der wirtschaftlichen Entwicklung in Deutschland. München 1976

Rittmann, Herbert: Deutsche Geldgeschichte seit 1914. München 1986

Roeseling, Gereon: Zwischen Rhein und Berg. Die Geschichte von Kalk, Vingst, Humboldt-Gremberg, Höhenberg. Köln 2003

Roesler, Konrad: Die Finanzpolitik des Deutschen Reiches im Ersten Weltkrieg. Berlin 1967

Roth, Lynette (Hg.): Köln progressiv 1920-33. Seiwert, Hoerle, Arntz. Köln 2008

Rosenberg, Holger/Grabowski, Hans Ludwig: Die deutschen Banknoten ab 1871. 17. Komplett überarbeitete und stark erweiterte Auflage Regenstauf 2009

Rügemer, Werner: Colonia Corrupta. Globalisierung, Privatisierung und Korruption im Schatten des Kölner Klüngels. 8. Aufl. Münster 2015

Sargent, Thomas J./Velde, Francois: The Big Problem of Small Change. Princeton 2001

A.Schaaffhausen'scher Bankverein A.G.: Geschäftsbericht für die Zeit vom 1. Januar bis 31. Dezember 1922. Köln 1923

Schacht, Hjalmar: Die Stabilisierung der Mark. Berlin / Leipzig 1927

Schacht, Hjalmar: Magie des Geldes. Schwund oder Bestand der Mark. Düsseldorf 1966

Schäfke, Werner: Goldschmiedearbeiten des Historismus. Köln 1980

Schäfke, Werner: Köln in Vogelschauansichten. Die Bestände der Graphischen Sammlung des Kölnischen Stadtmuseums. Köln 1992

Schäfke, Werner / Laschet, Carsten: Brückenstadt Köln. Köln 2014

Schäfke, Werner: Kunsthaus Lempertz. Eine Kulturgeschichte. Köln 2015

Schäfke, Werner: Köln nach 1945. Die Geschichte unserer Gegenwart. Köln [2]2018

Scherer, Johannes Baptist: Das Unternehmen der Firma Gottfried Hagen, Köln-Kalk, im Wandel der Zeiten 1827-1952. Köln 1952

Scheuch, Karl: Münzen aus Ton und Porzellan. Gütersloh Vierte erweiterte Auflage 1978

Schillig, Christiane: Das Werk des Architekten Heinrich Müller-Erkelenz (1878-1945). Köln 1994

Schlemmer, Martin: „Los von Berlin". Die Rheinland-bestrebungen nach dem Ersten Weltkrieg. Köln 2007

Schmölders, Günter: Gutes und schlechtes Geld. Geld, Geldwert und Geldentwertung. Frankfurt 1968

Schmölders, Günter: Einführung in die Geld- und Finanzpsychologie. Darmstadt 1975

Schoelkens, Josef: Die Gestaltung der Lebensmittelpreise in Cöln seit 1890 und ihre Bedeutung für die Haushaltskosten. In: Eulenburg, Franz (Hg.): Kosten der Lebenshaltung in den deutschen Großstädten II. München und Leipzig 1914 S. 239-268

Schöpgens, Günter: Vom Groschen zu Billion. Neusser Notgeld von 1914 bis 1923. Neuss 2000

Schöpfer, Gerald: Das Notgeld. Ein seltsames Phänomen der österreichischen Währungsgeschichte. In: Bachinger, Karl / Stiefel, Dieter (Hg.): Auf Heller und Cent, Beiträge zur Finanz- und Währungsgeschichte. Frankfurt/Wien 2001 S. 325-344

Schötz, Hans Otto: Der Kampf um die Mark 1923/24. Die deutsche Währungsstabilisierung unter dem Einfluß der nationalen Interessen Frankreichs, Großbritanniens und der USA. Berlin/New York 1987

Schremmer, Eckhart: Über „stabiles Geld". Eine wirtschaftshistorische Sicht. In: Ders. (Hg.): Geld und Währung vom 16. Jahrhundert bis zur Gegenwart. Stuttgart 1993 S. 9-44

Schulz, Günter (Hg.): Konrad Adenauer 1917-1933. Dokumente aus den Kölner Jahren. Köln 2007

Schwarz, Hans-Peter: Adenauer: Der Aufstieg 1876-1952. Stuttgart 1986

Schwarz, Johann: Das Armenwesen der Stadt Köln vom Ende des 18. Jahrhundert bis 1918. Köln 1922

Schwabe, Klaus (Hg.): Die Ruhrkrise 1923: Wendepunkt der internationalen Beziehungen nach dem Ersten Weltkrieg. Paderborn 1985

Seidel, W.: „Das Loch im Westen". In: Westdeutsche Wochenschrift 1 (1919) S. 392-395

Silbermann, Alphons: Verwandlungen. Eine Autobiographie. Bergisch Gladbach ³1999

Soénius, Ulrich S.: Börse- und Industrie- und Handelskammer. In: Kramp, Mario/Trier, Marcus (Hg.): Der Heumarkt: drunter und drüber. Köln 2017 S. 87-93

Sprenger, Bernd: Das Geld der Deutschen. Geldgeschichte Deutschlands von den Anfängen bis zur Gegenwart. Paderborn u. a. 3. erweiterte und aktualisierte Auflage Paderborn 2002

Standt, Volker: Köln im Ersten Weltkrieg. Veränderungen in der Stadt und des Lebens der Bürger 1914-1918. Göttingen 2014

Steegmans, Christoph: Die „Rheinlandbesetzung" 1918-1930 im wirtschaftlichen und sozialen Überblick. In: Breuer, Dieter/Cepl-Kaufmann, Gertrude (Hg.): „Deutscher Rhein – fremder Rosse Tränke?" Symbolische Kämpfe um das Rheinland nach dem Ersten Weltkrieg. Essen 2005 S. 13-56

Stern, Julius: Inflationserscheinungen auf dem Gebiet der Gründungen, Umwandlungen und Kapitalerhöhungen. Köln 1925

Ströbele, Wolfgang: Inflation. Einführung in Theorie und Politik. München 1995

Stürmer, Michael/Teichmann, Gabriele/Treue, Wilhelm: Wägen und Wagen. Sal. Oppenheim jr. & Cie. Geschichte einer Bank und einer Familie. München/Zürich ³1994

Taylor, Frederick: Inflation. Der Untergang des Geldes in der Weimarer Republik und die Geburt eines deutschen Traumas. Berlin 2013

Thönnissen, Leo (Hg.): Philipp von Heinsberg, Erzbischof und Reichskanzler (1167-1191). Studien und Quellen. Heinsberg 1991

Tieste, Reinhard: Katalog des Papiergeldes der deutschen Kriegsgefangenenlager im 1. Weltkrieg. Bremen ²2007

Tieste, Reinhard: Katalog Kleingeldersatz aus Papier. „Verkehrsausgaben", 1915-1922, 2 Bde. Bremen 2010

Trapp, Wolfgang / Fried, Torsten: Handbuch des Münzwesens und der Geldkunde in Deutschland. Stuttgart ²2006

Türk, Oskar: Die Finanzstruktur der Stadtgemeinde Köln. Köln 1938

Uellenberg-van Dawen, Wolfgang: Schwierige Zeiten. Kommunalpolitik der SPD zwischen Mitverantwortung und Opposition (1922-1928). In: Gerhard Brunn (Hg.): Sozial-Demokratie in Köln. Ein Beitrag zur Stadt- und Parteiengeschichte. Köln 1986 S. 127-147

Upmeier, Gisela: Schachts Kampf gegen die kommunalen Auslandsanleihen.
In: Hansmeyer, Karl-Heinrich: Kommunale Finanzpolitik in der Weimarer Republik. Stuttgart u. a. 1973 S. 160-171

Valant, Julian: „An Island with its capital in Cologne" The British Empire's occupation of Cologne, 1918-1926.
In: Rita Wagner (Hg.): Konrad der Große. Die Adenauerzeit in Köln 1917-1933. Mainz 2017 S.36-41

van Eck, Thomas: Das Papiernotgeld der preußischen Rheinprovinz 1914-1948. Band I Ausgaben im nördlichen Teil der Rheinprovinz – Regierungsbezirke Aachen, Düsseldorf, Köln – Teil B: Haan-Zons. Books on Demand 2000

van Emden, Richard: Die Briten am Rhein 1918-1926. Panorama einer vergessenen Besatzung. In: Geschichte in Köln 40(1996) S. 38-60

van Suntum, Ulrich: Die unsichtbare Hand. Ökonomisches Denken gestern und heute. 5. Auflage Berlin / Heidelberg 2013

Verhandlungen der Stadtverordneten-Versammlung zu Cöln vom Jahre 1917–1925 (seit 1919 mit der Schreibweise Köln)

Voigt, August: Rheinische Wirtschaftsnot während und nach der Besatzungszeit. Koblenz 1930

Voigtländer, Heinz: Löhne und Preise in vier Jahrtausenden. Speyer 1994

Wagner, Rita: Cöln. Die sozialen Verhältnisse um 1900. Köln 1989

Wehinger, Gert: Hohe und chronische Inflation. Probleme, Entstehung und Stabilisierung in theoretischer Analyse. Wien 1996

Weiler, Hanno: Kölnische Medaillen, Plaketten, Schautaler, Jetons, Marken und Zeichen. Dritter Teil 1816-1932. Krefeld 1995

Weinhold, Kurt: Die Geschichte eines Zeitungshauses 1620-1970. Köln 1969

Widdig, Bernd: Culture and Inflation in Weimar Germany. Berkeley/Los Angeles/London 2001

Wilhelm, Jürgen (Hg.): Konrad Adenauer: Wirtschaftliche Zukunftsaufgaben Köln 1920. Köln 2020

Wilhelmy, Rudolf: Die Geschichte des deutschen wertbeständigen Notgeldes von 1923/1924. Berlin 1962

Williamson, David: The British in Germany, 1918-1930. The Reluctant Occupiers. Oxford ²2017

Wirsching, Andreas: Die Weimarer Republik. Politik und Gesellschaft. München ²2008

Wulff, Ilse: Die Preisprüfungsstelle der Stadt Köln in ihrer Wirksamkeit und wirtschaftlichen Bedeutung. Diss. Köln 1924

Zunkel, Friedrich: von der Hyperinflation zur Stabilisierung. Die Finanzpolitik der rheinischen Großstädte Köln, Düsseldorf, Duisburg und Hamborn 1923 und 1924 im Vergleich.
In: Günther Schulz (Hg.): Von der Landwirtschaft zur Industrie. Wirtschaftlicher und gesellschaftlicher Wandel im 19. Und 20. Jahrhundert. Paderborn u. a. 1996 S. 219-252

Stadt Köln Gutschein über 2 Billionen Mark vom 1. November 1923, 140 x 90 mm einseitig bedruckt.
Der Schein zeigt deutlich Spuren von Gebrauch. Aber schließlich war er nach Ende der Hyperinflation
zwei Reichsmark wert und blieb noch bis 1925 im Umlauf (van Eck 779,133).